Katrin Schrader

Sternstunden unterm Fernsehturm

Erlebnisse aus meinem neuen bunten Leben

Hat jeder Koreaner einen Extra-Kühlschrank für Kimchi? Reiten die Kinder der Ägypter auf Kamelen zur Schule? Isst man in Vietnam wirklich alles, was läuft, fliegt und schwimmt?
Berlin ist bunt und aufregend und zieht Menschen aus aller Welt an. Manche kommen als Touristen, andere wollen hier leben und arbeiten. Deshalb lernen sie die deutsche Sprache. die nicht immer so ganz einfach erscheint. "Sternstunden unterm Fernsehturm" erzählt von den Mühen und vom Spaß, den es macht, gemeinsam mit Kursteilnehmern aus aller Welt an einer Sprachschule dieses schwierige Unternehmen zu starten.
Katrin Schrader, die nach ihrer Pensionierung als Lehrerin an einer Gesamtschule noch einmal durchstartete und nun Deutsch als Fremdsprache unterrichtet, berichtet von ihren Erlebnissen mit Menschen von allen Kontinenten und über ihren Unterricht, in dem man Erstaunliches und Wissenswertes vom Leben der anderen Kulturen erfährt und in dem sie mit Leidenschaft, Musik und Spaß jeden Tag zu einem besonderen macht.

1.Auflage Berlin 2019
Umschlagfoto und Gestaltung: Katja Schrader
Fotos: Katrin Schrader
Bearbeitung Foto S-Bahnhof: Vilma Wöllenstein

ISBN 9783750407701
Herstellung und Verlag: BoD – Books on Demand, Norderstedt

Für Mama

FSC
www.fsc.org
MIX
Papier aus verantwortungsvollen Quellen
Paper from responsible sources
FSC® C105338

In der S-Bahn

Neben mir sind zwei Männer in ein intensives Gespräch vertieft. Auf dem Weg zur Arbeit haben sie sich getroffen und nun unterhalten sie sich sehr laut, sodass ich mithöre, ob ich will oder nicht. Ein paarmal überlege ich, ob ich mich in das Gespräch einmischen sollte, tue es dann aber nicht.

Es geht darum, dass einer der beiden mit seiner Frau aus Bielefeld an den Rand von Berlin gezogen ist, wo er gerade ein Haus bauen ließ, in dem sie jetzt leben. Seine Frau habe heute ihren letzten Arbeitstag vor der Rente, erzählt er dem anderen. Sie sei sehr unglücklich darüber, weil sie so gern arbeite. Sie könne sich einfach nicht mit dem Gedanken anfreunden, nun für immer zu Hause zu sein.

Der zweite Mann bemerkt, dass es doch sicher viel Arbeit mit dem neuen Haus geben würde.

„Ja das stimmt“, meint der erste. „Sie wird sich nicht langweilen. Die Gardinen müssen bestellt werden und noch ein paar Möbel. Sie kann ihre Staffelei aufstellen und entspannt ihrem Mal-Hobby nachgehen. Und demnächst kaufen wir einen Hund“, ergänzt er und lehnt sich, sichtlich zufrieden mit den Zukunftsaussichten, auf seiner Bank zurück. „Ein Hund verbindet. Du wirst sehen, wie schnell deine Frau die Nachbarschaft kennenlernt“, fügt der zweite Mann hinzu. Beide sind sich einig. Die Frau wird ihre Sorgen vergessen. Heute ist ihr letzter Arbeitstag und morgen sitzt sie bereits im Flieger nach Teneriffa, wo ihre Schwester und der Schwager wohnen. Sie hat es doch schön; Sonne, ein neues Haus, der Hund – was soll sie sonst noch wollen?

Wenn das so einfach wäre! Ich habe meine Zweifel. Ich hoffe das Beste für die unbekannte Frau. Und ich bin wieder froh, dass ich für mich einen anderen Weg gefunden habe, nicht nur weil Malen nicht mein Hobby ist und ich Hunde nicht mag.

Auf dem Bahnhof Berlin-Hermsdorf (Januar 2019)

Seit vier Jahren unterrichte ich am Berliner Alexanderplatz, gleich neben dem Fernsehturm, „Deutsch als Fremdsprache“, das heißt, Deutsch für erwachsene Ausländer aus verschiedenen Ländern der Welt. Es ist für mich eine neue Herausforderung nach vielen Jahren, die ich als Lehrerin an einer Gesamtschule in den Fächern Musik und Deutsch mit jugendlichen Schülern gearbeitet habe. Über zwanzig Jahre leitete ich eine Musicalgruppe, die sowohl aus Schülern meiner ehemaligen Schule bestand als auch aus jungen Leuten, die nach Beendigung dieser dabeiblieben. Jedes Jahr führten wir ein neues Stück auf, für das ich das Textbuch erstellte. Anfangs waren es bekannte Musicals, die ich für unsere Gruppe bearbeitete, in den letzten Jahren dachte ich mir meist selbst eine Handlung zu von mir ausgewählten Songs aus und schrieb meinen Darstellern die Rollen auf den Leib.

Die Arbeitsgemeinschaft, die weit über den Rahmen einer solchen hinausging, beschäftigte mich das ganze Jahr über. Das Musical war auch Hobby, Familienprojekt und ein besonders emotionales Erlebnis, wenn im Sommer, kurz vor Beginn der Ferien, die Scheinwerfer auf unsere mit viel Mühe gestaltete Bühne strahlten, die Ouvertüre zum jeweiligen Stück erklang und meine aufgeregten Darsteller die Geschichten mit großem Enthusiasmus lebendig werden ließen.

Genauso lange bin ich Vorsitzende des örtlichen Kulturvereins. Scherzhaft habe ich früher oft gesagt, ich hätte eigentlich drei Berufe. Irgendwie stimmte das auch. Auf die beiden letztgenannten werde ich an einigen Stellen eingehen, wenngleich sie nicht mehr mein Hauptwirkungsfeld sind. Im Mittelpunkt steht heute meine Arbeit am Fuße des Fernsehturms.

Im ersten Buch „Mein neues buntes Leben“ habe ich über den Anfang geschrieben, darüber, wie ich auf die Idee kam, mein Leben nach der Pensionierung noch einmal zu verändern.
Damals war alles neu für mich. Selbst der tägliche Weg mit der S-Bahn schien gewöhnungsbedürftig. Inzwischen habe ich damit keine Probleme mehr. Ich bin vertraut mit den Ritualen bei der Platzsuche, auf der Rolltreppe und sehe mir die Leute auf dem Bahnhof genauer an als am Anfang, wo alles noch wie in einem Film an mir vorbeizog. Viele stehen jeden Tag an der gleichen Stelle, um beim Einsteigen den optimalen Platz in der Bahn zu bekommen. Da ist zum Beispiel dieser Mann mit der Brille, der immer akkurat im Anzug erscheint, stets am gleichen Platz wartet und schon auf dem Bahnsteig seinen „Tagesspiegel“ zu lesen beginnt. Im Winter trägt er eine kurze Jacke und sein im Sommer unbedeckter Kopf steckt unter einer Wollmütze. Da sieht er plötzlich wie ein großer Junge aus, obwohl er wahrscheinlich ein in die Jahre gekommener Beamter ist. Ich glaube, er kennt mich auch schon und hätte mich neulich fast gegrüßt, bis ihm wohl einfiel, dass sich das nicht schickt, sodass er schnell wegblickte, was er seitdem immer macht, damit sich die Situation nicht etwa wiederholt. Ein Ehepaar, etwa Mitte Fünfzig, steigt mit mir ein und am Bahnhof Friedrichstraße wieder aus. Dann fahren beide in unterschiedliche Richtungen weiter. Die Frau ist groß und stattlich, der Mann auch Anzugsträger. Sie sehen immer ernst und problembeladen aus und wechseln nur wenige Worte. Auf der Rolltreppe am Bahnhof Friedrichstraße trennen sie sich mit einem Abschiedskuss. Die beiden treffe ich täglich und sie sehen mich an, als sei ich eine Fremde. Dabei werden sie mich doch auch wahrnehmen. Oder vielleicht nicht? Da ist auch die Frau Mitte Dreißig, deren Lebensgeschichte ich ganz gut kenne, weil sie mir neulich in der Bahn gegenübersaß, wo sie einer alten Schulfreundin, die sie lange nicht gesehen hatte, alles ausführlich erzählte. So weiß ich Bescheid über ihre Trennungen, kann mir den neuen Freund gut

vorstellen, und habe Informationen über ihr im mittleren Alter noch einmal neu begonnenes Studium. Eine andere Frau steht meist mit einem zusammenklappbaren Fahrrad auf dem Bahnsteig. Mit ihr bin ich neulich tatsächlich ins Gespräch gekommen. Sie bemerkte, dass wir beide farblich gleich gekleidet waren und erzählte mir von einem Workshop bei einer Weiterbildung. Dabei ging es um Persönlichkeit und Farbe. Sie und die Mitarbeiter ihrer Firma wurden gescannt, analysiert und im Anschluss stellte sich heraus, welche Farben am besten zum jeweiligen Typ passen. Das führte dazu, dass die betreffende Frau danach ihren Kleiderschrank durchsah und alle unpassenden Kleidungsstücke in die Altkleidersammlung gab. Sie kauft nur noch grau, rosa und lila und fühlt sich viel attraktiver. Ich sehe, dass auch ihr Lippenstift in Lila zu ihrem neuen Outfit perfekt passt. Allerdings jetzt, ein paar Tage später, schaut auch sie wieder an mir vorbei, so als hätte es unser kleines Gespräch nie gegeben

Und was mag wohl in dem überdimensional großen Koffer sein, den ein Mann mittleren Alters täglich auf dem Rücken trägt? Ist er Vertreter für Bücher oder Haushaltsgeräte? Ich weiß es nicht und werde es auch nie erfahren, denn man redet ja nicht miteinander.

So steht also täglich die gleiche Fahrgemeinschaft auf dem Bahnhof. Ich nehme an, die meisten arbeiten in Büros, was ich dem Business-Look, den sie tragen, entnehme. Es ist die Mittelschicht auf dem Weg zur Arbeit, die ich hier am Morgen treffe. Keiner aus dieser Gruppe wird als Schwarzfahrer enttarnt werden, wenn ein paar Stationen später die Kontrolleure geschäftig durch den Wagen eilen.

Doch obwohl wir uns erkennen, grüßt so gut wie niemand den anderen. Ich auch nicht, weil ich das Gefühl habe, ich würde mit meinem freundlichen Gruß eine Grenze überschreiten. „Was will die von mir“, könnte man denken. Wir Deutschen sind schon ein wenig verklemmt, finde ich. Wenn ich das mit der Freundlichkeit der Menschen in den USA vergleiche, wohin wir manchmal reisen, fällt es mir besonders auf. Dort grüßt jeder jeden, fragt, wie es ihm geht, macht auch mal ein Kompliment. Sicher ist es oberflächlich, aber will ich denn auf dem Bahnhof Freunde finden, mit denen ich tiefgreifende Gespräche führe? Ein freundlicher Gruß macht den Tag netter, stattdessen sehe ich in lauter ernste Gesichter. Ich glaube, das ist es, was meinen Kursteilnehmern aus aller Welt auch auffällt, wenn der erste Lack vom Deutschland- und Berlin- Erlebnis abplatzt.

Manchmal treffe ich Jenny, eine ehemalige Schülerin, die mit einem Klassenkameraden verheiratet ist, der schon in der Schulzeit ihr Freund war und mit dem sie zwei Töchter im Schulalter hat. Es ist mir etwas peinlich, neben ihr auf dem Bahnhof zu stehen, weil sie trotz des Rauchverbots immer noch schnell ihre Zigarette aufraucht, sodass ich froh bin, wenn endlich die Bahn kommt und wir uns zusammen Plätze suchen. Sie freut sich, mich zu sehen und erzählt mir vom Alltag mit ihrer Familie. Vieles ist so, wie ich es früher auch erlebte, als meine drei Kinder noch klein waren. Wie feiert man am besten Silvester, sodass es sowohl für die Kinder als auch für die Eltern schön ist? Was schenkt man Kindern, die alles haben, was sie brauchen, zu Weihnachten? Welche weiterführende Schule ist wohl nach der sechsten Klasse am besten für die große Tochter geeignet? Da sie noch zu einigen ehemaligen Mitschülern Kontakt hat, gibt es auch immer ein paar Neuigkeiten zu berichten, sodass uns die Themen nicht ausgehen.

Und dann ist da noch meine pflegebedürftige Mutter, die ihre Wohnung selten verlässt. Pünktlich zur Abfahrt meiner Bahn „steht sie auf dem Bahnhof“, wie wir scherzhaft sagen. Es heißt, sie schreibt mir über den Facebook-Messenger. Auch in ihrem Alter gibt es Menschen, die die inzwischen gar nicht mehr so neue Technik beherrschen, die nach wie vor von einigen meiner Generation abgelehnt wird. Auf der etwa halbstündigen Fahrt gehen nun Nachrichten hin und her. Ich berichte ihr von meinen Deutschstudenten, ich nenne sie Studenten, weil der Begriff „Schüler“ für die Kursteilnehmer in meinen Augen nicht passt. Die

Schule haben sie alle abgeschlossen, viele auch ein Studium. Es sind gestandene Leute, darunter Akademiker und Künstler. Sie selbst nennen sich auch Studenten, wenn ich zum Beispiel frage: „Was machst du in Berlin?“ „Ich bin Deutschstudent“, antworten sie. „Ich bin Schüler“, passt nicht. Ich weiß, dass ich sie korrekterweise als Studierende bezeichnen müsste. Das wird heute geschlechtsneutral so angewendet, auch in meinen Lehrbüchern, die ich im Unterricht benutze. Aber klingt es gut, wenn ich frage: „Was machst du beruflich?“ Und der Betreffende antwortet: „Ich bin Studierender.“ Ach nein, das ist ja schon wieder maskulin. Dann müssen Frauen, der deutschen Sprache noch nicht richtig mächtig, überlegen, was sie sagen. „Ich bin eine Studierende“, klingt komisch. Aber im Plural muss man nicht unterscheiden. Die Studierenden - das ist besser. Hier in diesem Buch schreibe ich von meinen Studenten, womit ich alle meine, ob Männer oder Frauen, denn es wird zu lang und auch zu langweilig, wenn ich jedes Mal unterscheide. Wer das Buch liest, sollte ab jetzt wissen, dass ich den Begriff „Student“ für beide Geschlechter gleichermaßen benutze und trotzdem eine Frau bin, für die Gleichberechtigung sehr wichtig ist. Da fast alle, die an den Kursen teilnehmen, englisch sprechen, kennen sie das Wort „student“ und wissen, dass es sowohl maskulin als auch feminin angewendet wird. Nicht zuletzt heißt meine Unterrichtsstätte auch DeutschAkademie, und an einer Akademie gibt es Studenten, keine Schüler.
In der halben Stunde, die ich in der S-Bahn verbringe, erzählt mir meine Mutter von ihrem Tagesbeginn. Ich sehe an der Art, wie sie die Buchstaben tippt, ob es ihr gut geht oder ob sie ein gesundheitliches Problem hat, was leider öfter der Fall ist. Wenn sie sich wohl fühlt, schreibt sie viel und stellt auch Fragen. Wenn sie Schmerzen hat, sind es nur wenige Wörter und sie macht Tippfehler, obwohl sie sonst ein perfektes Deutsch beherrscht.
Mein Arbeitsplatz in der Panoramastraße am Fernsehturm ist mir inzwischen sehr vertraut. Ich habe bereits in allen Räumen

unterrichtet. Sie sind nicht optimal von der Größe her. Für mehr als zehn Kursteilnehmer findet sich kein Platz, und auch für diese ist es oft recht eng. Übungen, bei denen man aufstehen muss, lassen sich schlecht machen. Für meine Spielszenen reicht die Größe der Räume kaum. Aber trotzdem möchte ich in keiner anderen Filiale arbeiten, weil es hier angenehm hell und behaglich ist. Wenn ich aus dem Fenster sehe, fällt mir der Mix von alten und neuen Gebäuden auf. Ich sehe das Rote Rathaus, die Marienkirche, den Berliner Dom, aber auch die Neubauten auf der Karl-Liebknecht-Straße, da wo früher die große Markthalle war, in der ich gern mal herumstöberte, oft am bezahlten Haushaltstag, den in der DDR alle berufstätigen Frauen einmal im Monat in Anspruch nehmen konnten. Weiter hinten ragen die hohen neueren Gebäude in der Leipziger Straße hervor. Und immer gibt es irgendwo einen großen Kran, der zeigt, dass es mit dem Baugeschehen noch lange weitergehen wird, weil Berlin sich sehr stark entwickelt. Das ist sicher auch ein Grund, warum so viele Ausländer herkommen, um hier zu leben oder auch nur ein wenig den Atem der Stadt zu fühlen, die in der Welt einen guten Ruf hat; als weltoffene, tolerante, freundliche Metropole.

Ich fühle mich inzwischen in der Mitte von Berlin, am Alexanderplatz, wie zu Hause. Wenn ich meinen Kaffee im Bahnhofscafé trinke, wissen die Kellnerinnen schon, was ich bevorzuge. Wir tauschen ein paar Worte aus und wünschen uns einen guten Tag. Die Portiersfrau an der Rezeption in der Panoramastraße nimmt es sich nicht, mir jeden Tag zuzuwinken, wenn ich die Durchführung zum hinteren Eingang passiere. Natürlich kenne ich auch alle Geschäfte in der Umgebung und weiß, wo ich die besten Bouletten nach meinem Unterricht essen kann. Nach der anfänglichen Euphorie über die vielen Möglichkeiten, sich zu beköstigen; hier mal ein mit Käse und Schinken belegtes Brötchen, dort ein veganes, mal eine Currywurst oder ein Imbiss beim Chinesen oder ein Menü im Restaurant von Galeria Kaufhof, hat sich mein Appetit wieder auf ein normales Maß zurückgeschraubt und ich muss nicht mehr alles ausprobieren, was meine Nase in dieser Umgebung an interessanten Gerüchen wahrnimmt. Ich habe inzwischen meine Kurse mehrfach unterrichtet. Die selbst angefertigten Materialien sind recht gut sortiert, alles ist auch im Laptop einigermaßen übersichtlich gespeichert. Trotzdem verändere ich immer wieder meine Planung. Erfahrungen, die ich gemacht habe, lassen mich manchmal eine neue Herangehensweise suchen. Manche Strukturen erkenne ich im Laufe der Zeit erst besser. Die Kurse sind unterschiedlich, die Stärken und Schwächen der Teilnehmer nie von einem Kurs auf den anderen übertragbar, sodass ich immer wieder neue Wege für bestimmte Themen überlegen muss. Das ist mir besonders in den letzten Monaten aufgefallen, wo ich die gleiche Niveaustufe in zwei Kursen hintereinander unterrichtet habe. Wenn ich am Morgen merkte, dass meine Erklärungen der Grammatik eventuell zu umständlich waren, konnte ich das gleich beim Mittagskurs berichtigen. Es sind oft Kleinigkeiten, die eine Struktur unverständlich erscheinen lassen, die man mit einer leichten Variation beseitigen kann.

Manchmal gibt es einen Anlass, zum Beispiel einen bestimmten Feiertag, der mich meine Planung verändern lässt, wie das chinesische Neujahrsfest, das wir im Kurs begehen, wenn Chinesen, Koreaner, Vietnamesen oder andere Asiaten dabei sind. Gründe zum Feiern gibt es viele und ich versuche, Höhepunkte in meinen Unterricht einzubauen. Zu Fastnacht essen wir Pfannkuchen, zum Frauentag, der seit diesem Jahr ein richtiger Feiertag in Berlin ist, bringe ich den Frauen eine Kleinigkeit mit, Ostern gibt es bunte Eier und natürlich vor Weihnachten immer ein passendes Frühstück mit Musik. Dazu erkläre ich, welche Feiertage wir haben und wie wir sie begehen. Wir sprechen darüber, wie das in den anderen Ländern ist. Auch den „Schönen Donnerstag" gestalte ich besonders. An diesem Tag wiederhole ich das Gelernte der Woche, spiele deutsche Songs mit meiner Musikbox vor oder bringe die Gitarre mit, was besonders beliebt, aber für mich etwas aufwändig ist, weil ich sie in der vollen S-Bahn transportieren muss.

„Du siehst aus wie eine Straßensängerin“, sagte mein Sohn Till neulich etwas bewundernd, als ich mich mit ihm in einem Restaurant am Alexanderplatz traf. Vielleicht denken das die Leute, wenn sie mich in der Bahn stehen sehen. Vielleicht sollte ich mal probieren, auf der Straße zu singen. Es wäre eine neue Erfahrung. Aber ob da jemand zuhören würde? Also lass ich es lieber sein und ehrlich gesagt, ist das auch nur ein Gedankenspiel.

Für den Wochenabschluss schreibe ich zudem kleine Spielszenen mit den Themen der letzten Lektionen oder lasse improvisieren, wo es sich anbietet. Wir frühstücken zusammen, was alle besonders lieben. Ich habe aber durch die Erfahrung der letzten Jahre gelernt, dass ich diesen Wiederholungstag so „verpacken“ muss, dass man ihn nicht „abhängt“, wenn man mal einen freien Tag braucht. Das heißt, es gibt auch immer etwas Neues zu lernen. Denn obwohl die meisten Studenten diesen Tag besonders gern mögen, können ein paar mit Musik und Theater nicht viel anfangen oder glauben, dass sie die Wiederholung nicht brauchen. Das ist nicht so gut, denn ich stimme zum Beispiel die Spielszenen immer auf die Anzahl der Teilnehmer ab, und wenn jemand fehlt, ist es nicht so einfach, ihn zu ersetzen. Oft muss ich dann selbst eine Rolle übernehmen, was alle natürlich sehr lustig finden. Aber ich kann in dieser Zeit nur mit dieser einen Gruppe arbeiten, wo ich auch die anderen korrigieren und ihnen Hilfestellung geben müsste. Am Ende des Kurses, also nach vier Wochen, gestalten wir eine Party mit internationalem Essen, Musik und Spielen. Ich schmücke den Raum mit Girlanden und den jeweiligen Flaggen der Länder meiner Kursteilnehmer und mache diesen Tag zu einem besonderen Höhepunkt, an dessen Ende alle meine selbst gefertigten Zertifikate mit einem Foto der Gruppe bekommen und jeder ein Feedback von mir und den anderen zu seinen Lernfortschritten erhält. Ich achte darauf, dass ich die zu lernende Grammatik nicht vernachlässige und übe auch regelmäßig den Wortschatz, während ich inzwischen weiß, welche Texte aus den Lehrbüchern ich auch weglassen kann. Das Niveau meiner Kursteilnehmer ist immer etwas unterschiedlich. Es hängt ein wenig von der Zielstellung ab. Junge Leute, die hier auf Deutsch studieren wollen, müssen das C 1 Niveau erreichen und dann einen speziellen Sprachtest bestehen. Die Prüfungen finden nicht nur in Berlin statt, sondern man kann sie auch in anderen deutschen Städten oder sogar in Polen oder Tschechien ablegen. Sie kosten viel und ein Termin ist gar nicht einfach zu bekommen. Andere absolvieren ihr Studium an einer Berliner Universität auf Englisch. Sie möchten danach in Deutschland arbeiten und brauchen die Sprache dafür auch, aber darüber denken sie jetzt noch nicht so intensiv nach. Sehr ehrgeizig sind Kursteilnehmer, die ihren Beruf in Deutschland nur dann ausüben können, wenn sie die Sprache beherrschen, zum Beispiel Ärzte, Psychologen oder auch Schauspieler. Schwer ist es für alle, die in einem Vollzeitberuf arbeiten und nebenbei die Sprache lernen wollen. Sie haben wenig Zeit zum Wiederholen und Festigen des Unterrichtsstoffes. Manchen Kursteilnehmern sind Begriffe aus der Grammatik völlig unbekannt. Das ist mir bei Australiern aufgefallen, die mir sagten, dass sie in der Schule nie Grammatikunterricht hatten. Ganz zu schweigen von US-Amerikanern, die in der Regel nur ihre Sprache kennen, und für die Deutsch die erste Fremdsprache ist. Überall auf der Welt spricht man Englisch und deshalb scheint es den Verantwortlichen für Bildung nicht wichtig, dass die Schüler in den USA eine Fremdsprache lernen. Da ist es dann besonders schwierig, den Akkusativ und Dativ vom Nominativ zu unterscheiden und sich dazu noch die merkwürdigen Endungen einzuprägen.

Mit einigen meiner Kursteilnehmer, über die ich im ersten Buch schrieb, stehe ich heute noch im Kontakt. Inzwischen habe ich wieder viele neue interessante Menschen aus allen Teilen der Welt kennengelernt, über die ich hier berichten werde.

Wen soll ich einladen? (April 2019)

Die Sonne scheint, der Wald hinter meinem Haus ist von zartem, frischen Grün überzogen und die Vögel zwitschern von morgens um Vier an. Es ist die schönste Zeit im Jahr und ich überlege, ob ich im Frühling ein Fest organisieren sollte, so ähnlich, wie ich es vor drei Jahren schon einmal machte; im Hausgarten, der für zwanzig Personen damals gerade so reichte. Ich hatte noch nicht lange in meinem neuen Job gearbeitet und die Anzahl der Studenten, die sich bei mir darum mühten, Deutsch zu lernen, war übersichtlich. Einige, die nach Deutschland gekommen waren und hier einen Neuanfang wagen wollten, hatten das Land schon wieder verlassen. Für manche war das Lernen einiger Wörter auch nur ein Zubehör zur Welt- oder Europareise. Auch von denen, die zu meiner Party kamen, sind etliche nun wieder in ihren Heimatländern. An manche erinnere ich mich nur schemenhaft. Gerade der erste Kurs im August, der sich zum großen Teil aus Studenten zusammensetzte, die ihre Semesterferien in Berlin verbracht hatten, war nur eine kurze Episode.

Aber das Unterrichten dieses Kurses hatte für mich eine große Bedeutung, denn hier musste sich erst zeigen, ob mein Plan, nach vielen Jahren der Berufstätigkeit als Lehrerin an einer Gesamtschule, nun Ausländern meine Sprache beizubringen, realisierbar war. Zum Glück hatte ich die Weiterbildung für Deutsch als Zweitsprache absolviert und hätte mit dem Zertifikat vom Bundesamt für Migration und Flüchtlinge nun auch Asylbewerbern Unterricht erteilen können, aber im Sommer 2015, als der große Menschenstrom sich auf den Weg nach Deutschland machte und man eigentlich Deutschlehrer brauchte, war vieles noch ungeklärt, sodass ich keine entsprechende Einrichtung fand.

Aber dann bewarb ich mich bei der DeutschAkademie und nach einem Vorstellungsgespräch, übrigens dem ersten in meinem Leben, erhielt ich meinen Honorarvertrag und konnte beginnen.

Ich habe viele Jahre als Deutschlehrer an deutschen Schulen gearbeitet, fühle mich ziemlich sicher in Rechtschreibung und Grammatik, aber nun war ich Sprachlehrer für Menschen, die nicht mit unserer Sprache aufgewachsen sind. Zum Glück hatte ich den Kurs absolviert und Methoden kennengelernt, die ich früher in der Schule so nicht brauchte.

Einen Anfangskurs zu leiten, ist doch sicher kein Problem, mag manch einer denken. Aber ich merkte von Tag zu Tag, dass es nicht reicht, Wörter zu vermitteln. Warum hat die deutsche Sprache drei Artikel und warum sieht man meist nicht an der Wortendung, welcher passt? Es macht Spaß, neue Wörter zu lernen, aber auf die Artikel würden viele gern verzichten, weshalb sie sie in den Wiederholungen einfach nicht nennen. Anfänglich habe ich das gar nicht so bemerkt. Aber als es mir auffiel, fing ich an, besonders darauf zu achten, dass das Wort und der Artikel zusammen geübt werden. Immer wieder gab es in den ersten Monaten Fragen, über die der nie nachdenkt, für den Deutsch die Muttersprache ist. Woran erkennt man feminine Nomen? Sie enden oft, aber nicht immer, auf „e". (*die Tasche, die Blume, die Ehe, die Sonne*) In meinem ersten Kurs war mir das nicht bewusst. Und es gibt ja auch Ausnahmen. (*der Junge, der Kollege, das Erbe*). In der Regel passt es aber. Noch nie zuvor hatte ich mir über dieses Problem Gedanken gemacht.

Warum werden die Fälle nicht in der mir bekannten Reihenfolge verwendet, so wie ich das aus dem Schulunterricht kenne, also Nominativ, Genitiv, Dativ, Akkusativ? Warum wird der Akkusativ vor dem Dativ genannt und der Genitiv erst nach mehreren Monaten eingeführt? Warum werden Satzglieder und Wortarten nicht richtig unterschieden? Warum spricht man immer vom Verb und nicht vom Prädikat? Warum fällt das Wort „konjugiertes" Verb oder „finites", wie wir es im Schulunterricht nannten, nicht in den Erläuterungen zur Grammatik? Sicher gibt es Gründe, einiges ist nachvollziehbar, aber manches finde ich bis heute unlogisch.

Der Aufbau des von mir gewählten Lehrbuches war mir zu Anfang noch nicht richtig bekannt. Da ich noch keine weiterführenden Kurse unterrichtet hatte, wusste ich noch nicht, wie sich das Ganze im Laufe der Monate ergänzt. Ich überblickte noch nicht, was man vielleicht bei Zeitmangel weglassen könnte, weil es sich später wiederholt. Auch dass die verschiedenen Verlage in den Lehrbüchern einen unterschiedlichen Wortschatz haben und die Grammatik in anderer Reihenfolge behandelt wird, war mir nicht bewusst.

Inzwischen habe ich mehrere Kurse vom Anfangsniveau A 1 bis zum Ende B 2 geführt. Ich kann jetzt besser auswählen, was am wichtigsten ist und mir überlegen, wo ich die Schwerpunkte setze. Ich bin darauf vorbereitet, dass im Laufe der Zeit hinzukommende Kursteilnehmer manches nicht wissen, was ich in meinem Kurs behandelt habe. Die Gründe mögen die bereits erwähnten sein, aber es ist natürlich ebenso gut möglich, dass jemand krank war oder keine Zeit oder auch Lust zum Lernen hatte oder dass der vorige Lehrer ein Thema nicht geschafft hat. Gründe gibt es viele, aber für mich ist es wichtig, nicht lange darüber zu diskutieren, sondern vorhandene Lücken möglichst schnell zu schließen. Das gelingt mir inzwischen fast immer. Natürlich kann ich nicht Unmögliches leisten. Manch einer ist eben für Sprachen ungeeignet.

Zurück zur Erinnerung an meine erste internationale Party vor zwei Jahren; ich hatte die Deutschstudenten eingeladen, zu denen ich auch nach dem Ende des Unterrichts noch Kontakt hielt, und sie mit denen gemixt, die gerade ihren Kurs bei mir absolvierten. Bedingung war: es wird Deutsch gesprochen. Eine lustige Gesellschaft kam da zusammen: die Italiener Adriana, Matteo und Andrea, Khai Nor aus Malaysia und Olofunke aus Los Angeles gehörten zum aktuellen Kurs. Monica aus Taiwan, die Brasilianerin Gabriella und Oksana aus Weißrussland aus einem meiner ersten Kurse erschienen, ebenso wie der Iraner Mehrdad, nicht zu vergessen Wellyngthon aus Brasilien,

der zukünftige Priester. Alle bemühten sich um eine Unterhaltung auf Deutsch.
Der Abend war kurzweilig, bis es, wie oft im Frühling, recht kalt wurde, sodass wir relativ früh unsere Party beenden mussten.
Ich überlege, ob ich in diesem Jahr wieder ein solches Fest veranstalten sollte, vielleicht schon am Nachmittag. Es kommt hinzu, dass meine Wohnung im Randgebiet von Berlin mit öffentlichen Verkehrsmitteln nicht so einfach zu erreichen ist. Aber wen soll ich einladen? Bei über zweihundert Personen aus den letzten drei Jahren, von denen sich etliche noch in Berlin aufhalten, fällt es mir schwer, eine Auswahl zu treffen. Mehr als zwanzig dürfen es nicht sein. Dann reicht mein Platz nicht. Wenn man noch dazu rechnet, dass mancher mit dem Partner kommen will, sind es noch weniger. Wie also wähle ich aus, nach welchem Prinzip?
Ich habe so viele interessante Menschen kennengelernt, aber inzwischen schaffe ich es zeitlich nicht mehr, mich mit den in Berlin gebliebenen zu treffen, wie ich es anfänglich oft tat; mal ein Essen mit diesem Kurs, mal ein Abend mit jenem. Es ist schon kompliziert, wenn auf einmal der Bekanntenkreis so groß wird, dass man nicht mehr in der Lage ist, ihn zu bewältigen. Wen soll ich zu meiner Sommerparty einladen? Ich kann mich nicht entscheiden.
So sehe ich mir das Fotobuch an, das ich unlängst gemacht habe, betrachte mir die Namen meiner Kursteilnehmer und lasse mir durch den Kopf gehen, was ich noch über sie weiß, wer nur einen oder zwei Monate bei mir lernte, wer länger dabei war und zu wem ich auch nach dem Abschluss des Unterrichts noch Kontakt pflege. Und dabei kommen Erinnerungen an die Zeit, die nun schon wieder Geschichte ist.

Die unbekannte Lieblingslehrerin (April 2017 Kurs A 1.1)

Ich beginne wieder mit einem Anfängerkurs A 1.1. Den letzten Kurs habe ich nach acht Monaten abgegeben. Dafür gibt es mehrere Gründe. Das System besteht aus drei Sprachniveaus, die jeweils vier Monate dauern, wenn man alle nacheinander absolviert.[1] Nur wenige Deutschlernende machen das durchgehend, eigentlich nur die, die in kurzer Zeit ein bestimmtes Ziel erreichen möchten, weil sie studieren, ihre Approbation als Ärzte für Deutschland bekommen wollen oder ein anderes, ganz spezielles Ziel verfolgen.
Die meisten legen zwischendurch Pausen ein, zum Beispiel für Reisen in ihre Heimatländer, wenn sie umziehen, heiraten oder andere Umstände die Kontinuität verhindern. Mancher pausiert, weil es ihm zu kompliziert ist und er Erholung braucht. Gerade solche Menschen melden sich dann für bestimmte Kurse immer wieder an, aber bringen es nicht sehr weit in der Sprachpraxis.
Einigen reicht das A-Niveau. Sie wollen sich ein bisschen auf Deutsch verständigen, haben nicht vor, in Deutschland zu leben, sondern verbringen zum Beispiel die Semesterferien hier, wollen Berlin kennenlernen und dabei auch die Sprache erkunden.
Viele kommen nach Deutschland, weil sie hier arbeiten möchten, entweder, weil sie einen deutschen Partner haben oder weil es im eigenen Land mit Arbeit nicht gut aussieht. Italiener, Brasilianer und Spanier sind unter den Letztgenannten.
Für mich als Kursleiter ist es natürlich am besten, wenn die Kurse konstant bleiben und ich im Idealfall für acht Monate unterrichte. Dieser tritt so gut wie nie ein, sodass ich nicht auf das von mir vermittelte Grundwissen zurückgreifen kann und deshalb immer wieder vorhandene Lücken stopfen muss. Warum ich mich noch nicht

---

[1] A-Kurse -Elementare Sprachanwendung, B-Kurs selbständige Sprachanwendung und C- Kurse kompetente Sprachanwendung

am C-Level versucht habe? Es sind, wie gesagt, sehr wenige, die nach den absolvierten B-Kursen noch weiterlernen. Ich weiß, dass eigentlich bis dahin alle wichtigen Regeln erklärt sind, und es nun um die Feinheiten geht. Ich glaube, das ist für mich nicht so interessant, obwohl ich es auch vermitteln könnte. Aber gerade in letzter Zeit denke ich manchmal darüber nach, ob ich es vielleicht doch einmal versuchen sollte, um auch wieder Neues auszuprobieren und um vielleicht noch tiefer in die Möglichkeit, sich eine Sprache anzueignen, eintauchen kann.

Jedenfalls habe ich nach acht Monaten meinen liebgewonnenen Kurs abgegeben, weil es mir der beste Zeitpunkt schien und mich wieder um einen Anfängerkurs beworben. Ein Grund dafür war, dass Sara aus Taiwan, die Freundin eines jungen Bekannten, für drei Monate nach Berlin kam und ich unbedingt ihre Lehrerin sein sollte. Sara heißt eigentlich Ting Yu. Aber in Europa lässt sie sich Sara nennen. Sie schreibt mir schon von Taiwan aus viele Nachrichten, verziert sie mit Herzen und Blumen und ich bin sofort ihre Lieblingslehrerin, obwohl wir uns noch gar nicht kennen.

Im Kurs sind neben Sara noch zwei Spanier, die nur einen Monat bleiben werden, ein junges Ehepaar aus Australien, das gern in Deutschland leben und arbeiten möchte, eine hochschwangere junge Japanerin, die in Wandlitz bei Berlin mit einem deutschen Mann und einer kleinen Tochter lebt, der US-Amerikaner Logan, der demnächst ein Restaurant in guter Lage eröffnen und wohl auch dann kaum noch Zeit zum Deutschlernen haben wird, ein in Potsdam arbeitender Seismologe aus Atlanta, der nach kurzer Zeit weiterzieht nach Japan, weil er dort ein lukratives Angebot erhält und Tyng aus Chicago, die ihre Wurzeln in Malaysia hat. Der große Star ist Seongjin aus Süd-Korea, ein attraktiver junger Mann, ein Go-Master. Alle sprechen mit Hochachtung von ihm. Über das spezielle Brettspiel mit schwarzen und weißen Steinen muss ich mich allerdings erst einmal informieren. Aber ich werde in den nächsten Monaten sehen, vor allem in den

Facebook-Posts, dass Seongjin durch ganz Europa reist und alle Wettbewerbe gewinnt.
Wie in jedem Anfangskurs ist die Motivation hoch und der Spaßfaktor groß, aber nach wenigen Tagen wird es schon schwierig, wenn die deutschen Artikel gelernt werden müssen und Nomen nicht nur im Nominativ, sondern auch im Akkusativ. Ich habe mir verschiedene Methoden überlegt, den Einstieg zu erleichtern und mache vieles anders als in meinem ersten Anfängerkurs.
Trotzdem empfinde ich das Unterrichten auf diesem Niveau am schwierigsten und bin nach dem Unterricht ziemlich erschöpft. Man kann sich noch nicht locker über ein Thema unterhalten wie in späteren Kursen, kämpft immer gegen das Englische, das viele zu gern verwenden und weiß, dass man den Grundstock legt, der mit entscheidend ist, ob jemand gern die schwierige Sprache weiterlernt. Meine Studenten sind auch schnell müde. Drei Stunden mit einer kurzen Pause zwischendurch vergehen in den fortgeschrittenen Kursen sehr schnell, bei Anfängern muss ich schon nach dreißig Minuten die Methode wechseln und etwas zur Auflockerung machen, weil ich merke, dass die Konzentration nachlässt.
Kleine Wettbewerbe und spielerische Übungen erleichtern diese Phase. Ich habe mir inzwischen eine große Materialsammlung dafür zugelegt, aber vieles verschwindet im Laufe der Zeit, vor allem, wenn ich lange nicht das gleiche Niveau unterrichtet habe.
Nach Abschluss des ersten Monats wissen die Kursteilnehmer einiges über die Mitstudenten und die Stimmung wird damit lockerer.
Es ist besonders dann lustig, wenn ein paar extrovertierte Menschen dabei sind. Auch die gute Mischung von Frauen und Männern belebt die Atmosphäre. Sie haben nun nicht mehr die Illusion, dass sich eine Sprache schnell mal nebenbei lernen lässt.

New Orleans – eine kurze Unterbrechung (Mai 2017 Kurs A 1.2)

Sara, Tyng, die beiden Australier und Seongjin bleiben, neue Kursteilnehmer ergänzen die Gruppe; Miye und Christophe, die französisch-kanadischen Weltenbummler, ein sehr sympathisches junges Ehepaar, das in einem Blog über seine Reisen durch die Welt schreibt und das nun in Deutschland Halt macht, Alex Hadley aus dem kleinen Dorf Corris Uchaf, den ich mit seinem walisischen Dialekt weder auf Englisch noch auf Deutsch richtig verstehen kann und das Sprachtalent Alexandre aus Kanada. Er wird im nächsten Monat einen Kurs überspringen, weil er so große Fortschritte macht wie vor ihm keiner in einem meiner Kurse. Er ist Student und auch nur für ein paar Monate in Deutschland. Auf Facebook sehe ich, dass er inzwischen in Moskau studiert und Russisch auf gleiche besessene Weise lernt wie vorher Deutsch.

Es ist nun besonders schwer zu unterrichten, weil der Abstand von Alexandre zu den anderen von Tag zu Tag größer wird und er viele Fragen stellt, die die anderen noch gar nicht erfassen können. Ich muss aufpassen und ihn etwas zügeln, damit keiner der Mitstudenten Minderwertigkeitskomplexe bekommt.

In der ersten Kurs-Woche reise ich im Urlaub mit Peter, meinem Lebenspartner, zum Jazz-Festival nach New Orleans. Die Stadt ist faszinierend. Auf jeder Straße spielen Musiker in verschiedenen Formationen, in unterschiedlichen Musikrichtungen. Das Herz dieser Stadt schlägt bei Tag und Nacht, und es schlägt so, wie ich es mir nach den umfassenden Recherchen für mein neues Musical vorgestellt habe. Raddampfer fahren über den Mississippi, heutzutage allerdings nur zur Unterhaltung der Touristen, während sie früher wichtige Transportmittel waren. Ich genieße jede Sekunde, die wir in diesem Schmelztiegel des Jazz und Rhythm and Blues verbringen, der bei dem großen Hurrikan Katrina zu einem großen Teil dem Boden gleich gemacht wurde.

Das Zentrum der Stadt, das French Quarter mit der berühmten Bourbon Street, liegt etwas höher als die äußeren Gebiete und blieb deshalb zum Glück unversehrt. Ich bin sehr gern in den USA, weil ich hier auch meine, vor wenigen Jahren mit der Babbel-App trainierten Englischkenntnisse anwenden kann. Allerdings fällt es mir schwer, den Südstaaten-Slang zu verstehen, doch ich kann mich zumindest hineinhören und das Gesagte deuten.
Ich interessiere mich seit vielen Jahren für die Geschichte der farbigen Amerikaner und habe etliche Bücher darüber gelesen und Filme gesehen, die mich beeindruckten. „Selma“ zählt dazu, der Film über Martin Luther King, den eine afroamerikanische Regisseurin inszenierte. Für diesen Film mussten alle Zitate des Bürgerrechtlers umgeschrieben werden, denn Star-Regisseur Steven Spielberg hatte sich bereits für viel Geld die Rechte an den Reden Luther Kings für eine zukünftige Produktion gesichert. „Twelve Years a Slave“, ein sehr trauriger Film, der nur schwer auszuhalten war in seiner Brutalität, beeindruckte mich ebenso wie „Die Farbe Lila“, „Grüne Tomaten“ und „The Help“. Zuletzt sah ich „Green Book“, den Film, der in diesem Jahr den Oscar bekam, zu Recht, wie ich finde, auch wenn manche Kritiker anderer Meinung sind.
In meiner früheren Zeit als Musiklehrerin war das Thema „Vom Worksong zum Spiritual“ eines meiner liebsten. Ich sang besonders gern diese Songs im Unterricht. Auch einige der für meine Musical-Gruppe geschriebenen Drehbücher befassten sich mit dem Leben und den Problemen der Afroamerikaner, die so unsagbare Leiden durchleben mussten und für die es in einigen Teilen des Landes auch heute noch nicht selbstverständlich ist, gleiche Chancen zu haben wie ihre weißen Mitbürger. Unvergesslich ist für mich der Besuch einer ehemaligen Sklavenplantage in South Carolina vor einigen Jahren, als wir in Charleston Urlaub machten. Vor Ort zu sehen, was mir bisher nur durch Filmszenen bekannt war; die kleinen Hütten, die Bedingungen, unter denen die Menschen lebten, die zum großen Teil

auf Baumwollplantagen arbeiten mussten, das alles war für mich interessant und ergreifend.
Besonders eingebrannt hat sich mir eine Szene, die ich vor Ort erlebte. Ein dunkelhäutiger junger Mann besichtigte die Plantage wie wir. Wir standen in einer Hütte und ich konnte beobachten, wie er seine Hand auf eine Wand legte. Eine ganze Weile verharrte er so. In die Wand waren die Namen der Sklaven eingeritzt, die in dieser Siedlung gelebt hatten, die seiner Vorfahren, die man aus Afrika in dieses ferne Land transportiert hatte, die auf Sklavenmärkten verkauft worden waren, von ihren Liebsten getrennt wurden und die dann unter schwersten Bedingungen für die weißen Herren schuften mussten, ohne Aussicht auf eine bessere Zeit. Kein Wunder, dass sie sich in ihren Spirituals Hoffnung auf das Leben im Jenseits machten, ihr einziger positiver Ausblick! Daran musste ich unwillkürlich denken, als ich diesen Mann sah. Es war für mich bewegend, wie er durch das Berühren der Wand eine Art Verbindung zu dieser Zeit herstellte.
In New Orleans ist die Zahl der Afroamerikaner allerdings nach dem Hurrikan stark zurückgegangen. Viele von ihnen hatten in den einfachen Häusern außerhalb des Zentrums gewohnt, die vom Wasser weggespült wurden. Dort hat man jetzt neue teure Häuser errichtet, die nur für die Reicheren erschwinglich sind.
Doch zurück zum Kurs: Heidy, die immer mal für mich einspringt, hat während meiner Reise die Vertretung übernommen. Es wäre Zeit, dass ich wiederkomme, gibt mir Sara auf WhatsApp zu verstehen. Alexandre nehme Heidy völlig in Beschlag. Die anderen würden im Unterricht nicht mehr zu Wort kommen. Es ist für einen Vertretungslehrer nicht so einfach, die Verhältnisse im Kurs zu verstehen, die Zeit zu kurz, um auf jeden persönlich einzugehen. Ich versuche, als ich wieder zurück bin, allen gerecht zu werden, aber ich bin doch froh, dass der „Überflieger" im nächsten Monat in einen anderen Kurs kommt.

Erinnerungen an meine Stippvisite in Indien (Juni 2017 Kurs A 2.1)

Saras vorerst letzter Monat in Berlin beginnt. Die ungewohnte deutsche Sprache fällt ihr schwer. Immer wieder greift sie auf das Englische zurück, das sie vor wenigen Jahren an einer Sprachschule in London gelernt hat und also auch noch nicht so lange beherrscht.
Sie ist eine liebenswerte Person, sehr sozial engagiert, nicht nur in der Familie ihres Freundes, wo sie die pflegebedürftige Oma mit betreut, sondern auch in unserem Deutschkurs. Besonders liebt sie den „Schönen Donnerstag", weil wir an diesem Tag, wie auch früher schon in anderen Kursen, zusammen frühstücken. Sie isst für ihr Leben gern und man sieht es ihr auch langsam an. Mit Tyng hat sie sich im letzten Monat befreundet. Die lädt uns zum Essen in ihre Berliner Wohnung in der Nähe der Friedrichstraße ein. Die sicher sehr teure Wohnung ist noch sehr provisorisch eingerichtet und das wird auch ein paar weitere Monate so bleiben.
Tyngs Mann arbeitet bei einer Telekommunikationsfirma, natürlich nur mit englischsprachigen Mitarbeitern und spricht kein Wort Deutsch. Und auch für Tyng bleibt das bisher im Anfangsstudium Gelernte wahrscheinlich für lange Zeit das einzige, denn sie findet eine Arbeit, bei der sie kein Deutsch braucht. Sie reist nun viel umher, vor allen in Asien, und ihr Malaysisch hilft ihr dabei genauso wie das Chinesisch, das sie auch beherrscht.
Der Juni-Kurs wird zu einer Art Stammkurs oder einer dritten „Familie". So nenne ich immer die Gruppen, mit denen ich mehrere Monate verbringe und die mir durch das tägliche Miteinander vertraut werden. Schließlich sprechen wir an vier Tagen in der Woche jeweils drei Stunden intensiv über alle Themen, die sich anbieten. Ariela aus Brasilien ist mit ihrem Mann nach Berlin gekommen, weil der hier Arbeit gefunden hat. Sie entdeckt in Jorge einen Landsmann. Eine Portugiesin, die nur einen Monat bleiben wird, verstärkt die portugiesisch sprechende Fraktion.

Rajesh und Shiva aus Indien studieren an der Universität in Jena. Aber sie wohnen für ein paar Monate in Berlin, um hier Deutsch zu lernen. Eine ähnliche Möglichkeit, an Intensivkursen teilzunehmen, gibt es wohl in Jena nicht. Ich werde in den nächsten Monaten viel über Indien erfahren. Rajesh ist der extrovertiertere, Shiva, der ruhige. Ich glaube, Rajesh passt besser hierher als Shiva, der sehr mit seiner heimatlichen Kultur verbunden ist. Shiva kann wunderbar kochen und würde wahrscheinlich in Berlin jedem indischen Restaurant zum Erfolg verhelfen. Aber er studiert auf einem technischen Gebiet und möchte natürlich später auch auf diesem Arbeit finden. Manchmal bringt er seinen wunderbaren Curry-Reis mit Huhn auch zum Donnerstagsfrühstück mit.

Ich erinnere mich daran, dass ich vor drei Jahren fast in Indien war. Das heißt, ich befand mich auf einem Containerschiff, direkt vor der Küste von Mumbai. Das Schiff, auf dem mein Lebenspartner Peter als Kapitän damals unterwegs war, sollte eigentlich nach Argentinien fahren. Ich hatte gerade meine Lehrertätigkeit an der Gesamtschule beendet und so traf es sich gut, dass ich eine lange, fast sechs Wochen dauernde Schiffsreise unternehmen konnte. An Bord eines Frachtschiffes hat man viel Zeit, seine Gedanken zu ordnen und neue Pläne zu schmieden, fand ich. Argentinien, und vor allem Buenos Aires, wollte ich kennenlernen, nachdem ich vor Jahren das verfilmte Andrew- Lloyd-Webber- Musical „Evita“ mit Madonna in der Hauptrolle gesehen hatte, die Evita Peron, die Frau des damaligen Staatschefs Juan Peron, darstellte. Der Film, obwohl von vielen Kritikern zerrissen, hatte mich beeindruckt und ich fand auch Madonna in ihrer Rolle sehr gut. Doch kurz bevor ich an Bord gehen sollte, änderte sich die Route. Indien war nun das Endziel. Zum Glück blieb der Stopp auf den Bahamas erhalten. Dorthin flog ich und konnte eine wunderbare sommerliche Welt kennenlernen, mitten im Dezember; mit Weihnachtsliedern unter Palmen, mit einem karibisch-weißen Strand, wo das Wasser türkisblau glitzerte, was ich bisher, obwohl ich schon an vielen Stränden war, nicht kennengelernt hatte. Dann stieg ich auf das Schiff. Also nach Indien ging es nun. Die Route war interessant. Ich fuhr das erste Mal durch den Suez-Kanal, der gerade eine große Baustelle war, denn man baute dort einen zweiten Wasserweg durch die Wüste. Wüstensand hatte ich bisher noch nicht gesehen und es faszinierte mich, beobachten zu können, wie große Maschinen sich mühten, Berge von Sand zu beseitigen, um dort den neuen Kanal zu errichten. Wir fuhren über das Rote Meer, durch die Piratengebiete, in denen das Schiff mehr gesichert wurde als üblich und ich ein mulmiges Gefühl hatte, obwohl mir versichert wurde, dass schon lange kein Schiff mehr überfallen worden wäre und die Möglichkeiten, ein so großes Schiff zu entern, sehr gering seien. Ausgerechnet dort gab es einen Blackout. Das heißt, die gesamte Technik fiel aus und ein langer Sirenenton wies alle an Bord an, sich auf dem Rettungsdeck zu versammeln. Natürlich dachte ich, dass etwas Schlimmes passiert sein musste. Zum Glück jedoch konnte der Schaden schnell behoben werden und wir fuhren weiter. Aber die Zitterpartie war noch nicht zu Ende. Als ich mich etwas später an Deck sonnte, kam ein kleines Boot an unser Schiff herangefahren. Darauf stand ein Mann, der zu mir hochblickte, so empfand ich es jedenfalls. Ein Containerschiff ist sehr groß, und der Abstand von meinem Deck zum Meer war etwa so hoch wie vom achten Stock eines Wohnhauses aus. Aber ich fühlte mich bedroht. Vielleicht spielte da auch nur Fantasie mit. Ich weiß nicht, was das Boot dort wollte, verließ aber schnell meine Sonnenliege und riegelte die Tür nach außen zu. Als ich später nachfragte, hatte niemand den Vorfall bemerkt. Wahrscheinlich war ich die Einzige, die dem „Piraten" ins Auge geblickt hatte, der dann schnell wieder verschwand. Wir fuhren in verschiedene arabische Häfen ein; in Saudi-Arabien und Pakistan. Aber das Schiff zu verlassen, war nicht möglich; zu instabil die politischen Verhältnisse, zu unsicher, wenn der Kapitän eines so großen Schiffes dort entführt würde! Nur einmal gelang es uns, ein

Visum für mich zu erstehen; in Dubai. Dort konnten wir an Land gehen und ich machte meine erste Erfahrung mit einem hochmodernen arabischen Land, in dem die Wolkenkratzer bis in den Himmel wachsen, aber auf der Straße auch Männer mit weißen Roben und dem Turban auf dem Kopf mit dem Fahrrad radeln, wo Frauen im Ganzkörperburka an der Seite eines wohlhabenden Mannes, der völlig westlich zivilisiert aussieht, auf dem Goldmarkt wandeln, um Geschenke entgegenzunehmen, die dieser Mann ihnen macht, wie er das bei allen seinen Frauen handhabt, um ihnen etwas Besonderes zu bieten, weil sie ihn wohl doch häufig mit anderen Lebensgefährtinnen teilen müssen.

Kurz gesagt, nach der Reise durch viele Wüstenlandschaften und Staub erreichten wir schließlich Indien, vor uns die Weite von Mumbai, aber was wir auch alles versuchten, ich durfte das Schiff nicht verlassen. Ich hätte dafür ein Visum gebraucht, was ich allerdings vor der Reise nicht wusste, denn das Ziel sollte ja ein anderes sein. So gehöre ich sicher zu den wenigen Menschen, die in Indien geografisch waren, ohne einen Fuß dort an Land gesetzt zu haben. Daran muss ich denken, als ich Rajesh und Shiva sehe. Ich werde von ihnen in der nächsten Zeit einiges über dieses Land erfahren, in denen Schulklassen mit fünfzig Schülern normal sind, was ich mir für einen dort unterrichtenden Lehrer sehr anstrengend vorstelle. In meinem Kurs ist auch die Vietnamesin Chi, eine junge Frau, die zusammen mit ihrem Mann ein großes asiatisches Restaurant im Nikolaiviertel, also in bester und teuerster Lage, einrichtet. Chis Eltern sind Besitzer einer Restaurantkette, unter anderem in Hanoi und Phnom Penh. Später werde ich ihr mit dem Kurs einen Besuch abstatten und feststellen, dass dieses Restaurant an einem zentralen Platz sicher nicht einfach zu betreiben sein wird. Ich hoffe, es bleibt für die Angestellten, die kaum unsere Sprache sprechen, doch noch etwas Zeit, sie zu lernen, damit die Geschäfte erfolgreich laufen können.

One Night on Mississippi (Juni 2017)

Nach einer Woche Ferien, in der ich mit der Musicalgruppe meiner alten Schule zum letzten Mal ein Musical auf großer Bühne aufführe, wird es mit dem Kurs weitergehen. Die DeutschAkademie hat viermal im Jahr freie Tage; einmal im April, einmal im Sommer, einmal im Herbst, jeweils eine Woche, und vierzehn Tage im Dezember.
Für mich sind die geplanten Ferienzeiten günstig, weil ich, wie in diesem Sommer, Zeit habe für mein Musical. „One night on Mississippi" heißt es in diesem Jahr. Ich habe in diesem Stück unsere Reise nach New Orleans sozusagen vorempfunden, denn der Text entstand, bevor wir dort waren. Ein alter Raddampfer bleibt eine Nacht durch einen Ruderschaden mitten auf dem Fluss stehen und in dieser Zeit zieht an den Zuschauern ein Stück amerikanischer Südstaatengeschichte vorbei mit bekannten Songs von Gospel bis zur Musik der neuen Zeit. Meine Recherchen und Vorbereitungen auf jedes Musical, das ich mir ausdenke und für die Gruppe in Szene setze, gehen sehr tief. Ich tauche so in Ort und Zeit ein, dass es mir vorkommt, als sei ich schon einmal dort gewesen, als wir später durch New Orleans ziehen.
Ich ahne ein wenig, dass das mein letztes großes Stück sein wird; nicht, weil ich keine Ideen mehr habe oder keinen Spaß an der Entwicklung eines neuen. Aber die Arbeit mit meinen, zum großen Teil erwachsenen Gruppenmitgliedern wird komplizierter. Haben sie früher jede Rolle und jedes ausgewählte Lied akzeptiert, so äußern sie nun immer mehr Sonderwünsche. Sie wissen, dass ich auf sie angewiesen bin, denn es nehmen nur noch wenige Schüler an der Arbeitsgemeinschaft teil, weil ich, dadurch dass ich an der Schule nicht mehr unterrichte, vielen nicht mehr bekannt bin. Also muss der Stamm bestehen bleiben, und die Kenntnis darum lässt nun zum Vorschein treten, was wahrscheinlich im Hintergrund schon immer

etwas schwelte. Neid und Missgunst auf den, der die vermeintlich bessere Rolle, den schöneren Song oder den längeren Text hat.
Wenn nach den letzten Proben die Kostüme dazukommen, ist dann doch nicht jeder mit seinem Anblick zufrieden, weil jetzt auffällt, dass vor allem einige der weiblichen Gruppenmitglieder nicht die Maße haben, die sie für das Ballett des Friedrichstadtpalastes brauchten. In diesem Jahr gestaltet sich das Probenwochenende besonders schwierig, obwohl ich mir viel überlegt habe. Den australischen Opernsänger Matthew, mit dem ich nach der Absolvierung der Deutschkurse noch in regelmäßigem Kontakt stehe, habe ich als Vocal-Couch engagiert. So etwas kennen die meisten jungen Leute heutzutage aus den Fernsehsendungen, in denen Super- oder Popstars oder The Voice Of Germany gesucht werden. Matthew ist ein sehr sympathischer, lustiger Mensch und ich hoffe, dass es meinen Darstellern gefällt, wenn nicht ich mich kritisch zu ihrem Gesang äußere, was sowieso sehr schwierig ist, sondern wenn es ein anderer tut. Die Resonanz ist unterschiedlich. Wer keine Kritik erträgt, der mag auch seine nicht. An diesem Abend kommt es wegen verschiedener Missverständnisse zu einem großen Zerwürfnis, was mir unangenehm vor unserem Gast ist, aber Matthew meint, so etwas kennt er auch von professionellen Gruppen. Die Aufführungen finden schließlich doch statt und sind, wie immer, sehr erfolgreich. Nach außen hin scheinen die Streitigkeiten vergessen, aber es bleibt für alle und auch für mich ein schlechter Nachgeschmack.
Einige Darsteller werden die Gruppe verlassen und auch unser Bühnenbildteam will nicht mehr die Mai- Wochenenden opfern für das Herstellen der Kulissen. Ohne Bühne und mit zu wenig Darstellern geht es nicht. Die Lücken sind zu groß und können nicht mehr gestopft werden.
Ich glaube, das ahnen alle Beteiligten, die vierzehn Tage lang in der Alten Halle, unserem in vielen Jahren lieb gewonnenen Auftrittsort, auf dem Mississippi reisen.

Karibisches Flair und Salsa - Pausen (Juli 2017 Kurs A 2.2)

Im Deutschkurs verstärkt sich in diesem Monat die portugiesisch sprechende Community. Es kommt der Brasilianer Leandro, ein sympathischer junger Mann, der ein paar Monate bleiben wird. Ariela, Brasilianerin mit jüdischen Wurzeln, versteht sich wunderbar mit Bar aus Israel, der so ist, wie man sich, wenn man Kishon gelesen hat, einen Israeli vorstellt. Er hat einen trockenen Humor und manchmal weiß man nicht, ob er das, was er sagt, ernst meint oder nicht. Bar ist ein Naturbursche. Er wandert gern und liebt besonders die Themen, die ich nicht so gern unterrichte; Natur, Tiere und Berge. Vilma, eine hübsche, sehr zarte Frau aus Litauen, möchte ihre Sprachkenntnisse verbessern, weil sie einen deutschen Freund hat, mit dem sie sich demnächst verlobt und den sie im nächsten Jahr heiraten wird. Sie ist Designerin und arbeitet für eine litauische Firma. Sie entwirft Briefmarken für afrikanische Länder, die sie uns in einer kleinen Präsentation vorstellt. Vilma wird auch, zusammen mit anderen Litauern, in der nächsten Zeit einen Abend in unserem Kulturverein gestalten. Unter dem Motto „Die Welt bei uns zu Gast" stelle ich in dieser Reihe Menschen aus anderen Ländern vor, die zeitweilig oder für immer in Deutschland leben, Menschen, die ich aus meinem Deutschunterricht kenne. Sie erzählen, was ihnen in Berlin gefällt, was sie merkwürdig finden und wenn sie einen deutschen Partner haben, wie es sich lebt zwischen zwei Kulturen. Dazu gibt es Musik und ein kleines Essen. Nach Brasilien, Italien, Spanien und Australien ist es der fünfte Abend dieser Art. Wilma singt selbst in einer landestypischen Tracht mit ihren Freunden Volkslieder aus ihrer Heimat, und der litauische Koch, den sie mitgebracht hat, serviert eine gut schmeckende Speise. Ich werde auch etwas später an der standesamtlichen Trauung in Köpenick von Vilma und ihrem Mann, der bei der Conrad- Adenauer-Stiftung angestellt ist, teilnehmen.

Neu im Kurs ist auch Andres aus Venezuela, ein sehr sympathischer junger Mann, der im IT-Bereich arbeitet und unbedingt Geld verdienen muss, um seinen Aufenthalt in Deutschland zu bezahlen.
Es ist sehr unterschiedlich bei den Kursteilnehmern, wie sie ihr Leben in Berlin finanzieren. Mancher hat einen Partner, der gut verdient. Das sind vor allem Frauen, die aber oft auch selbst arbeiten möchten. Einige EU-Bürger bekommen Hartz 4, so Italiener und Spanier. Manche erhalten Unterstützung von den Eltern, die ihren Kindern eine gute Perspektive bieten wollen. Einige haben sich in ihrer Heimat Geld erspart für den erwünschten Neuanfang. Wer keinen Sponsor hat, zum Beispiel ein Kuratorium, und kein Geld vom Staat bekommt, muss selbst für seinen Unterhalt aufkommen. Das ist oft sehr schwer. Manche arbeiten als Kellner oder in der Küche eines Restaurants, sind Baby-Sitter und erledigen andere Aufgaben, die nur wenig Geld bringen. Sie leben dann auch häufig in WGs, wo sich mehrere Bewohner, meist aus unterschiedlichen Ländern, eine Wohnung teilen.
Neben den Studenten aus dem letzten Monat kommt noch ein „bunter Vogel“ in den Juli-Kurs: Alejandro aus Cuba, mein erster und bisher einziger Kubaner. Er lebt schon eine Weile in Berlin und erzählt viele Anekdoten aus seinem turbulenten Leben mit vielen Frauen und mehreren Kindern, für die er Geld nach Cuba schickt. Alejandro singt und tanzt sehr leidenschaftlich, und so gestalten wir die Pausen, die vor einigen Monaten in einem anderen Kurs durch den Chinesen Theo mit Kung-Fu – und Entspannungsübungen gefüllt waren, jetzt als Tanzpausen mit Salsa und Merengue. Es macht allen großen Spaß, zumal der heiße Monat Juli ein bisschen Cuba-Feeling in das Haus am Fernsehturm zaubert.
Cuba. Woran denke ich in diesem Zusammenhang? An die DDR-Zeit, wo es neben den sozialistischen Ländern in Europa und Asien ein Land in Amerika gab, das den gleichen Weg ging wie wir. Fidel Castro und Che Guevara, das waren unsere Idole auf dem amerikanischen

Kontinent. Es war die Zeit, wo ich viele Kinderlieder für die Zeitschrift „Bummi“ komponierte, deren Chefredakteurin meine Mutter war, die die Texte verfasste. So hatte ich auch das Lied „Im Zuckerland“ vertont, das ich noch heute im Ohr habe.

„Im Zuckerland, im Zuckerland,
da wehen Seidenfahnen, rot.
Und alle Kinder haben Brot
Im Zuckerland.

Im Zuckerland, im Zuckerland,
da ernten sie das Zuckerrohr.
Es kommt dort auf den Feldern vor
Im Zuckerland.

Und Cuba heißt das Zuckerland,
wir schicken Grüße mit dem Wind,
weil alle uns´re Freunde sind
im Zuckerland.“

Rote Seidenfahnen habe ich nicht gesehen in Cuba, aber Zuckerrohr wird auch heute noch angebaut, in dem Land, für das es nach dem Zerfall der sozialistischen Welt besonders schwer wurde, wirtschaftlich über die Runden zu kommen, weil seine größten Handelspartner aus eben dieser Welt waren, die es nun nicht mehr gab. Dazu kam die Blockade durch die USA, die unter der Regierung Trump heute stärker denn je ist.
Mein kleiner Sohn Till veranstaltete in dieser Zeit für die Familie zu bestimmten Anlässen in unserer Wohnung große Markttage, wo er allerlei Selbstgebasteltes verkaufte. Der Erlös dieser Märkte ging an eine Aktion, die „Milch für Cubas Kinder“ hieß. Die ganze Familie wurde von ihm dafür eingespannt. Meine Aufgabe war dabei, die

Gäste mit Pommes Frites zu versorgen. Die tiefgefrorenen Teile gab es nur einmal in der Woche in der Kaufhalle, die man heute Supermarkt nennt, und ich hatte sie schon wochenlang zusammengespart, damit sie für die große Anzahl der Marktbesucher reichten. So stand ich dann stundenlang in der Küche am Ölkochtopf und brutzelte. Bei Till ist damals die Leidenschaft für die karibische Insel geweckt worden, die ihn nun schon seit mehreren Jahren immer wieder dorthin treibt und ihn mit dem Rucksack durchs Land ziehen lässt, wofür er nach seinem Schulabschluss die Sprache lernte, die er heute perfekt beherrscht. Er tanzt leidenschaftlich Salsa und legt als DJ in verschiedenen Berliner Lokalitäten Musik dazu auf. Er liebt das Land und seine Menschen, während er inzwischen auch weiß, dass die Zustände in deren Heimat differenziert zu bewerten sind.
Ich war vor drei Jahren auf einer Urlaubsreise in Cuba, und es gefiel mir sehr; die traumhaften Strände, die Natur, die Atmosphäre von ewigem Sommer, die Oldtimer- Autos, die fröhlichen Menschen und die Stadt Havanna mit ihren alten Gebäuden, die noch nicht mit Werbebannern weltweit verbreiteter Fastfood-Ketten verschandelt sind. Wir sind nicht mit dem Rucksack durchs Land gewandert, schon deshalb nicht, weil man gut spanisch sprechen sollte, wenn man mit den Menschen Kontakt aufnehmen möchte. Leider bin ich dazu trotz einiger Versuche, die Sprache zu lernen, nicht in der Lage. Wir wohnten in einem schicken Hotel am Strand und mir ist schon klar, dass die Mitarbeiter, die in solchen Hotels arbeiten, privilegiert sind gegenüber dem Lehrer oder Arzt, der abends noch als Taxifahrer seinen Unterhalt verdienen muss. Aber mein Herz schlägt immer noch für Cuba, wo überall Musikgruppen auf den Straßen mit großer Emotionalität die alten bekannten Lieder singen, wie „Comandante Che Guevara“, was ich mir, wo ich konnte, wünschte, weil es bis heute eines meiner Lieblingslieder ist.
Es ist schon ein wenig Nostalgie dabei, wenn ich an Cuba denke, an die Möglichkeiten, die es allen Kindern bietet, sich zu bilden und gute

Universitäten zu besuchen, an das vorbildliche Gesundheitswesen und die Hilfe, die man anderen Ländern, wie Venezuela oder El Salvador, gibt, indem man gute Ärzte dorthin schickt. Aber ich sehe natürlich auch die andere Seite, kenne sie ja selbst aus meiner DDR-Erfahrung und weiß, dass die Menschen mehr wollen; mehr Konsum, mehr Geld, mehr Reisemöglichkeiten und dass der Anfang von etwas Neuem oft das Ende der positiven Aspekte des Alten mit sich bringt.

Am Abschlusstag findet in unserem Raum eine große internationale Party statt, zu der jeder eine Köstlichkeit aus dem Heimatland vorbereitet hat. Es ist die eindrucksvollste Party, die ich bisher im Unterricht feierte. Meine Studenten übertreffen sich dabei gegenseitig. Wieder schmücke ich den Raum mit den Flaggen der Länder, aus denen die Kursteilnehmer kommen, und mit bunten Girlanden. Alejandro bringt Cola, Eis und Rum mit und mixt für uns Cuba Libre. Wir singen und tanzen und es liegt eine einzigartige Stimmung in der Luft mit diesen netten Menschen, an die ich mich später noch oft erinnern werde, wenn ich an diesen Sommer zurückdenke und die Musik höre, zu der wir im kleinen Kursraum so ausgelassen tanzten, als wenn wir auf einer Salsa-Party am Malecon in Havanna wären. Ich habe für jedes Land einen bekannten Song herausgesucht und die Texte für alle kopiert. Wir singen den Song „Venezuela“, „Liepa Mondeikaite“, ein Lied aus Litauen, das von einer Sängerin zu einem Eurovision - Wettbewerb vorgetragen wurde, „Guantanamera“, das bekannte Lied aus Cuba, den brasilianischen Partyhit „Nossa“, einen indischen Hip Hop-Song, ein Lied aus Israel sowie einen Song aus dem Musical „Chicago“. Wir tanzen den spanischsprachigen Sommerhit des Jahres 2017 „Despacito“. Die Stimmung ist ausgelassen, auch durch den Genuss des Cuba Libre am frühen Vormittag. Wahrscheinlich wird der Kurs, der nach uns in den Raum kommt, sich etwas wundern, weil noch ein Hauch von Rum in der Luft schwebt.

Was ist typisch deutsch? (August 2017 Kurs B 1.1)

Die „Stammfamilie“ bleibt, einige gehen wieder, weil sie Arbeit gefunden haben. Hinzu kommen die hübsche Vanessa aus Brasilien, die nur einen Monat im Kurs lernen wird, weil sie in Vorbereitung auf ihre Hochzeit mit einem deutschen Mann eine Reise in die Heimat plant, die Spanierin Irune, die gerade ihr Pharmaziestudium in Barcelona abgeschlossen hat, und in Berlin, wo auch sie mit einem deutschen Freund lebt, eine Stelle finden will und der Chilene Pablo, Doktorand an der Humboldt Universität, auch nur für einen Monat. Seine Freundin erwartet ein Baby und er will dann an ihrer Seite sein, wenn es geboren wird. Unser interessantester Zugang ist die Koreanerin Soojun, auch Crystal genannt.

Sie hat während eines Australienaufenthalts die Liebe ihres Lebens kennen gelernt und diese Liebe wohnt ganz in meiner Nähe, in einem kleinen Ort im Land Brandenburg, der einen See hat, in dem ich in jedem Sommer bade. Die beiden jungen Leute sind Mitte Dreißig, aber ihr Mann lebt noch im Haus der Eltern. Dorthin zieht Crystal nach mehreren Hochzeitsfeiern in Dänemark, Korea und in Deutschland. Inzwischen weiß ich von vielen Kursteilnehmern, die jemanden aus Deutschland geheiratet haben, dass es am schnellsten und unproblematischsten in Dänemark funktioniert, weshalb dort oft die Trauung im zunächst kleinen Rahmen stattfindet, bevor man dann im Heimatland pompös und mit vielen Menschen feiert.

Für Crystal fangen mit diesem Schritt die Probleme an, die uns in den nächsten Monaten sehr beschäftigen werden.

Ist es sowieso recht schwierig, wenn zwei verschiedene Kulturen aufeinandertreffen, so lässt sich kaum vorstellen, dass eine junge selbstbewusste Frau aus der koreanischen Hauptstadt Seoul, die aufs Land nach Deutschland zieht, hier glücklich werden kann.

Es gibt viele Missverständnisse und Crystal hat große Probleme, mit den Schwiegereltern und der Oma zu kommunizieren, mit denen sie

zunächst in einem Haus wohnt und die weder englisch noch koreanisch sprechen. Nach dem Wochenende mit den drei freien Tagen findet montags bei uns im Kurs immer zuerst eine „Therapiestunde“ statt. Crystal weint und sie bekommt guten Rat von allen, natürlich auf Deutsch. In Korea war sie Foto-Reporterin, ist aber wegen eines Burnouts nach Australien gegangen. Dort hat sie den jungen Mann kennengelernt, bei dem sie jetzt lebt. Nun ist sie in Deutschland, ohne ihre Eltern, ohne Freunde und wohnt weit ab von der Hauptstadt Berlin, wohin sie von ihrem Dorf aus nicht allein kommt, weil das verkehrstechnisch schlecht angeschlossen ist.
Alejandro verlässt uns am Ende dieses Kurses, weil er eine Arbeit in einem Restaurant gefunden hat. Er muss Geld verdienen, das er nach Cuba zu seinen Kindern schickt und er möchte natürlich auch wieder dorthin reisen im November. Wie ich dann später von seiner Schwester erfahre, mit der ich auf Facebook verbunden bin, die schon länger in Deutschland lebt und eine große Rolle in seinem Leben spielt, hat er im November eine Hirnblutung und muss für lange Zeit ins Krankenhaus und später zur Reha. Heute sehe ich auf Fotos, dass es ihm zum Glück wieder besser geht, obwohl er doch nicht mehr der alte Alejandro zu sein scheint, der in den Facebook-Kommentaren von seinen Freunden als der Hahn bezeichnet wird, warum auch immer.
Die DeutschAkademie veranstaltet im August einen Fotowettbewerb zum Thema: Typisch Deutsch. Wir beraten, was am besten passt. Fußball, Bier, Currywurst, Pünktlichkeit, Kartoffeln, Sauerkraut und dunkles Brot werden genannt. So viel wissen sie noch nicht darüber, was typisch deutsch ist. Man kann es, meiner Meinung nach, mit ein paar Symbolen auch kaum beschreiben.
Pünktlichkeit und Ordnungssinn sind auf der einen Seite gut, vor allem für den Arbeitsalltag. Menschen aus anderen Ländern klagen oft darüber, dass sie sich zum Beispiel nicht auf die Fahrpläne verlassen können. Woran denke ich in diesem Zusammenhang? Ich

sehe die unfreundlichen Gesichter in vielen Behörden vor mir. Mir fällt die Unzufriedenheit und Gereiztheit der Leute ein, wenn etwas nicht richtig funktioniert. So fahre ich seit drei Jahren täglich mit der Bahn S 1 auf der Strecke Frohnau-Wannsee. In dieser Zeit ist sie vielleicht dreimal ausgefallen; wegen Vereisung, was zum Glück bei den milden Wintern der letzten Jahre kaum mal vorkommt, wegen eines Sturms, der die Bäume auf die Gleise warf und wegen einer Fahrstörung. Ansonsten ist sie immer zuverlässig zur Stelle. Aber wenn sie einmal nicht fährt, tun die Leute gleich so, als sei dies der Regelfall. Jedes kleine Ereignis, das vom Normalen abweicht, wird zur Katastrophe hochstilisiert, von Menschen, denen es objektiv viel besser geht als einem großen Teil der Erdbevölkerung, auch in den Ländern, aus denen meine Deutschstudenten kommen. Subjektive Empfindungen werden zu allgemeingültigen Wahrheiten erklärt, ohne die Fakten zu hinterfragen. Typisch deutsch - mir fällt nicht so viel Positives ein und weder der Fußball noch die Lederhose, weder die deutsche Flagge noch Kartoffeln und Eisbein sind bedeutend für mein Leben. Aber gut. Im Ausland sieht man uns so.
Es gibt ein YouTube-Video, in dem der Klang der deutschen Sprache mit dem Sound anderer Sprachen verglichen wird. Französisch erscheint melodisch, Italienisch freundlich, Vietnamesisch weich. Deutsch klingt hart und exakt, so wie man es aus Filmen über die Hitlerzeit kennt und wie ich es in den Songs der Band Rammstein heraushöre, deren Tonfall mir ähnlich erscheint. Für viele Ausländer ist dieser Klang typisch deutsch und sie sind überrascht, wenn sie nichts von dem erkennen, was sie sich vorgestellt hatten.
Wir beschließen also, die genannten Objekte auf unser Foto zum Wettbewerb zu bannen. Wo wollen wir es machen? Der Bahnhof Alexanderplatz bietet sich an. Auch wenn sich Deutsche oft über die öffentlichen Verkehrsmittel beschweren, die Ausländer sind begeistert darüber, dass Züge und Bahnen in der Regel planmäßig fahren. Das kennt man in Brasilien und Cuba und auch in Europa, zum

Beispiel in Spanien und Italien, nicht. Was könnte man noch auswählen?
Der Neptunbrunnen und die Weltzeituhr werden genannt. Der Mauerpark, den alle Ausländer sehr lieben, liegt zu weit entfernt. Schließlich entscheiden wir uns für ein Foto, das wir auf dem nahegelegenen S-Bahnhof Alexanderplatz machen wollen. Alle bringen etwas typisch Deutsches mit; Fußball und Fußballschal, Bier und deutsche Flaggen, und eine Uhr, die für die Pünktlichkeit der Deutschen stehen soll. Vilma meint, wir brauchen auch eine Europa-Flagge, und das finde ich besser so. Deutschland als Teil von Europa erscheint mir wichtig. Die schwangere Nami fehlt wegen Krankheit bei unserem Fototermin. Aber das ist kein Problem. Wir haben ja Vilma, die Designerin im Kurs, die ausgezeichnet das Programm „Foto-Shop“ beherrscht. Sie arbeitet Nami in das Foto ein und auch ein bunter Berliner Bär steht zwischen uns, den es an dieser Stelle gar nicht gibt. Es wird ein sehr schönes Foto. Wir wissen, dass es das Beste ist, noch bevor wir die Fotos der anderen Kurse sehen. Aber nun brauchen wir die meisten Likes auf Facebook. Es wird ein harter Kampf zwischen drei Gruppen, von denen im Zeitraum des Wettbewerbs immer wieder eine andere vorn ist. Schließlich aktivieren wir aber doch die meisten Facebook -Freunde und machen das Rennen. Der Preis ist Pizza für alle; kein sehr attraktiver Preis, wo wir doch spekuliert haben, dass es eine Auslandsreise sein könnte, die wir gewinnen, aber wir freuen uns, dass wir es geschafft haben. Der Zusammenhalt in der Gruppe ist jetzt sehr stark. Man kennt sich gut, und immer wieder werden auch die privaten Probleme der Kursteilnehmer ausdiskutiert.
An diesem letzten Tag beschenken sie mich mit einem großen Blumenstrauß und anderen Kleinigkeiten. So etwas ist sehr selten. Schließlich bezahlen alle viel Geld für den Unterricht und müssen keine Geschenke machen. Aber es zeigt mir, dass sie schätzen, wie ich meine Stunden mit ihnen gestalte.

Mein Leben in der Zukunft –eine Übung zur Anwendung des Futur 1

Es würde mich interessieren, ob deutsche Muttersprachler wissen, dass wir das Futur 1 meist für Vermutungen, Pläne und Vorhaben, die Zukunft betreffend, benutzen. Wenn wir etwas Sicheres in der Zukunft beschreiben, benutzen wir in der Regel das Präsens.
Um das Futur 1 zu üben, gab es die Aufgabe, aufzuschreiben, wie die Kursteilnehmer sich ihr Leben in fünf Jahren oder später vorstellen.

Shiva (Indien)
In zwanzig Jahren werde ich vielleicht in einer Firma anfangen. Ich werde hoffentlich immer noch mit meiner Freundin und der Familie zusammen wohnen in Indien. Wir werden zwei Kinder haben, eine Tochter und einen Sohn.
Vilma (Litauen)
In fünf Jahren werde ich Modedesignerin sein. Ich werde heiraten und ich werde zwei Kinder haben. Die ganze Familie wird in Kambodscha wohnen. In fünf Jahren werde ich Tango tanzen.
Leandro (Brasilien)
In fünf Jahren werde ich einen gut bezahlten Job in Deutschland haben. Ich werde viele Neffen und Nichten haben. Ich werde ein großes Haus kaufen.
Crystal (Süd-Korea)
In fünf Jahren werde ich zwei Kinder haben und gut Deutsch sprechen und einen Beruf haben.
Bar (Israel)
In fünf Jahren werde ich mein Studium abschließen. Ich werde allein wohnen. Ich werde viel Zeit mit meinen Hobbys verbringen und in die Mongolei reisen.
Ariela (Brasilien)
In fünf Jahren werde ich in einer Firma arbeiten und mit meinen Katzen, einem Hund und meinem Mann in Berlin wohnen. Vielleicht

werde ich noch ein Kind haben. Ich werde hoffentlich perfekt Deutsch sprechen und nach Afrika reisen.

Vanessa (Brasilien)

In fünf Jahren werde ich in einem guten Beruf arbeiten. Ich werde verheiratet sein. In zwanzig Jahren werde ich am Meer wohnen. In einem Jahr werde ich Tennis spielen. In fünf Jahren werde ich nach Thailand reisen.

Rajesh (Indien)

In fünf Jahren werde ich bei Bosch als Design-Ingenieur arbeiten. Ich werde ein Haus in Deutschland kaufen und dort mit meiner Freundin wohnen. In fünf Jahren werde ich eine neue Fremdsprache lernen, vielleicht Spanisch und ich werde mit meiner Freundin um die ganze Welt reisen.

Pablo (Chile)

In einem Jahr werde ich studieren. Ich werde ein Kind haben und in Berlin wohnen. Ich werde viele Filme auf Netflix sehen. Ich werde nach Russland reisen.

Alejandro (Cuba)

In fünf Jahren werde ich eine große Familie haben. Ich werde Tiermedizin studieren. Ich werde in Potsdam wohnen. In fünf Jahren werde ich einen Roboter haben. Ich werde nach Barcelona reisen.

Irune (Spanien)

In fünf Jahren werde ich in einer großen pharmazeutischen Firma arbeiten. Ich werde seit zwei Jahren mit meinem Freund verheiratet sein und ein Kind haben. Ich werde mit meiner Familie in Barcelona in einem Einfamilienhaus wohnen. Ich werde jeden Tag mit meinem Hund spazieren gehen.

Eine Person, die mir wichtig ist – Anwendung von Adjektiven

Bar (Israel)

Das ist Shay, mein Vater. Ich habe ihn vor vierundzwanzig Jahren kennengelernt. Shay ist klug und realistisch. Ich mag besonders seinen Ernst, weil ich viel frecher bin.

Wir sehen uns oft zusammen Basketballspiele an, besonders wenn Maccabi Tel Aviv spielt. Wenn sie verlieren, werden wir sehr traurig.

Ariela (Brasilien)

Das ist Rafael, mein Mann. Ich habe ihn vor zwanzig Jahren kennengelernt. Seit neun Jahren sind wir zusammen. Er ist sehr klug, großzügig, ernst und kritisch. Er ist hübsch und manchmal aufmerksam. Besonders wichtig ist mir, dass er intelligent und vernünftig ist.

Leandro (Brasilien)

Das ist Alex, Alex ist ein guter Freund von mir. Wir haben uns im Fitness-Studio kennengelernt. Wir sind seit zehn Jahren Freunde. Er arbeitet für die Bundespolizei in Brasilien. Er ist sehr energisch und klug. Er liebt es zu reisen. Die letzte Reise, die wir zusammen machten, war nach Israel. Ich rede mit ihm am Telefon mindestens einmal pro Woche, Wir sind wirklich gute Freunde.

Pablo (Chile)

Das ist Juan, ein guter Freund aus meinem Heimatland. Wir haben uns bei meiner alten Arbeit getroffen. Er ist sehr großzügig, aufmerksam und nervös. Ich mag an ihm seine gute Energie und Motivation. Ich würde gern mit ihm ein oder zwei Bier trinken.

Irune (Spanien)

Er heißt Lorenz und ist mein Freund. Wir kennen uns aus Spanien. Dort haben wir zusammen in einer WG gewohnt. Ich habe ihn vor drei Jahren kennengelernt und ich kenne niemanden, der so treu, großzügig und hübsch ist wie er. Er hat mir sehr geholfen, meinen Lebenslauf und das Anschreiben für das Praktikum ins Deutsche zu übersetzen und ich bin sehr dankbar dafür. Ich mag besonders seine Engelsgeduld, immer wenn ich nervös bin oder vor etwas Angst habe.

Vilma (Litauen)

Das ist Jacob, mein lieber Freund. Wir kennen uns aus Vilnius in Litauen. Jacob ist sehr fair, kreativ, intelligent und lustig. Wir haben viel gemeinsam und ich verbringe gern wunderbare Zeit mit ihm. Er hat gute Eigenschaften, ein großes Herz, Humor und ist tiefgründig. Mein Freund akzeptiert, wie ich bin. Das ist für mich wichtig.

Aus der Präsentation zu einem Wahlthema

Vanessa (Brasilien)

Thema: Warteschlangen an deutschen Flughäfen

Als erstes werde ich von einer Situation berichten, die ich erlebt habe. Vor zwei Wochen bin ich mit einem Freund nach Spanien geflogen. Als das Einsteigen begann, bildete sich eine Warteschlange. Ich sah viele ältere Menschen, einen Mann und eine Frau mit kleinen Kindern. Sie mussten lange in der Warteschlange stehen. Die Fluggesellschaft kümmerte sich nicht um sie.

In Brasilien werden nicht nur an den Flughäfen, sondern bei allen Dienstleistungen diese Menschen bevorzugt. Zum Beispiel in der Bank und im Supermarkt haben sie so mehr Ruhe. Das macht den Service für sie schneller. Für die älteren Menschen, Schwangere und Leute mit kleinen Kindern ist es eine gute Idee, auch wenn die anderen es vielleicht nicht so gut finden.

Ich glaube, es ist gut, weil diese Menschen unseren Respekt verdienen und oft mehr Hilfe brauchen als wir.

„Wir alle sind Menschen“ (September 2017 Kurs B 1.2)

Die Gruppe ist in diesem Monat so konstant wie selten zuvor. Fast alle machen weiter und neu sind nur Andres aus Venezuela, der wieder für einen Monat zu uns zurückkommt und die spanische Geigerin Eva.

B 1.2 ist der letzte Kurs mit dem Buch „Menschen“. Nach wie vor finde ich es schade, dass der Verlag kein weiteres Buch in dieser Reihe für B 2 herausgibt. Der Aufbau ist übersichtlicher als im Buch „Sicher“, was ich im Anschluss benutze. Zwar sind manche Themen etwas langweilig und unpassend, wie zum Beispiel Lektion 14, wo es um Kurse an der Volkshochschule geht oder das Kapitel mit der Krönung der Heidekönigin, aber das meiste ist gut aufbereitet, ein Teil des Wortschatzes wird in kleinen Bildern gezeigt, was immer gut ist zum Einprägen. Schade, dass es keine Hilfen für das Lernen der Verben gibt. Gerade in diesem Kurs wird in vielen Lektionen eine große Anzahl neuer Verben eingeführt, wie – *fordern, protestieren, genehmigen, erlauben, klagen, erhöhen, realisieren, verbrauchen, konsumieren* und andere. Sie stehen alle im Arbeitsbuch, wo am Ende einer Lektion der neue Wortschatz zusammengefasst ist. Aber ich fürchte, diese Zusammenfassung lernt kaum jemand, weil es zu viel erscheint. Die Verben sind jedoch wichtig und deshalb habe ich überlegt, was ich machen kann, um das Einprägen zu erleichtern. Wieder benutze ich Karteikarten, auf die ich die Verben im Infinitiv schreibe. Dann suche ich, zusammen mit meinen Kursteilnehmern, nach einer passenden Geste. Das ist manchmal gar nicht einfach. Aber es funktioniert. Irgendeiner hat immer eine Idee. Wir üben die Wörter täglich, sie müssen sie auch umschreiben und die anderen raten lassen, um welches Wort es sich handelt. Das macht Spaß und prägt sich gut ein. Ich freue mich, wenn ich in späteren Kursen feststelle, dass sie diese Wörter auch selbstverständlich benutzen. Leider sind dann wieder andere Kursteilnehmer dabei, die nicht auf gleiche Weise lernten und deshalb an dieser Stelle Defizite haben. Bei den Texten variiere ich inzwischen, lasse manches weg oder ersetze es durch eigene Beispiele. Aber insgesamt bin ich zufrieden mit dem Aufbau des Lehrwerks. Manches könnte optimaler sein, aber der Grundaufbau gefällt mir. Am Ende dieses letzten Kurses gibt es ein Lied. Der Titel ist „Wir alle sind Menschen". Es handelt sich um eine Art Fazit zum Anliegen des Lehrwerks, klingt hymnisch und ich präsentiere es etwas feierlich, sodass meine Kursteilnehmer und auch ich selbst immer ein wenig ergriffen sind. Das wird es in den folgenden Büchern nicht mehr geben.

Zum Ende des Monats ist das Wetter noch schön und so schlage ich für den letzten Tag einen Ausflug mit einem Schiff auf der Spree vor, wie ich das im letzten Jahr schon einmal mit einem Kurs gemacht habe. Wir treffen uns am Bahnhof Friedrichstraße. Dort starten wir für eine Stunde zu einer Tour, die uns an der Museumsinsel und auf der anderen Seite am Regierungsviertel vorbeiführt. Die Sonne scheint, die Informationen des Kapitäns sind recht gut zu verstehen und die Zeit wird genutzt, um über viele interessante Themen zu diskutieren. Ich bestelle Sekt für alle und wir machen an Bord viele Fotos und unsere „Lob-Runde", bei der ich auch die begehrten Zertifikate mit dem Foto verteile.

Wir feiern eine Party in der Wohnung von Tyng. Die Vorbereitung ist etwas aufwändig, denn Tyng hat nur wenige Stühle und so transportieren wir am Vortag einige aus dem Inventar der Musicalgruppe zu ihr, die wir am Tag nach der Party wieder abholen müssen. Aber es lohnt sich. Fast alle kommen und bringen etwas Landestypisches zum Essen mit. Der Brasilianer Leandro mixt den ganzen Abend Caipirinhas und Bar kocht mit Leidenschaft ein Gericht mit Eiern und Tomaten aus seiner israelischen Heimat. Die Stimmung kann besser nicht sein.

Die psychologische Montagsrunde (Oktober 2017 Kurs B 2.1)

Die „Kurs -Familie“ bleibt konstant. Neu ist Matteo, ein Italiener, der in Berlin mit seiner Freundin lebt, in einem Restaurant als Koch arbeitet und nebenbei mit Freunden den Internet- Radiosender Banda Larga betreibt. Ich glaube, dass Matteo, obwohl er sehr kommunikativ ist, sich in der Gruppe als einziger Neuzugang nicht so sehr wohl fühlt. Ich bemerke es gar nicht, und erst als er im Januar in einem anderen Kurs, den ich leite, weiterlernt, sagt er, dass es ihm in diesem, von mir sehr geliebten Kurs, nicht so gefallen hat. Ich kann es mir im Nachherein aber gut vorstellen. Wenn man mehrere Monate täglich Zeit zusammen verbracht hat, gibt es viele Insider-Botschaften, die ein neuer Teilnehmer nicht kennt und nicht versteht.
Nun arbeiten wir wieder mit dem Lehrbuch „Sicher“. Es gefällt mir nicht so sehr wie das Anfangsbuch „Menschen“. Aber ich fürchte, die Lehrbücher der anderen Verlage sind auch nicht besser. Es ist nicht einfach, dieses mittlere Niveau mit all seinen grammatikalischen Besonderheiten interessant zu gestalten. Da ich das Buch nun zum zweiten Mal verwende, bin ich sicherer und weiß, was ich weglassen kann.

Es ist schon eine große Herausforderung für einen Lehrer, auf diesem Level den Unterricht so zu planen, dass er abwechslungsreich und locker bleibt.

Das Donnerstags- Frühstück behalte ich auch in diesem Kurs bei. Meine Studenten können dabei inzwischen über viele Themen diskutieren, was sie auch gern tun.

Eine Lektion in diesem Kurs heißt „Freunde“. Wir unterhalten uns über das Thema „Ehe“. Crystal meint, dass sie ihren koreanischen Eltern niemals sagen kann, welche Probleme sie hier in Deutschland mit ihrem Mann hat. Sie meint, man erwartet in ihrem Land, dass eine Frau mit Anfang Dreißig verheiratet ist. Frauen und auch Männer werden von den Eltern auf ihre Rolle in der Ehe vorbereitet. Crystal kann es nicht fassen, dass das hier in Deutschland nicht so ist. Sie hat schon des Öfteren ihren Schwiegereltern zu verstehen gegeben, dass diese mal ein ernstes Wort mit ihrem Sohn reden sollten. Noch immer wird sie nach dem Wochenende von den anderen Kursteilnehmern beraten, wenn sie von den Schwierigkeiten ihres Ehelebens erzählt. Das Dumme ist auch: sie denkt, ihr Mann ist ein typischer deutscher Mann. Aber was ist schon typisch? Vilma hat einen ganz anderen Partner und guckt immer entsetzt, wenn Crystal über ihre Wochenenderlebnisse berichtet. Woher soll eine junge Koreanerin denn wissen, was deutsche Männer auszeichnet. Sicher ist es ein hübscher Typ, den sie damals in Australien fand, der dort auch charmant und interessant war, aber nun in der häuslichen Umgebung sich anders verhält, als sie es sich vorgestellt hat. Gerechterweise muss man sagen, dass er sicher auch eine Idealvorstellung hatte, als er diese moderne, attraktive Koreanerin heiratete. Aber er ist auf der stärkeren Seite, denn er hat Familie und Freunde hier in Deutschland und Crystal ist allein und kann nur in diesen Stunden im Deutschkurs über ihre Probleme sprechen. „Schaff dir nur kein Kind an, bevor du nicht sicher bist, dass es besser wird!“, ist ein Rat, den wir ihr erteilen. Aber ich fürchte, sie wird ihn nicht beherzigen, denn sie ist Mitte Dreißig und wenn sie jetzt kein Kind bekommt, wird es wohl auch keins geben in ihrem Leben.

Sehr interessant ist auch, was die Inder erzählen. In ihrem Land suchen die Eltern in einer Art Internet-Katalog die passende Partnerin für ihre Söhne. Wenn ihnen eine Frau gefällt, wird sie eingeladen und mit dem Sohn bekannt gemacht. Der kann auch ein paarmal nein sagen, aber irgendwann muss er sich entscheiden. Rajesh antwortet auf die Frage, wie die ideale Frau für ihn aussehen muss, dass Schönheit nur vor der Hochzeit wichtig ist. Nach dem ersten Kind gehen die Frauen oft in die Breite und das akzeptiert der Mann, der in der Regel der Ernährer der Familie ist, während die Frau für Kinder und den Haushalt zu sorgen hat. Es gibt zwar auch schon Frauen, die

arbeiten und ihre Arbeit auch nicht aufgeben, wenn sie Kinder bekommen, aber das ist bisher nur selten der Fall. Rajesh meint, dass man in Indien auch keine Hochzeitspapiere hat, keine schriftlichen Unterlagen, die die Ehe bezeugen. Man heiratet einmal und für immer, da braucht es keine Bestätigung. Was bedeutet das für die Frauen, frage ich mich. Sie sind gleichberechtigt?
Alle Informationen sind für die anderen Kursteilnehmer interessant. Sie sind meist dann besonders bemerkenswert, wenn sehr verschiedene Kulturen in einem Kurs zusammentreffen, wie in diesem.
Etwas problematisch wird es im nächsten Monat werden, wenn ich Urlaub in Florida mache. An einem der ersten Unterrichtstage spreche ich darüber mit meinen Studenten und erkläre ihnen, dass wahrscheinlich ein anderer Lehrer den Kurs B 2.2 übernehmen wird. Sie sind untröstlich. „Das geht nicht. Wir machen auch eine Pause“, schlägt Ariela vor und alle sind sofort damit einverstanden. Auf diese Idee war ich bisher nicht gekommen, aber ich finde sie gut und spreche mit der Verantwortlichen, Sarah, aus unserem Büro. Sie meint, dass sich die Kursteilnehmer auch für Dezember anmelden können und ich dann den Kurs behalten darf.
Das klingt gut, sind sich alle einig, und ich fliege in den Urlaub mit dem sicheren Gefühl, dass ich danach im Dezember meine Studenten wiedersehen werde und wir einen schönen vorweihnachtlichen Monat zusammen erleben werden. Ich soll mich getäuscht haben.

Eine etwas traurige Überraschung (Dezember 2017 Kurs B 2.2)

Am Freitag, bevor die neuen Kurse starten, werden den Lehrern die Listen mit den Teilnehmern zugeschickt. Ich gucke etwas ungläubig darauf. Wo sind die, die auf mich warten wollten? Nur Vilma, Shiva und Rajeshs Namen stehen auf der Liste. Wo sind die anderen?

Ich werde später herausfinden, dass es einige gibt, die doch lieber gleich den nächsten Kurs absolvierten. Ich bin deswegen auch nicht böse, denn mancher braucht es für sein Visum, dass er regelmäßig Kurse besucht. Einige überschätzen sich auch und denken, sie könnten in kurzer Zeit das C-Niveau bestehen und dann auf Deutsch studieren. Sie merken mit der Zeit, dass das nicht so schnell geht, dass es länger dauert, bis man die Sprache einigermaßen perfekt beherrscht. Aber zu diesem Zeitpunkt können sie es noch nicht einschätzen und da ist die Pause von einem Monat vielleicht zu lang, wenn man in Ruhe darüber nachdenkt.

So blicken die drei Verbliebenen sich ratlos im Raum um, als wir uns wieder treffen und können es nicht fassen, dass die anderen nicht da sind. Die neu Hinzukommenden passen so gar nicht in das Idealbild des letzten Kurses. Ein Arzt, Russland-Deutscher, der als solcher sofort den deutschen Pass bekam, ist mit Frau und Kind ausgewandert und muss nun für seine Approbation perfekt Deutsch können. Er ist ehrgeizig und lernt Tag und Nacht, ist dadurch den anderen in der Grammatik etwas voraus, die ihn nicht so sehr mögen, weil er nur theoretische Aufgaben lösen möchte und Kommunikation nicht für so wichtig hält. Er vertritt in Diskussionen auch sehr konservative Ansichten, die nicht zu unserem, in der Vergangenheit sehr progressiven Kurs passen. Eine Vietnamesin und eine Italienerin verlassen uns nach kurzer Zeit wieder. Es ist die Zeit vor Weihnachten, der Monat, wo die Kurse, über drei Wochen verteilt, auch freitags stattfinden. Eine Theologin aus Sankt Petersburg, die schon länger in Deutschland lebt und negative Erfahrungen hier gemacht hat, stark raucht und viel redet, was für die anderen ziemlich anstrengend ist, bereitet mir Kopfzerbrechen. Der ungewöhnlichste Neuzugang ist die Chinesin Deyan. Sie ist fleißig, kann gut Texte schreiben und die Grammatik verstehen, aber wenn sie spricht, ist alles unverständlich. Sie kommt aus einer Gegend in China mit einem starken Dialekt, den schon Chinesen kaum verstehen. Deutsch hat sie in China mit einer App gelernt, und das hier ist jetzt ihr erster Unterricht mit einem Lehrer und Mitstudenten. Es rührt mich, dass eine Chinesin im Internet unsere Sprache gelernt hat, und ich versuche mein Bestes, ihr zu helfen. Aber es ist schwer, denn die falsche Aussprache lässt sich kaum korrigieren. Die Gruppe ist nun etwas merkwürdig zusammengesetzt und der von mir so schön geplante Monat Dezember wird dadurch gar nicht so weihnachtlich, wie ich ihn gestaltet hätte, wenn die alten Teilnehmer dabeigeblieben wären. Ich überlege, warum gerade die von mir als Kind besonders gemochten Russen nicht so gut in meiner Beurteilung abschneiden. Ob es nun immer so sein wird? Ist es Zufall? Darüber werde ich auch in der nächsten Zeit ab und zu nachdenken.

Hinzu kommt, dass in diesem Monat viele Leute erkältet sind und auch Rajesh und Shiva des Öfteren wegen Krankheit nicht erscheinen, was vielleicht dadurch noch verstärkt wird, dass ihnen auch das Klima im Kurs nicht gefällt. Als wir uns zum Ende des Monats trennen, gehen die beiden zurück zum Studium nach Jena. Auf Facebook sehe ich, dass sie dort noch immer studieren.

B 2.2 sollte der letzte Monat sein, in dem ich meinen vertrauten Kurs unterrichte. Aber ich hatte mir den Abschluss etwas anders vorgestellt. So bitte ich die Schulleitung der DeutschAkademie, dass ich im Januar einen Anfangskurs bekomme. Gern möchte ich neu beginnen und die nächste Gemeinschaft zusammenführen, so wie das in den letzten Monaten der Fall war, bis mein Urlaub dazwischenkam.

Soll ich mir ein Tattoo stechen lassen? (Januar 2018 Kurs B 2.1)

Leider ist es kein Anfängerkurs geworden. Ich bin ein wenig enttäuscht, aber das ändert sich schlagartig, als ich am ersten Tag in die erwartungsvollen Augen meiner neuen Studenten sehe.
Die meisten kennen sich nicht. Dadurch, dass immer mal wieder jemand Urlaub macht, eine Auszeit nimmt oder vorher an einem anderen Ort gelernt hat, kommt es manchmal zu einer völlig neuen Zusammensetzung des Kurses. Ein bisschen anders ist das eben, wenn ich einen Kurs über längere Zeit schon unterrichtet habe, die Teilnehmer miteinander vertraut sind und auch gern weiter meinen Unterricht besuchen wollen. Es macht Freude, zu beobachten, wie aus einzelnen Wörtern, kurzen Sätzen und Phrasen komplexe Texte entstehen. Deshalb unterrichte ich gern vom Anfang an und kann so erleben, wie sich alle immer besser ausdrücken können.
In diesem Kurs fehlt mir die erste Phase, aber ich bitte im Büro, dass ich den Kurs dann wenigstens auch über die nächsten beiden Monate durch das ganze B 2-Niveau führen kann.
Vier meiner neuen Deutschstudenten sind Italiener. Teresa kommt aus der Nähe von Venedig und möchte gern Design studieren, in Deutschland oder auch in Italien, möglichst dreisprachig; italienisch, englisch, deutsch. Sie ist ein wenig zurückhaltend und die dritte Italienerin nach Cristina und Adriana mit einem wuscheligen Lockenkopf. Langsam glaube ich, dass alle Italienerinnen so aussehen. Das ist mir bei meinen vielen Reisen in verschiedene italienische Regionen gar nicht aufgefallen und ist wahrscheinlich auch nur ein lustiger Zufall.
Sebastiano, der gern Fulvio genannt werden möchte, weil er bei seinen Freunden so heißt, stammt aus Sizilien. Er ist ein lustiger, sehr intelligenter Mann von etwa dreißig Jahren, der sich als Geisteswissenschaftler vorstellt. Er hat auch Musikgeschichte studiert. Sein Geld verdient er mit dem Verfassen von Werbetexten,

noch in Italienisch, später aber will er das auch auf Deutsch tun. Er hat wenig Zeit zum Lernen, weil seine Arbeit sehr aufwändig ist. Stefano aus Mailand, der dritte Italiener, ist ein Unikum. Er hat Jura studiert und auch als Anwalt in Italien gearbeitet. Er will sein Leben verändern und kommt deshalb nach Deutschland; nicht um hier in seinem Beruf mehr Geld zu verdienen. Was er vorhat, erfahre ich erst später. Stefano ist Veganer und macht Crossfit, eine zurzeit angesagte Kraftsportart. Er liebt Berlin und wird in der Zukunft immer wieder überschwänglich diese Stadt und die Deutschen loben.

Der vierte Italiener – das freut mich besonders – ist Matteo, der schon im Oktober einen Monat in meinem Unterricht war. Er kommt aus Turin, arbeitet in einem italienischen Restaurant als Koch und lebt in Berlin mit seiner italienischen Freundin. Sein schon erwähnter Radiosender Banda Larga finanziert sich über einen Verein und die Mitarbeit ist ehrenamtlich. Matteo würde gern eine Ausbildung zum Veranstaltungstechniker absolvieren. Dafür lernt er Deutsch. Er ist ein interessanter und auch sehr kluger junger Mann.

Ein weiterer männlicher Kursteilnehmer, Daniel, ist Argentinier. Er hat Kunst studiert und arbeitet als Tätowierer in einem Studio in der Nähe des Alexanderplatzes. Seit sieben Jahren lebt er schon in Deutschland und spricht eigentlich gut Deutsch, kennt aber keine Grammatik und hat wenig Selbstvertrauen, sowohl was die Sprache betrifft als auch bei der Suche nach der passenden Frau. Immer wieder fragt er nach Tipps, wie er die Richtige finden könnte. Es sollte doch nicht schwer sein in seinem Beruf, finde ich. Tätowieren ist sehr beliebt. Er sieht täglich Frauen, meist sogar nur leicht bekleidet oder halbnackt. Da dürfte es doch kein großes Problem sein, eine näher kennenzulernen. Aber er meint, Arbeit sei Arbeit. Er trenne das Berufliche vom Privaten. Mehrfach fragt er mich, ob er mir nicht auch ein kleines Tattoo stechen könnte. Aber ich lehne es ab, obwohl es mir etwas leidtut, denn er möchte mir ja eine Freude damit machen. Aber ein Tattoo? Nein, das muss wirklich nicht sein.

Tamas aus Ungarn arbeitet bei einer Marketingfirma, in der Englisch die Standardsprache ist. Er wohnt auch schon länger in Deutschland, war zunächst in Köln, aber in Berlin gefällt es ihm besser. Er mag die Politik in seinem Heimatland nicht. Auch er spricht schon gut Deutsch, hat aber das Gefühl, es wäre nicht gut genug, und das stimmt natürlich auch.
Nour, eine junge Frau, die Medizin studieren will, ist meine erste Palästinenserin. Sie ist äußerst begabt und beherrscht jede neue Grammatik sofort. Sie wird zur Musterschülerin im Kurs aufsteigen, wie auch die anderen Kursteilnehmer sofort bemerken, dass sie ihnen überlegen ist.
André, ein junger Reiseleiter aus Lissabon, kam für zwei Monate, in der touristenarmen Winterzeit, nach Berlin, wo er sein Deutsch vervollkommnen will. Er spricht bereits neben seiner Muttersprache gut Spanisch und Französisch. Er ist homosexuell, was ich gleich zu Anfang erfahre, als sich alle vorstellen und er keine Freundin, sondern einen Freund nennt. Er erzählt uns, dass seine Eltern das wohl ahnen, aber so richtig gesprochen hat er mit ihnen nicht darüber. In fast allen Kursen, die ich unterrichtete, gab es homosexuelle Männer und auch ab und zu lesbische Frauen. Bei manchen habe ich es erst später erfahren. Sie sagen beim Thema Partnerschaft, sie seien nicht verheiratet und hätten auch keine Kinder geplant. Offen, wie André, spricht selten jemand darüber. Wahrscheinlich sind Deutschland und Berlin für manchen aus traditioneller Familie, oft mit katholischem Elternhaus, eine Fluchtmöglichkeit.
Auch mit Matthew habe ich mich erst darüber unterhalten, als unser gemeinsamer Unterrichts beendet war. Aber dann hat er mir sehr offen alles erzählt. Andere Männer geben sich bis zum Ende nicht zu erkennen, und ich erfahre es erst später, wenn ein anderer darüber redet. Aber es ist natürlich für das Deutschlernen nicht wichtig, welche sexuelle Orientierung ein Mensch hat. Trotzdem habe ich das Gefühl, sie können freier im Unterricht agieren, wenn es kein

Geheimnis um sie gibt. Für die Mitstudenten stellt es kein Problem dar. Fast alle, die ich bisher unterrichtete, sind modern und sehr tolerant. Ich habe nur eine Ausnahme erlebt, diesen Arzt aus Russland, der sich sehr abfällig über homosexuelle Männer, von denen zu diesem Zeitpunkt zum Glück keiner im Kurs war, geäußert hat und sogar von Krankheit und Perversität sprach.
Ana Karina, eine Chilenin, hat im Hotelwesen gearbeitet und macht in Berlin einen Studentenjob im Telefonservice, natürlich auf Englisch. Sie hat nicht viele Freunde, fühlt sich aber allein auch wohl. Sie lernt auf ihren Ausflügen in andere Länder viel von Europa kennen.
Erindira kommt aus Mexico. Sie hat einen deutschen Mann kennengelernt, der dort als Lehrer arbeitete. Jetzt wohnt sie bei ihm in Neuruppin und ihr Weg zum Alex ist ziemlich lang. Sie war Buchhalterin und möchte, zusammen mit ihrem Mann, so schnell wie möglich, wieder zurück in die Heimat.
Das also ist mein neuer Kurs. Ich bemerke schon am ersten Tag, dass wir eine gute Zeit haben werden. Zwar sind alle, außer Stefano, etwas zurückhaltend, aber sie sprechen recht verständlich. Ich bemerke, dass sie sich gegenseitig aufmerksam zuhören und das ist sehr wichtig auf diesem Niveau.
Wieder arbeite ich mit dem Lehrbuch „Sicher". Jetzt ein anderes Buch zu wählen, würde bedeuten, dass ich wieder viel Vorbereitungszeit brauche und ob ein anderes Buch wirklich besser ist, ist fraglich. „Sicher" hat sechs Lektionen, die ich über vier Wochen verteile. Mir bleiben also zwei Stunden pro Lektion.
Damit mir der Wiederholungstag bleibt, wähle ich 1 ½ Lektionen pro Woche aus. Am Montag geht es weiter. Das ist nicht so übersichtlich, zumal auch die Texte sehr umfangreich sind und ich auswählen muss, welche ich im Unterricht bespreche. Weglassen ist aber auch schwierig, weil es immer etwas Grammatik gibt, die im Kontext zum Lesetext verwendet wird. Am Ende jeder Lektion ist noch einmal der

Grammatikstoff übersichtlich dargestellt. Zumindest das sollte allen bekannt sein. So jedenfalls versuche ich es zu vermitteln. Das Arbeitsbuch, das heißt der Teil für praktische Übungen, ist jetzt in das Kursbuch integriert.
Mir gefallen die Texte auf der CD nicht mehr so wie in den früheren Kursen. Manche sind langweilig. Auch die CDs im Arbeitsbuch sind sinnlos, weil niemand sie hört. CD-Player sind nicht mehr in Mode. So fällt ein Teil der möglichen Hausaufgaben weg, was aber nicht so schlimm ist, weil es noch genug andere Übungen gibt.
Mir fehlen kreative Aufgaben wie im Lehrwerk „Menschen", die ich zwar dort auch nicht alle bearbeiten konnte, die mir aber manche Anregung gaben. Die kleinen Geschichten im Arbeitsbuch zum Beispiel ließen sich gut als Dialoge lesen. Das machen alle immer besonders gern. Viele Dialoge habe ich mir inzwischen selbst ausgedacht, und wenn ich Kurse wie diesen am Anfang nicht unterrichtet habe, nehme ich sie eben wieder und verändere nur ein wenig daran.
Das Buch „Sicher" ist zu „trocken". Einige Themen regen zwar zur Diskussion an, und meine Kursteilnehmer können jetzt schon gut diskutieren, aber ich finde, wenn sie vorgegebene Dialoge üben und vortragen, haben sie ein besseres sprachliches Muster. Ich lasse sie auch improvisieren. Das ist, ähnlich wie bei der Diskussion, zwar sehr lustig und interessant, aber natürlich machen sie Fehler und ich kann sie nicht immerzu korrigieren, weil ihnen das die Lust am Sprechen nehmen würde.
Wenn ich ein solches Lehrbuch entwickeln würde, kämen darin immer Dialoge vor. Es können ganz einfache kleine Geschichten sein. Ich weiß auch aus dem Schulunterricht, dass selbst Goethes „Faust", Schillers „Kabale und Liebe" oder Shakespeares „Romeo und Julia", die den Schülern meist schwer verständlich waren, von ihrer Schwere verloren, wenn sie selbst die Rollen lesen durften.

Meine Kollegin Heidy, die ab und zu für mich eine Vertretung übernimmt, erzählte mir letzte Woche, als wir uns zu einem Gespräch im Eiscafé am Fernsehturm trafen, dass sie unlängst bei einer Begegnung mit Freunden auch so etwas Ähnliches probiert haben. Sie lasen gemeinsam ein Theaterstück. Jeder bekam eine Rolle und alle hatten großen Spaß, sodass Heidy am liebsten eine Gruppe finden würde, die so etwas regelmäßig macht.
Leider hat das von den Lehrbuchautoren wohl noch niemand erkannt. Auch die Songs am Ende jeder Unterrichtseinheit habe ich gern benutzt, weil sie noch einmal die gelernten Wörter und Wendungen festigten.
Dass man sich mit Musik manches besser einprägt, ist allgemein bekannt. Zum Beispiel habe ich mir im Internet den Song „Die poetischen Verben" gesucht, den ich mit dem Kurs manchmal täglich singe, weil man damit, obwohl das wirklich ein „schräges" Lied ist, viele unregelmäßige Verben im Infinitiv, Perfekt und Präteritum lernen kann. In diesem Kurs steht der Song an besonderer Stelle. Sie möchten ihn immer wieder singen, um auf diese Weise Wortschatz und Grammatik zu trainieren. Wir suchen zu jedem Verb eine Geste, denn dadurch merkt es sich besser.
Verben wie: *sinken sank gesunken, binden band gebunden, schneiden schnitt geschnitten* und mindestens noch weitere dreißig unregelmäßige Verben werden auf diese Weise trainiert.
Die Grammatik ist zum großen Teil schon bekannt. Vieles, was bereits Thema früherer Kurse war, wird noch einmal wiederholt, in einen anderen, vielleicht komplexeren Zusammenhang gesetzt und angewendet. Zwar kennen die Kursteilnehmer das meiste schon, aber oft fehlt doch die Festigung, denn es geht sehr schnell vorwärts in allen Niveaustufen.
Ein Hauptthema sind die Nebensätze und ihre Umwandlung in nominale Begriffe. Im Kurs B 2.1 wird das Futur 2 eingeführt sowie der Konjunktiv 2, der aber auch nicht völlig unbekannt ist. Denn zum

Beispiel das Thema „irreale Wünsche" gab es schon im Buch „Menschen", im Zusammenhang mit Situationen wie, jemand ist beim Autofahren geblitzt worden und denkt: *„Wäre ich doch bloß langsamer gefahren!"* Oder jemand verpasst den Bus und überlegt sich: *„Wäre ich eher von zu Hause losgegangen!"* Hinzu kommen jetzt irreale Bedingungen wie: *„Wenn ich früher losgegangen wäre, hätte ich den Bus nicht verpasst."* Es erweitert das bereits Bekannte.
So ist das bei fast jeder Grammatik in B 2. Etwas ist bekannt und wird durch Neues ergänzt.
Im Kurs B 2.2 kommt dann die indirekte Rede, der Konjunktiv 1, der bisher nicht behandelt wurde. Ich denke, es ist wichtig zu verstehen, dass er wiedergibt, was andere gesagt oder geschrieben haben. Aber so richtig im Alltag benutzen wird ihn wohl kaum mal jemand.
Ähnlich ist es mit den nominalen Ausdrücken, die häufig in der Schriftsprache verwendet werden. Man muss sie verstehen, aber viele werden sie nicht anwenden, weil sich in einem Nebensatz mit „weil", „dass" oder anderen Konjunktionen alles leichter ausdrücken lässt.
Dieser Kurs ist für den Unterrichtenden nicht so spannend wie die früheren. Dafür kann man jetzt sehr gut diskutieren. Jedes Thema ist willkommen. Es ist für mich interessant, weil ich nun schnell merke, welchen Bildungsstand jeder Teilnehmer hat, welche Anschauungen er vertritt und was ihm im Leben wichtig ist.
Da sich in dieser Gruppe wieder mehr für Musik interessieren, gebe ich meinen Studenten für eine Präsentation die Aufgabe, einen Song oder Musik, die sie gern hören, vorzustellen, etwas über den Interpreten oder Komponisten zu sagen und den Text zu erklären.
Der Italiener Fulvio wählt Franz Liszt' „Mephisto-Walzer, der, wie er bemerkt, die romantische Idee der Zerrissenheit verkörpert. Matteo, sein Landsmann, erklärt uns den Song „Stoccolm" von Rino Gaetano. Nour aus Palästina stellt die ehemalige Nationalhymne ihres Landes vor. „Mautini" heißt sie und ist im arabisch-sprachigen Raum

bekannt. Sie schildert die Situation in der arabischen Welt, ist traurig und berührend. Jetzt ist es wohl die Hymne des Irak. Die Italienerin Teresa spielt einen Song von Giorgio Gaber vor „Io non mi sento Italiano“, der Argentinier Daniel „Cambaldche“ von Carlos Vandel, eine typische Tango-Musik in alter Art. Erindira schreibt den Refrain der Hymne ihres Landes an die Tafel „Mexico lindo y querido“, geliebtes und schönes Mexico. Die Chilenin Ana-Karina spricht über den Song „Todos Juntas“ aus der Zeit vor der Militärdiktatur. Tamas aus Ungarn stellt den Song „Neked irom adalt presser“ von Lokomotive GT vor. Die Gruppe war auch in der DDR bekannt gewesen und es gab Übersetzungen ihrer Texte ins Deutsche. Der Portugiese André liebt das Lied „Quando Jando em Restaurante“ von Deolinda. Es ist inspiriert von der Nationalmusik „Fado“ und doch klingt es ganz anders; lustig und ironisch, während Fado im Allgemeinen getragen und eher traurig ist.
Einen Song vorzustellen, ist in der heutigen Zeit sehr einfach. Auf YouTube findet man fast alles, was es im Musikbereich gibt.
Dazu bringe ich meine Musikbox mit und so bekommen wir durch die Bluetooth- Verbindung einen besseren Sound, als wenn man nur das Handy benutzen würde.
Etwas problematisch bei Präsentationen ist immer das Zeitvolumen. Einige möchten gern sehr viel erzählen und ich will ihnen natürlich auch die Lust dazu nicht nehmen. Aber wenn jeder Kursteilnehmer zehn Minuten spricht und dazu noch den Song vorspielt, braucht man zu viel Zeit, die für andere Dinge fehlt.
Deshalb können wir nur einen kleinen Teil des Songs hören. Bei Interesse kann, wer möchte, sich das zu Hause noch einmal ganz abspielen. Alle haben Internet. Auch ich höre mir am Abend noch einmal die ausgewählten Lieder an und freue mich, dass alle etwas Außergewöhnliches ausgesucht haben.

„Warum bist du so spontan und so undeutsch?“ (Februar 2018 Kurs B 2.2)

Stefano liebt noch immer Deutschland und Berlin und lässt keine Möglichkeit aus, darüber zu sprechen und Beispiele zu suchen, die seine positive Meinung begründen. Er möchte nicht mit Italien in Verbindung gebracht werden, wo er allerdings eine Freundin hat, die in der gemeinsamen Wohnung seine Katzen betreut. Denn nicht weniger als Berlin liebt er Tiere und ist deshalb natürlich auch Veganer, der sich aber ab und zu eine kleine Sünde erlaubt, wenn es zum Frühstück im Kurs etwas Leckeres gibt. Er lässt sich während dieser Zeit sein totes Kaninchen nach einem Foto auf die Wade tätowieren, um es immer bei sich zu haben. Im Kurs erzählt er eine Story, die er vor ein paar Tagen gelesen hat: In Polen hält ein LKW mit Kühen auf dem Weg zum Schlachthof an einer Raststätte. Einer Kuh gelingt es auszureißen. Sie läuft zum Meer und der Besitzer, der das entdeckt, rennt hinterher. Er findet die Kuh am Strand, aber bevor er sie fangen kann, läuft sie ins Wasser und schwimmt zu einer Insel. Er entdeckt sie später dort, aber als sie ihn sieht, schwimmt die Kuh zur nächsten Insel. Dort nehmen die Menschen sie auf und von diesem Tag an isst auf der kleinen Insel niemand mehr Fleisch. Ob das stimmt? So richtig glauben kann ich es nicht.

Matteo hat seine italienische Freundin, die aus der Stadt Turin kommt, wie er, in Berlin kennengelernt. Sie war Au Pair Mädchen und studiert nun Rehabilitationspädagogik. Nebenbei arbeitet sie in einer Behinderteneinrichtung. Matteo ist politisch sehr interessiert. Als wir über den Karneval sprechen, der in manchen deutschen Gegenden gern gefeiert wird, aber in Berlin nie so richtig Einzug hielt, erzählt er über einen italienischen Fastnachtsbrauch aus seiner Region, der sich „Il Carneval d Ivrea“ nennt. Dabei werden historische Szenen aus der Zeit Napoleons nachgestellt. Menschen aus dem Volk kämpfen gegen Soldaten der napoleonischen Truppen und bewerfen sich dabei mit

Orangen. Seit 1808 begeht man dieses außergewöhnliche Fest. André aus Portugal berichtet von den Berliner Bällchen, den Bolas de Berlin, die am Strand von Lissabon verkauft werden. Er meint, es gibt einen Zusammenhang zur Geschichte der jüdischen Emigration. Viele Menschen sind vor dem zweiten Weltkrieg in Lissabon an Bord gegangen, um nach Amerika auszuwandern. Sie mussten oft länger warten, bis sie einen Platz auf einem Schiff bekamen und so haben sie etwas Nützliches gemacht, um existieren zu können, unter anderem diese Pfannkuchen gebacken, die man vor allem in ehemals westdeutschen Gebieten „Berliner" nennt, die bei uns jedoch immer Pfannkuchen hießen, womit der Westdeutsche unseren „Eierkuchen" bezeichnet. Die Kinderärztin Fernanda sagt, dass zur Karnevalszeit in Brasilien die Krankenhäuser leer sind. Alle Patienten wollen das Ereignis mitfeiern und melden sich gesund für diese Zeit, in der es auch offiziell mehrere Feiertage gibt. Inzwischen können alle Kursteilnehmer sehr gut auf Deutsch diskutieren. Aus aktuellem Anlass, meine Schwester Jani erwartet Besuch aus Russland, frage ich sie, die inzwischen sehr viel Berlin-Erfahrung haben, welche interessanten Sehenswürdigkeiten sie einem ausländischen Gast zeigen würden. Die Antworten erstaunen mich: Sie nennen einhellig als erstes das Treptower Ehrenmal als wichtigste Sehenswürdigkeit, danach das Konzentrationslager Sachsenhausen und das Holocaust - Denkmal. Erst dann folgen der Mauerpark und das Brandenburger Tor. Gerade Kurse mit vielen Italienern denken immer sehr links, wie ich bemerkt habe.

Am letzten Tag essen wir kleine Pizzen, die Teresa gebacken und Konfekt, das Fernanda selbst hergestellt hat. Tacos und Guacamole aus Chile und italienischer Nudelsalat von Matteo ergänzen das Menü.

Sie wollen alles wissen über mein Leben in der DDR. Wir sprechen fast einen ganzen Unterrichtstag darüber. Das heißt, sie fragen und ich antworte. Wie war das nach dem Zweiten Weltkrieg? Warum wurde

die Mauer gebaut? Was bedeutete das für die Menschen? Wie hat man in der DDR gelebt? Was war besser? Ich erkläre ihnen meine Sicht zum Thema, die immer wieder neue Fragen entstehen lässt. Es ist für sie, wie eigentlich für alle Teilnehmer meiner Kurse, immer wieder interessant, wenn ich mich als ehemaliger DDR-Bürger oute. Ich glaube, sie finden es spannend, direkte Eindrücke aus erster Hand zu erhalten, wie man so schön sagt, von einem Zeitzeugen. Meine Antworten sind differenziert, aber sicher zum großen Teil ganz anders, als wenn ein ehemaliger BRD-Bürger antworten würde. Ich bin oft froh, dass ich ihnen etwas von unserem Leben und von unseren Vorstellungen von einer besseren Welt erzählen kann.
Nour meint: „Das ist ja ähnlich wie bei uns in Jerusalem heute, die geteilte Stadt mit gleichen Erscheinungen." Sie kommt aus einem bürgerlichen Elternhaus in Palästina. Die Eltern haben ihr eine Privatschule bezahlt und werden nun auch ihr Studium finanzieren. Wir sprechen über Palästina - über Arafat und Palästinensertücher, die wir früher gern trugen. Nour meint, dass Arafat noch heute sehr populär ist. Ich erzähle vom Verhältnis der DDR zur chilenischen Revolution. Ana Maria sagt, dass auch heute viele zu dieser Revolution stehen, wie sie selbst, dass die Musik, die wir kennen, wie die Lieder von Victor Jara und anderen, noch immer einen hohen Stellenwert besitzen, dass es aber alte Menschen, wie ihre Oma gibt, die obwohl sie es nicht laut sagen, immer noch eine Sympathie für Pinochet haben. Die Italiener kritisieren die Verhältnisse in ihrem Land. Auch Daniel bemerkt, dass er sein Land Argentinien nicht so mag, weil dort viel Ungleichheit herrsche, die wiederum Kriminalität hervorrufe. Alle diskutieren sehr offen, auch über das, was sie in Deutschland erlebt haben. Fast alle finden die Menschen hier recht unfreundlich; auf den Ämtern, in den Geschäften, auf der Straße. Nur Stefano widerspricht. „Es gibt nirgends nettere Leute als in Berlin", meint er. Zum Schluss stellt mir Daniel die Frage: „Katrin, warum bist du so spontan und so undeutsch?" Ich muss darüber nachdenken.

Undeutsch? Sind deutsch für ihn die Leute, deren negative Gedanken schon am Blick zu erkennen sind, die oft unfreundlichen Menschen in den Behörden? Aber irgendwie gefällt es mir, dass Daniel mich so sieht, das ich wohl offener und freundlicher wirke als viele Deutsche, die er kennengelernt hat. Ich fühle mich tatsächlich auch mehr als Weltbürgerin. Das, was meine Heimat war, gibt es nicht mehr und in dem neuen großen Land habe ich mich seit dreißig Jahren ganz gut eingerichtet, aber meine Gefühle dafür halten sich in Grenzen.
Zum Abschluss des Unterrichts bereite ich wieder eine Exkursion zum Brandenburger Tor vor wie im letzten Sommer mit dem Kurs von Matthew. Aber diesmal ist es kalt, so kalt, dass ich es nur mit Überredungskunst schaffe, meine Studenten für den Spaziergang zu aktivieren. Wieder darf sich jeder eine Sehenswürdigkeit auswählen zwischen dem Alexanderplatz und dem Brandenburger Tor und darüber einen kleinen Vortrag halten. Aufgrund der Kälte suchen wir uns zum Aufwärmen Innenräume oder Häuservorsprünge. Es ist so kalt, dass sich mein I-Phone nicht anschalten lässt, mit dem ich Fotos machen will. Stefano hat den Fernsehturm gewählt. Hier starten wir, hier funktioniert mein Handy noch und so kann ich filmen, wie er überschwänglich von der Entstehung erzählt, und dem kleinen Kreuz auf der Kuppel, was man unter bestimmten Umständen sehen kann und was wohl eine kritische Distanz zu DDR zeigen sollte. Stefano sagt, er würde jeden Tag dreißig Sekunden innehalten und hoch zum Turm blicken. Das verstehe ich gut, denn mir geht es ähnlich. Ich atme auch jedes Mal tief durch, wenn ich morgens zur Spitze hochblicke, die bei Sonne so erhaben aussieht. Wie ich gelesen habe, feiert er im Oktober seinen 50. Geburtstag, ebenso wie die Weltzeituhr am Alexanderplatz. Beide entstanden zum 20. Jahrestag der DDR, wo niemand im Traum daran dachte, dass sie mal im gemeinsamen Deutschland und seiner Hauptstadt Berlin eine zentrale Rolle spielen würden.

Sexualkundeunterricht (März 2018 Kurs B 2.2)

Wieder hat es nicht funktioniert mit einem Anfängerkurs. Ich bekomme das gleiche Niveau zugeteilt wie im letzten Monat, B 2.2, aber natürlich mit anderen Teilnehmern. Obwohl ich diesen Kurs nur einen Monat unterrichten werde, kommt es mir nach wenigen Tagen vor, als kenne ich alle schon lange. Die „Chemie" stimmt vom ersten Tag an. Es sind sehr offene, und besonders sympathische und interessante Menschen, auf die ich treffe. Ich weiß, das schreibe ich oft, denn irgendwie mag ich ja jeden Kurs. Aber manchmal braucht es ein paar Tage. Hier ist es von der ersten Stunde an locker und lustig, so wie ich es am besten finde.

Kaniet, ein Schauspieler aus Kirgistan, ist Moslem, ein sehr spiritueller Mensch, wie ich nach kurzer Zeit bemerke. Als wir Sätze mit „je", „desto" bilden, heißt sein Satz: Je mehr ich bete, desto näher bin ich bei Gott. Er sagt, dass er gern Fleisch isst, besonders Pferd und erklärt, dass Scheidung in seinem Land Schande bedeutet. Er hat im Theater gespielt und in Filmen in Kirgistan mitgewirkt und will das nun auch in Deutschland tun. Ich bezweifle, dass ihm das so schnell gelingen wird. Denn obwohl er wie kein zweiter lernt, er absolviert nach meinem noch einen weiteren Kurs am Tag, wird der Akzent bleiben. Ein paar Monate später wird er mir für eine Bewerbung als Drehbuchautor Texte zum Korrigieren schicken, die für mich recht ungewohnt zu lesen sind. Aber vielleicht hat er sogar eine Chance damit. Es klingt alles sehr blumig und exotisch, aber ich kann nicht einschätzen, ob das für den deutschen Theatermarkt vielleicht von Interesse ist. Ich bekomme auch keine Resonanz von ihm auf meine Bemühungen, seinen Ausdruck und die Orthografie zu verbessern.

Juan Jose, ein Argentinier, will in Deutschland leben und in seinem Beruf als Programmierer arbeiten. Olga aus Russland hat Linguistik studiert und ist jetzt im Marketingbereich tätig. Sie interessiert sich für Kunst und wohnt mit ihrem Mann und ihren Hunden in Berlin.

Celine, Französin und Weltbürgerin, hat in den USA gelebt und in verschiedenen afrikanischen Ländern als Tropenforscherin an Umweltprojekten gearbeitet. Der lustige Carlos ist Anwalt in Madrid und nur für kurze Zeit in Berlin. Er arbeitet bei einer Immobilienfirma, wirkt recht intelligent, aber spricht nicht besonders gut. Ich glaube, er hat Hemmungen, bei deren Überwindung ich ihm in diesem Monat helfen werde. Die hübsche dunkelhäutige Devine aus Zimbabwe ist zweiundzwanzig Jahre alt und betreut als Au Pair Mädchen bei einer Arztfamilie in Hellersdorf zwei Jungen im schulpflichtigen Alter. Sie ist selbstbewusst, stellt viele Fragen, versteht nicht alles sofort, aber hinterfragt das Nichtverstandene. Sie erzählt, dass das Hauptgericht in Simbabwe eine Art Maisbrei mit Fleisch ist. Einmal pro Woche kocht sie das mit der Au Pair- Familie. Sie essen es mit den Händen. Nicht alles wird in Simbabwe mit den Händen gegessen, aber dieses Gericht immer. Dazu steht eine Schüssel mit Wasser auf dem Tisch. Devine, die sich immer besonders modern kleidet, ist sehr ehrgeizig im Lernen, ebenso wie die Kardiologin Dina aus Ägypten, deren Mann, auch Arzt, an der Charité arbeitet, wohin sie selbst gern möchte, wenn sie die entsprechenden Zertifikate hat und ihre kleine Tochter nicht mehr so viel Zeit in Anspruch nehmen wird. Die beiden Frauen wollen immer schriftliche Zusatzaufgaben von mir haben. Sie schreiben lange Texte, deren Korrekturen mir jede Minute der ohnehin nur kurzen Pause nehmen. Dina ist Muslima, sie isst kein Schweinefleisch und trägt ein Kopftuch, ist eine muntere Person und wird mir mit der Zeit auch eine richtige Freundin, mit der ich mich auch nach der Unterrichtszeit ein paarmal treffe. Als ich eines Tages ein Kleid suche, das ich zu Vilmas standesamtlicher Trauung, zu der ich eingeladen bin, tragen will, bietet sie mir an, mich zu begleiten und bei der Auswahl zu helfen. Wir durchforsten zusammen mehrere Geschäfte in der Friedrichstraße. Dina wird nicht müde, mir Kleider in die Garderobe zu bringen, sodass ich zum Schluss eins davon kaufe,

obwohl es mir nicht so sehr gefällt, eigentlich nur, um ihr eine Freude zu machen.
Illaria aus Sardinien ist auch viel in der Welt herumgekommen. Sie studiert Sozialwissenschaften, spricht perfekt türkisch und liebt die Türkei, wo sie eine Zeitlang lebte. Sie will in Berlin das Leben der türkischen Kinder und Jugendlichen untersuchen. Aber schon bald ist sie frustriert, weil ihr kein Amt die Genehmigung für ihre Recherchen gibt; weder an Schulen noch in Freizeiteinrichtungen darf sie hospitieren und Jugendliche befragen. Sie wird demnächst zu ihrem Freund nach Liverpool ziehen und dann nach New York gehen, wie ich auf Facebook sehe. Ob mit oder ohne Freund weiß ich nicht.
Quinheng aus China ist Mathematikerin und Teilnehmerin eines internationalen Programms. Sie spricht und versteht besser Deutsch als viele andere Chinesen und ist sehr unkompliziert und intelligent.
Auch mein Freund Stefano aus Mailand, der schon im letzten Monat den Kurs absolvierte, und den ich nun wegen seines Sich-deutsch-fühlens in Stefan umbenannt habe, ist wieder dabei. Er will sein Wissen festigen, was er auch in einem so genannten B 2.3-Kurs machen könnte, der von der Schule manchmal angeboten wird. Aber er möchte bei mir bleiben, weil er meinen Unterricht so mag. Und so bearbeiten wir noch einmal die gleichen Themen wie im letzten Monat. Aber abgesehen davon, dass man nach einem Monat Intensivkurs sowieso nicht gleich alles richtig kann, ist auch die Kurszusammensetzung neu und die Schwerpunkte werden anders gesetzt.
Die Kursteilnehmer, bisher nicht sehr an Kommunikation miteinander gewöhnt, brauchen nur kurze Zeit, um mit meinem Unterrichtsstil zurechtzukommen. Aber dann genießen sie es, dass sie viel sprechen und über alle lebenswichtigen Fragen diskutieren können. Dina verrät mir eines Tages schmunzelnd, dass sie mit einigen der Teilnehmer schon mehrere Kurse absolviert hat. Aber erst in diesem Monat habe sie sie richtig kennengelernt. Wir lachen viel. Die witzigste Stunde, die

ich nicht vergessen werde, ist die, wo es um Redewendungen mit Körperteilen geht: *eine Sache in die Hand nehmen, kalte Füße bekommen, Hand und Fuß* und andere. Um alles gut erklären zu können, wiederhole ich zunächst die Körperteile, die auch schon etwas in Vergessenheit geraten sind. Sie übertreffen sich mit Einfällen, bis plötzlich Olga den Schwanz nennt. Sie meint den ihres Hundes, aber was hat sie da gesagt? Einen Moment herrscht betretene Ruhe - dann gibt es ein großes Gelächter im Kursraum und Olga ist es etwas peinlich, als sie bemerkt, welche Assoziationen sie bei den anderen damit hervorgerufen hat. Aber es sind junge offene Leute und so ist dieser falsche Zungenschlag von Olga der Auslöser für den weiteren Verlauf des Unterrichts. Als hätten sie darauf gewartet, wollen sie nun alles wissen, was es im Intimbereich an Wörtern gibt. Carlos meint, es wäre doch wichtig, wenn man einen Arzt aufsucht, dass man weiß, wie man alles benennen soll. Also tragen wir alle wichtigen Wörter zusammen. Ich bemerke, dass sie schon einen beträchtlichen Wortschatz auf diesem Gebiet haben Aber was benutzt man in der Öffentlichkeit und was ist umgangssprachlich. Dass ich auch Sexualkundeunterricht gebe, ist neu und in dieser Form auch einmalig; schließlich bin ich nicht Biologielehrer. Aber es funktioniert und wird wahrscheinlich wohl mein einziger Exkurs in dieses Metier bleiben.

Auch diesmal organisiere ich zum Abschluss einen Stadtspaziergang. Das Wetter ist besser als im Monat zuvor und alle haben sich gut auf ihre Vorträge vorbereitet. Ich mache viele Fotos, von denen ich einige in Erinnerung behalte; Stefano wieder vor dem Fernsehturm, von dem er uns unglaubliche Dinge erzählt, Carlos und Stefano, die Rechtsanwälte, vor der juristischen Fakultät der Humboldt-Uni, ihrem Fachbereich, Carlos mit seinem Vortrag im schicken Hotel Adlon, wo wir fast wie Gäste wirken, Illaria vor dem Berliner Dom.

Beim anschließenden Café-Besuch legt mir Stefano nun endlich seine Pläne dar, die er hat. Und sie scheinen mir gar nicht so unglaublich

und auch ein bisschen unrealisierbar. Er möchte ein Buch schreiben oder einen Blog im Internet, darüber, wie er lebt, mit Sport, veganem Essen und von seinen Erlebnissen in Berlin erzählen.
Aber ob er davon sein Leben finanzieren kann, wage ich zu bezweifeln. Den Anwaltsberuf hat er für seine neuen Pläne an den Nagel gehängt. Er mochte ihn nie so, hatte auch einige negative Erlebnisse mit Klienten, sodass er sich eine Abfindung auszahlen ließ, um etwas völlig Neues zu starten. Ich denke, das wird ihm auch gelingen, denn er ist ein Mensch, für den es nicht wichtig ist, viel Geld zu verdienen, sondern der das Glück in den kleinen Dingen des Alltags sucht, ähnlich wie ich es auch mache.
Er liebt meinen Unterricht und sagt mir immer wieder, wie unkonventionell er ihn findet. Stefano ist mir ein wenig seelenverwandt, wie vor ihm schon der eine oder andere Student, und hat Sinn für Kreativität, für die Musik, die ich einsetze, für die fröhliche Stimmung, die ich verbreite, weil das alles auch in seinem Leben einen hohen Stellenwert einnimmt. Es fällt ihm schwer, davon Abschied zu nehmen, dass wir uns nun nicht mehr täglich sehen werden.

In der S- Bahn

Zwei Männer begegnen sich am Bahnhof Gesundbrunnen. „Wie geht es Marianne?“, ruft der eine durch das Abteil. Der andere antwortet:“ Marianne ist arbeiten. Ihr geht es immer gut, wenn sie arbeitet.“ Wie schön, denke ich.

Ein Monat ohne Frühstückstradition (April 2018 Kurs B 1.1)

Dieser Monat scheint mir schwieriger zu werden als die vorherigen. Mir wird wieder das Niveau B 1.1 zugeteilt. Langsam gewöhne ich mich daran. Mit dem größten Teil dieser Studenten werde ich die nächsten vier Monate verbringen.

Es ist ein ganz anderer Kurs als der letzte und ich werde ein bisschen brauchen, um mit ihm ganz richtig warm zu werden. Die Teilnehmer sind etwas älter, wieder gibt es Frauen mit Kindern und verheiratete Frauen ohne Kinder.

Ich habe das Gefühl, dass mein Unterrichtsstil am besten zu jungen Leuten ohne Familienanhang passt, die ich durch meine lustige Art zusammenführen kann, vielleicht ein Resultat meiner langen Arbeit mit Jugendlichen.

Frauen mit Kindern sind oft nicht gleich so aufgeschlossen, sodass es etwas länger dauert, bis wir einen Gleichklang erreicht haben. Vielleicht liegt es daran, dass sie die neue Sprache etwas widerwillig lernen, dass sie ihre Heimat nur ungern verlassen haben und im Gegensatz zu den neuen beruflichen Herausforderungen ihrer Männer vor einer großen Hürde stehen, die sie nur aus Pflichtgefühl zu nehmen gezwungen sind.

Carolina ist die Frau eines deutschen Anwalts, der lange mit ihr und dem gemeinsamen Sohn in Spanien, ihrer Heimat, gelebt hat. Jetzt hat ihr Mann eine Arbeit in Berlin und der Sohn, der zweisprachig aufgewachsen ist, besucht die erste Klasse der Grundschule. Carolina ist Schulpsychologin, Beamtin mit einer festen Stelle, die ihr auch erhalten bleibt, sollte sie eines Tages zurückkommen. Mann und Sohn sprechen deutsch und nun muss sie es auch lernen, was ihr nicht so leichtfällt, zumal ihr dieses ganze Leben nicht so recht behagt. Sie hatte eine gute Arbeit und war anerkannt in ihrem Beruf. Hier ist sie Hausfrau und lebt vom Geld ihres Mannes. Das macht ihr zu schaffen. Zum Glück findet sie in Emilia eine spanische Leidensgefährtin von

der schönen Insel Gran Canaria, mit zwei Kindern und einem Mann, der auch vor kurzem eine neue Arbeit in Berlin annahm. Gabriella, eine junge verheiratete Brasilianerin mit Liebe zu Hunden, ergänzt den Kurs, ebenso wie die Ungarin Ildiko, die Mutter von drei Kindern ist und deren Mann auch als Anwalt in einer Firma in Berlin arbeitet. Wie Carolina möchte sie nicht nur zu Hause sitzen, aber was soll sie tun? Das Deutschlernen fällt ihr schwer und sie ist so schüchtern, dass sie sich vor jedem deutschen Satz, der über ihre Lippen kommt, erst einmal entschuldigt. Ich werde in den nächsten Monaten vor allem am Selbstwertgefühl mit ihr arbeiten.
Quizhu, ein unglückliches Au Pair Mädchen aus China, bereut jeden Tag von Neuem, nach Deutschland gekommen zu sein und möchte nur eins: wieder zurück nach China.
Simone, ein Italiener, der mit einer gebürtigen Polin, die schon lange in Deutschland lebt, eine Beziehung hat, will nun die Sprache lernen und dann eine Ausbildung machen. Er hat, wie manch anderer aus seinem Land, ein Soziologie-Studium absolviert, mit dem er nichts anfangen kann. Simone ist ein sehr ruhiger, untypischer Italiener, der nicht beim Sprechen, wie die meisten seiner Landsleute, mit den Händen gestikuliert.
Der Kurs wird ergänzt durch Simona aus Rumänien, eine etwas ältere Frau mit einem siebzehnjährigen Sohn, der in Berlin die zehnte Klasse absolvierte und danach eine schlimme psychische Krankheit bekam, die wahrscheinlich unheilbar ist.
Shade ist Architektin aus dem Iran, eine intelligente junge Frau, die wohl früher schon im Kurs mit Marina aus Russland war, die demnächst ihren deutschen Partner heiraten wird.
Als ich mich vorstelle und den Ablauf meines Kurses erläutere, zu dem das bei allen beliebte Donnerstags-Frühstück gehört, meint Marina, sie fände das nicht gut. Einmal im Monat zum Abschluss ein Essen, das würde genügen. Die anderen äußern sich gar nicht.

Ich bin etwas überrascht. Denn das gab es noch nie. Na gut, denke ich, wenn sie es nicht wollen, lassen wir es. Ich mache es ja nicht, weil ich so verhungert bin, sondern weil es ein gutes Mittel ist, um locker ins Gespräch zu kommen und im Kurs eine gute Atmosphäre zu schaffen. Für alle Kurse, die ich bisher unterrichtete, war der Frühstücksdonnerstag der schönste Tag der Woche. Wenn ich mal vergaß, ihn am Tag zuvor zu planen, meldete sich am Ende des Unterrichts immer jemand mit der Frage: „Und was machen wir morgen zum Frühstück?"

Später werde ich erfahren, dass niemand so richtig verstanden hat, um was es ging und im nächsten Monat wird es auch wieder eine Tradition in der Gruppe werden, zu der Marina dann wegen der Hochzeitsreise nicht mehr gehören wird.

Aber im Moment bin ich leicht irritiert und befürchte, dass Marina und vielleicht auch Shade, mit der sie zusammen den letzten Kurs absolvierte, mit ihrer früheren Lehrerin zufriedener gewesen sein könnten, dass mit der Ablehnung des Frühstücks auch meine Unterrichtsführung abgelehnt wird, was ich bisher nicht kannte.

Im Nachherein denke ich, dass es so gewesen sein könnte. Vielleicht hatten sie zur vorherigen Lehrerin eine gute Beziehung und nun komme ich mit meinen ungewohnten Vorschlägen.

Aber möglicherweise ist es auch ganz anders und Marina, die zu leichtem Übergewicht neigt, will einfach nur abnehmen, um in das Hochzeitskleid zu passen.

Meine Mutter rät mir in unseren morgendlichen Chats, den Kurs wieder abzugeben, wenn die Atmosphäre nicht so gut ist. Aber ich bin eine Kämpferin, war es auch früher als Lehrerin an der Schule. Ich stelle mich den Problemen und versuche, immer einen Weg zu finden, der für beide Seiten akzeptabel ist. Die Stimmung im Kurs ist eigentlich nicht schlecht, nur ich bin wohl ein wenig anders, weil es mir schwerfällt, die Beweggründe für die Ablehnung meiner von allen so geliebten Frühstücksidee nachzuvollziehen.

Ramadanzeit (Mai 2018 Kurs B 1.2) Zuckerfest (Juni 2018 Kurs B 2.1)

Marina, mit der ich mich zum Abschluss des letzten Monats dann doch gut verstand, geht auf Hochzeitsreise. Neu in den Kurs kommt die Japanerin Keiko, die in Berlin arbeitet, aber nicht den ersehnten Neubeginn verwirklichen kann, sodass sie am Monatsende, etwas unglücklich, sich wieder auf den Weg nach Tokio macht.

Anna, Au Pair aus Ungarn, arbeitet bei einer Familie, die sehr schwierig ist. Nicht die Kinder sind das Problem, sondern die Eltern, die sich oft streiten. Der Familienvater führt mehrere Aussprachen mit ihr, weil sie sich nicht so verhält, wie er sich das vorgestellt hat. Ich glaube, er sucht vor allem eine Verbündete in der täglichen Auseinandersetzung mit seiner Frau. Vielleicht gefällt ihm Anna auch, die sich aber nicht für ihn interessiert und sowieso mehr Frauen mag. Sie fühlt sich unwohl, was natürlich dadurch noch verstärkt wird, dass sie der Sprache nicht mächtig ist und manches möglicherweise missdeutet. Die Gastmutter arbeitet von zu Hause aus, was die Lage für Anna nicht gerade erleichtert, weil sie den ganzen Tag beobachtet wird.

Für Fatma aus Tunesien beginnt in diesem Monat, der in diesem Jahr besonders heiß ist, der Ramadan und sie kann nicht mit den anderen frühstücken, weil sie vom Morgen an bis zum Einbruch der Dunkelheit fastet. Obwohl sie erklärt, dass ihr das nichts ausmacht, wird sie doch von Tag zu Tag kraftloser und fehlt am Ende auch ein paar Tage. Während der Fastenzeit darf man auch nichts trinken und bei 30 Grad und einem langen Tag ist das eine gesundheitliche Herausforderung, finde ich. Fatma erzählt, dass viele Moslems in dieser Zeit am Tag schlafen, weil dann der Zeitraum bis zum abendlichen Essen kürzer ist. Ich frage sie, ob sie nicht heimlich, wenn sie allein zu Hause ist, mal an den Kühlschrank gehen und einen Schluck trinken kann. „Nein, Allah sieht alles!“, entgegnet sie mir. Inzwischen haben mir aber manche Moslems zu verstehen gegeben, dass es schon kleine Sünden

gibt, über die aber niemand spricht. Es darf ja beispielsweise auch nicht geraucht werden, und was das für einen richtigen Raucher bedeutet, kann ich mir vorstellen, weil ich lange Zeit mit einem verheiratet war. Als Atheistin fällt es mir schwer, mich in die Psyche von Gläubigen zu versetzen. Ich weiß auch nicht, ob alle Christen in Deutschland die Fastenzeit vor Ostern richtig ernst nehmen. Psychologisch ist es nachvollziehbar, dass Menschen testen wollen, ob ihr Charakter so stark ist, dass sie für einen längeren Zeitraum auf etwas verzichten können, was einen hohen Stellenwert in ihrem Leben einnimmt, wovon sie aber wissen, dass es nicht zwingend für sie gut und notwendig ist.
Das kann Alkohol sein oder Schokolade. Meine Tochter Katja praktizierte über viele Jahre das „Fernsehfasten". Sie wusste, sie sieht zu viele unnötige Sendungen und nun hatte sie viel mehr Zeit, die sie für sinnvolle Dinge nutzen konnte. Ich selbst habe noch nie gefastet, weil ich kein so richtiges Laster habe, wie ich zumindest glaube. Vielleicht wäre es mein Handy, auf das ich eine Zeitlang verzichten sollte. Aber so richtig sehe ich das nicht ein. Ich brauche es täglich und ich fühle mich auch nicht in meiner Zeit beeinträchtigt dadurch. Aber Außenstehende würden mir das wohl empfehlen, wenn ich sie danach fragte.
Ramadan im Sommer – das ist schwieriger als im Winter, wo die Tage nur kurz sind und das erlösende Essen schon am Nachmittag verzehrt werden kann, weil es um 17 Uhr bereits stockdunkel ist.
In diesem Kursmonat folgt der russischen Marina eine junge Frau gleichen Namens aus Brasilien.
Außerdem kommt Zuzana aus Tschechien, eine Psychologin mit einem ausländischen Freund, der aber in Berlin wohnt. Sie wird am Ende des Monats mit ihm bei einem Musik-Festival in Portugal die Besucher psychologisch betreuen. Was es alles so gibt! Viele Menschen nehmen Drogen oder trinken Alkohol bei solchen Events und mancher hat sich dann nicht mehr unter Kontrolle. Dafür sind

dann Leute wie Zuzana da, die dafür zwar kein Geld bekommen, aber das Festival kostenlos miterleben können.
Es lässt sich gut arbeiten mit diesem Kurs. Interessant sind wieder die Präsentationen über eine berühmte Person.
Zuzana spricht über Jára Cimrman aus Tschechien. Sie stellt ihn als Dramatiker, Dichter, Komponist, Sportler und Detektiv vor. Er wurde in den 60er Jahren zu einer Art Nationalheld und es gibt 16 Theaterstücke und zwei Filme über ihn. Nach Jára Cimrman sind in Tschechien einige Straßen benannt. Das Verrückte daran ist, dass er gar nicht existiert. Er ist eine fiktive Figur.
Keiko hat sich die Künstlerin Yayoi Kusama ausgewählt, die vom Time Magazine zu den 100 weltweit einflussreichsten Frauen gewählt wurde und als die teuerste Künstlerin Japans bezeichnet wird. Sie zählt zu den Pop-Art- Künstlern, hat lange in New York gelebt und ihre Kunstwerke auch mit Andy Warhol zusammen ausgestellt.
Wir unternehmen in diesem Monat zwei Exkursionen; wir besuchen das Museum für Kommunikation und fahren auf der Spree mit einem Ausflugsdampfer durch das Zentrum. Es ist Sommer und schönstes Wetter. Im Juli verlässt nur Keiko den Kurs. Die anderen bleiben und zum Glück endet auch für Fatma zur Mitte des Monats die Fastenzeit. Sie bringt zum ersten Frühstück ein traditionelles Gebäck mit. Wir feiern ihretwegen eine Art Zuckerfest. Das heißt, wir organisieren ein süßes Frühstück, mit Marmelade und Obst, ohne Schinken und Käse. Für die Mütter ist das der letzte Monat in Berlin. Sie fahren mit den Kindern in ihre Heimatländer. Die Drei sind noch immer nicht ganz glücklich in Berlin. Was sollen sie machen? Die Sprache reicht noch nicht für eine Arbeit. Die Psychologin Caro müsste perfekt sprechen, um vielleicht an einer deutschen Schule Familien zu beraten. Sie ist unglücklich, weil das Angewiesensein auf ihren Mann für sie unangenehm ist, was ich sehr gut verstehen kann.

The Art of Banksy (Juli 2018 Kurs B 2.2)

Als ich den Kurs beginne, kenne ich den britischen Künstler Banksy noch nicht, der zum Jahresende durch seine medienwirksame, spektakuläre Schredder-Aktion während der Versteigerung seines Bildes „Kind mit Luftballon“ in aller Munde sein wird. Gerade dieses Bild gefällt mir so gut, dass ich mir ein Poster davon an die Tür hänge, nachdem wir zum Ende des Kurses seine Ausstellung im Bikini-Haus in Berlin angesehen haben. Aber der Reihe nach:
Im Juli sind alle Mütter mit schulpflichtigen Kindern nicht mehr dabei. Emilia, Caro und Ildiko reisen in ihre Heimatländer, denn in Berlin haben die Schulferien angefangen. Es bleiben Marina, Simone und Anna. Alle anderen sind neu.
Nicolas, genannt Nic, Kind geschiedener Eltern, kommt aus den USA, aus einem kleinen unbekannten Ort in Wisconsin. Die Mutter ist Immobilienkauffrau, der Vater Bauer, der Ginseng für chinesische Abnehmer produziert. Nic erzählt davon, dass dieser auf spezielle Art unter der Erde gezüchtet werden muss und dass man jede Stelle nur einmal damit bepflanzen kann. Er ist der einzige, mir bekannte Amerikaner, der schon in der Schule Deutsch gelernt hat. Nach dem Schulabschluss hat er sich einer Initiative angeschlossen, die jungen Menschen die Chance gibt, in Deutschland ehrenamtlich zu arbeiten. Nic engagiert sich in einem Flüchtlingsheim in Hellersdorf, spielt einmal in der Woche dort mit Jugendlichen Fußball und andere Spiele. Ansonsten vervollkommnet er sein Deutsch und lernt Berlin kennen. Er ist ein sehr freundlicher, aber ein wenig zurückhaltender junger Mann. Er sagt mir, dass ihm mein Unterricht gefällt, weil es selbstverständlich sei, dass hier alle sprechen. Er meint, in anderen Kursen hätten die Lehrer nur mit den Extrovertierten gearbeitet und sich nicht an die Zurückhaltenden wie ihn gewendet.
Nach seiner Weltanschauung befragt, meint er, er sei ein religiöser Mensch, aber nur im Herzen. Er möchte Gutes tun. Wieder ein ganz

untypischer junger Amerikaner, der Hoffnung macht, dass sein Land nicht nur aus Trumps besteht.
In der Banksy- Ausstellung ist er besonders ergriffen von der Botschaft in den Bildern, die sich gegen Krieg und Gewalt richten, weil er daran denken muss, was die Kinder, die er betreut, durchgemacht haben.
Er spricht am konsequentesten Deutsch von allen Kursteilnehmern und ich habe ihm geraten, weiter zu lernen und später vielleicht eine Arbeit zu suchen, bei der er sein Deutsch anwenden und Reisen machen kann. Vielleicht wird er nach seinem Aufenthaltsjahr in Deutschland studieren.
Auch zwei Iraner sind neu im Kurs. Foorozan, eine kleine, etwas zurückhaltende Frau, hat einen Doktortitel auf einem technischen Gebiet. Sie ist ihrem Mann, einem Arzt, der in Brandenburg arbeitet, gefolgt.
Nariman, Architekt aus einer anderen Gegend im Iran, ist dagegen sehr selbstbewusst. Er hat länger in Kanada gelebt und will dort auch wieder hin, wenn sein Visum abläuft, obwohl ihm Berlin besser gefällt als Toronto. Nach dem Kurs arbeitet er in einem Architektenbüro, aber nur für begrenzte Zeit. Er ist unglaublich gebildet und kennt sich sehr gut in der Geschichte und der Weltpolitik aus und hat linke, ich würde sagen, ein wenig anarchistische Einstellungen. Nariman erzählt viel aus dem Iran, in dem seine Mutter, eine Ärztin, lebt und er meint, viele Leute würden die Verbote des strengen Regimes im Iran umgehen und Wege finden, zum Beispiel zu feiern und Alkohol zu trinken. Nariman kommt regelmäßig zu spät zum Unterricht. Leider verfällt er wegen fehlender Grundkenntnisse zu oft ins Englische, was eigentlich auf diesem Sprachniveau nicht mehr üblich ist.
Tassia aus Brasilien ist Künstlerin und auch Mora aus Argentinien arbeitet im künstlerischen Bereich als Visual Artist. Sie macht Fotos mit sich selbst, die sie verfremdet und thematisch bearbeitet. Sie wird

demnächst einen Abend im Kulturverein gestalten und ihren Mate-Tee, der auf spezielle Art bereitet und getrunken wird, in der Veranstaltung herumreichen, so wie das in Argentinien Tradition ist. Das macht sie auch im Kurs zu einem Frühstück. Jeder trinkt mit dem gleichen Strohhalm aus dem gleichen Glas, und es kostet schon Überwindung, wenn man so etwas nicht mag. Einige lehnen es auch ab. Aber ich bin die Lehrerin. Ich muss. Es würde unhöflich sein. So koste ich, obwohl es auch für mich nicht so einfach ist, wie ich auch schon bei diversen Frühstückstagen diverse Speisen gekostet habe, die manchmal nicht so sehr nach meinem Geschmack waren.

Es ist Sommer, der wärmste Sommer, seit ich mich erinnern kann. In unserem Raum ist es immer sehr heiß. Es gibt keine Klimaanlage und nur zwei Ventilatoren, mit denen man die warme Luft im Raum verteilen kann. Wenn sie angeschaltet sind, fliegen die Unterlagen durch den Raum.

Ist das Fenster offen, kann man wegen des Straßenlärms, der durch die vielen Autos, Straßenbahnen und die Krankenwagen, die mit lautem Signal vorbeifahren, entsteht, sein eigenes Wort nicht hören. Es ist kompliziert, denn in meinem Unterricht ist das Zuhören sehr wichtig, sowohl für meine Kursteilnehmer als auch für mich. Und so schließen wir die Fenster immer wieder, ersticken fast an der Hitze, um sie dann schnell wieder zu öffnen.

Der Monat neigt sich dem Ende zu und ich überlege, wie wir den Abschlusstag gestalten könnten. Ich versuche, auch bei diesen Tagen, nicht auf das schon mal Erlebte zurückzugreifen, sondern neue Events zu finden.

Nicht immer organisiere ich zum Ende des Kurses einen Ausflug. Im Winter bietet es sich nicht an. Manchmal ist ein kleines Fest im Kursraum gut, aber jetzt an diesen warmen Tagen ist es besser, das Haus zu verlassen.

Ich frage Mora, ob wir nicht die Ausstellung, „The Art of Banksy“ im Bikini-Haus besuchen können, von der sie uns erzählt hat. Sie arbeitet

dort an einigen Tagen in der Woche und macht Führungen, allerdings auf Englisch.
So treffen wir uns dort und Mora erzählt uns Erstaunliches über den Künstler, den wohl niemand offiziell kennt, der inkognito bleiben will und der eigentlich die Ausstellungen seiner Werke nicht mag. Es handelt sich dabei um Aktionskunst, bestimmt für den Moment und für ein Thema, für das er Interesse wecken will.
So zeigt sie uns zum Beispiel das CD Cover zu einer Aufnahme mit der reichen amerikanischen Hotelerbin Paris Hilton, die irgendwann den Wunsch hatte, eigene Songs zu veröffentlichen. Ihr Geld reicht dazu allemal und mit der modernen Technik lässt sich aus jeder Stimme etwas machen. Was keiner ahnt, Banksy schummelt 500 gefälschte Paris-Hilton-CDs in britische Plattenläden. Auf der Hülle von Banksys Version ist die singende Hotelerbin mit einem Hundekopf zu sehen. Auch ein paar Songs hat er umbenannt. Sie heißen "Warum bin ich berühmt?" oder "Wozu bin ich gut?". Wer aus Versehen eine von diesen CDs erworben hat, kann sich glücklich schätzen. Niemand gibt sein Exemplar zurück. Im Gegenteil, man kann sie im Internet heutzutage für viel Geld ersteigern wie auch andere Arbeiten Banksys. Mittlerweile verkaufen sich manche Werke des 31-Jährigen, der sich selbst „Guerillakünstler" nennt, für umgerechnet 15.000 Euro und mehr. Er ist ein Straßenkünstler, ein Anarchist, der mit seinen Kunstwerken die Menschen aufrütteln und zum Nachdenken bewegen möchte. Als ich im Bekanntenkreis von Banksy erzähle, kennt ihn fast niemand. Das wird sich in wenigen Monaten ändern, denn die anfangs erwähnte Schredder-Aktion, die durch alle Medien geht, macht ihn weltbekannt.

Anfängerspaß mit Klassenfahrt-Feeling
(September 2018 Kurs A 1.1, Oktober Kurs A 1.2)

Noch immer ist das Wetter so schön wie den ganzen Sommer über. Seit April scheint die Sonne und so sind auch alle Leute gut gelaunt. Ich hatte im August Urlaub und habe neue Kraft getankt, die ich nun auch brauchen werde, denn der Anfangskurs ist für mich der schwerste. Drei Stunden hintereinander mit Menschen, die noch nichts verstehen, von denen etliche englisch sprechen, aber nicht alle, und die merken sollen, dass es sich am besten lernt, wenn man versucht, konsequent Deutsch zu benutzen, sind anstrengend.

Ich muss sehr viel selbst sprechen, alles erklären, was nicht so einfach ist, weil sie die erklärenden Worte ja auch erstmal begreifen müssen. Es ist ein munterer Kurs mit jungen Leuten und wir haben viel Spaß. Sie verstehen mich recht schnell und es gibt immer einen Grund zum Lachen. Schon am ersten Tag singen wir das Lied mit dem deutschen Alphabet und ich merke, dass es gut ankommt.

Im Kurs sind Ronan aus Frankreich, der zu seiner deutschen Freundin gezogen ist, Jacopo aus Italien, direkt aus dem Herzen Venedigs, wo seine Familie lebt und ein Geschäft betreibt, der eine Freundin in Berlin hat, Marc, ein Fotograf aus Spanien und Diego, ein Koch aus Peru, der in Berlin in einem edlen Restaurant arbeitet und der vorher schon in Frankfurt in ebenso einem gearbeitet hat, bevor er seine Freundin aus Berlin kennenlernte.

Er zeigt mir Zeitungsausschnitte, in denen über sein Restaurant berichtet wurde. Darin ist er auf einem großen Foto abgebildet und der Journalist beschreibt überschwänglich Diegos Kochkunst.

Leider hat er keine Zeit für die Hausaufgaben und die Vor- und Nachbereitung des Unterrichts, weil er so viel arbeitet. Ohne Übung geht es im Anfangskurs aber nicht, sodass ihm Erfolgserlebnisse fehlen, weil er über seiner Arbeit am Abend das Gelernte vom Vortag vergessen hat. Auch Englisch kann er erst seit kurzem und er fühlt sich

so großartig damit, dass er Deutsch als anstrengend und auch lästig empfindet.
Vadim, Sohn eines Lehrerehepaars, ist einer der nettesten Russen, die ich bisher unterrichtete. Er kommt aus Moskau, ist sehr intelligent und freundlich, aber er studiert an der Humboldt-Universität auf Englisch und muss dann doch sehr oft zu den Lehrveranstaltungen, die in der gleichen Zeit stattfinden wie unser Unterricht.
In diesem Kurs sind also viele Männer, was die Stimmung besonders auflockert, weil alle etwa im gleichen Alter sind und sich gegenseitig ein wenig auf die Schippe nehmen.
Dazu kommen drei Frauen. So eine Zusammensetzung hatte ich bisher nur selten. Meistens sind die Frauen in der Überzahl. Sind sie mehr daran interessiert, die Sprache des Landes zu lernen, in dem sie sich zurzeit aufhalten? Oder ist es nur ein Zufall?
Kelly ist aus Australien mit ihrem Mann und den beiden Kindern nach Berlin gekommen. Ihr Mann arbeitet in einer englischsprachigen Firma, die ihren Sitz in der Hauptstadt hat, als Statistiker. Die Kinder besuchen eine Willkommensklasse und Kelly lernt nun deutsch. Sie liebt Australien und bringt ein großes Opfer für ihren Mann, indem sie ihm hierher folgt. Es fällt ihr schwer, die Sprache zu verstehen. In Adelaide, woher sie kommt, war sie Finanzbuchhalterin. Und nun möchte sie in Deutschland arbeiten. Aber was soll sie machen? Und wie lange wird es dauern, bis sie diese schwierige Sprache so sprechen kann, dass es für eine Arbeit reicht.
Fabiana aus Venezuela ist Psychologin. Die lustige Vietnamesin Tham arbeitet in einem Nagelstudio. Viele ihrer Familienmitglieder leben in Berlin-Hellersdorf. Fast alle Vietnamesen scheinen in Marzahn, Hellersdorf oder Lichtenberg zu wohnen, vielleicht weil sich da zur DDR-Zeit bereits vietnamesische Gastarbeiter niederließen.
Tham hat auch an der DeutschAkademie eine große vietnamesische Community, die sich in den Pausen auf dem Flur lautstark unterhält.

Das bin ich sonst gar nicht gewohnt, weil die anderen Vietnamesen immer sehr ruhig und zurückhaltend waren.
Bawar, ein Kurde aus dem Irak, wird mir am meisten Kopfzerbrechen bereiten, denn es ist nicht einfach, ihn zu unterrichten. Er verhält sich wie einige der Schüler aus meinem früheren Leben, steht oft auf, verlässt den Raum, malt etwas an die Tafel, ist unkonzentriert. Ich werde bald merken, dass er unsere Schrift weder lesen noch schreiben kann. Da er schon einige Zeit in Berlin lebt und auch Arbeit in einem Spätkauf-Laden hat, ist sein Wortschatz schon größer und zu Anfang denken alle, er sei ihnen voraus. Später fällt natürlich auf, dass er nicht lesen kann. Er ist beglückt über unseren Frühstücksdonnerstag und bringt große Mengen Gebäck mit, das er in einem arabischen Laden gekauft hat. Ich schwanke immer zwischen Mitleid und Ärger und das wird so bleiben. Seine Hausaufgaben macht er perfekt, vielleicht hilft ihm jemand, denke ich. Er finanziert sein Leben und seinen Kurs allein, was mich rührt. Aber trotzdem passt er nicht so richtig in die Gruppe. Er müsste einen Alphabetisierungskurs machen, denke ich und spreche mit ihm darüber. Aber er versteht es nicht oder will es nicht verstehen.
Im Oktober bleibt die Kursbesetzung stabil. Ich kann auf dem aufbauen, was ich im ersten Monat unterrichtet habe.
Diego wirft nach wenigen Tagen das Handtuch. Er, der Starkoch aus Peru, muss viel arbeiten. Er schafft es nicht zu lernen und glaubt auch, das ungeliebte Deutsch nicht für seine Arbeit zu brauchen. Sein vor kurzem erlerntes Englisch sprechen die meisten in Berlin, was ihm zumindest momentan reicht.
Tatsächlich packt er mitten im Unterricht seine Sachen zusammen und verlässt den Raum. Solch einen Abgang erlebe ich zum ersten Mal. Manchmal kommt jemand einfach nicht wieder, ohne sich zu melden, aber so demonstrativ hat noch niemand den Unterricht beendet.

Tham und auch Bawar, der immer noch da ist, haben nun ganz sichtbare Schwierigkeiten, weil sie kein Englisch sprechen wie die anderen.
Ich versuche immer, wenn jemand nicht englisch versteht, alles auf Deutsch zu erklären und zu umschreiben. Aber schnell haben sich die Englischsprechenden dann doch das Wort zugeraunt.
Tham hat große Schwierigkeiten, das „t“ auszusprechen, sie verwendet stattdessen immer ein “s“. Es ist dramatisch, obwohl ich ausdauernd mit ihr übe und die anderen viel Verständnis aufbringen. Aber die Aussprache dieser Konsonanten ist nun mal entscheidend dafür, ob man verstanden wird oder alle nur rätseln, was gemeint ist. Bei einer falschen Grammatik kann man den Inhalt des Gesagten trotzdem erkennen, bei falscher Aussprache nicht.
Für Bawar ist es noch komplizierter. Nun merken natürlich alle, dass er nicht lesen und schreiben kann. Nach wie vor ist er auch von sprunghafter Natur, fehlt mal einen Tag und hat dann wieder eine Lücke mehr in seinen Kenntnissen, schiebt es immer auf seine Gesundheit und ich weiß nicht, ob ich ihm glauben soll.
Gerade bei den Flüchtlingen, obwohl ich gar nicht genau weiß, ob Bawar einer ist, kann es sein, dass sie Schweres durchgemacht haben. Er erzählt nicht allzu viel zu seinem Lebensweg, sein Wortschatz reicht dafür nicht, und da er auch nicht Englisch spricht, kann ich manches nur deuten, von dem was er sagt. Aber natürlich ist mir das Kurdenproblem nicht unbekannt und es ist schon traurig, dass er im Gegensatz zu den anderen nicht richtig sagen kann, woher er kommt, weil er kein richtiges Heimatland hat.
So schwanke ich weiterhin zwischen Mitleid und Ärger. Ich suche ein paar Alphabetisierungsübungen im Internet, mit denen er üben könnte. Aber er macht sie nicht. Mit jedem Tag wird es schwieriger und ich fürchte, dass sein Unvermögen, die Dinge zu verstehen, sich negativ auf sein Selbstwertgefühl auswirken wird. Im ersten Monat

dachten alle, er wäre schon viel besser als sie und nun merken sie und auch er selbst, dass der Abstand geringer wird.
Er mag die anderen sehr gern und möchte besonders von Diego anerkannt werden, den er bewundert. Alle bewundern Diego, er scheint so stark und selbstbewusst. Aber dann gibt der als erster auf. Ich weiß nicht recht, wie ich verhindern soll, dass Bawar sich für den nächsten Kurs anmeldet.
Ich denke, er braucht den Kurs für seine Aufenthaltserlaubnis, die er mir mit großem Stolz bei einem gemeinsamen Restaurantbesuch zeigt und bei deren Anblick ich sehe, dass es wohl nicht für immer sein wird. Deshalb will ich nicht diejenige sein, die seinen Traum zerstört. Auf der anderen Seite geht es objektiv gesehen nicht weiter so. Ich kann nicht leisten, was ich leisten müsste. Alphabetisierung ist eine Voraussetzung für die Intensivkurse an unserer Schule.
Wenn jemand immer eine spezielle Anleitung braucht, werden die anderen nicht genug gefordert, ganz davon abgesehen, dass ich zu diesem Thema keine Ausbildung habe. Dazu kommt, dass der Ehrgeiz fehlt, den er braucht, um solche immensen Lücken zu schließen.
So spreche ich mit Bawar, nachdem er wiedermal ein paar Tage gefehlt hat und rate ihm, zunächst lesen und schreiben zu lernen und sich dann noch einmal für einen solchen Kurs anzumelden.
Er kommt nun nur noch sporadisch zum Unterricht und ich bin froh, dass sich damit das Problem löst, zumal ich im nächsten Monat durch eine andere Lehrerin vertreten werde, die sicher auch entsetzt wäre darüber, dass ein Analphabet bereits den dritten Monat absolviert.
Im November mache ich Urlaub und wieder möchten alle, dass ich den Kurs danach weiterführe. Auch diesmal lässt sich eine Möglichkeit finden. Die Vertretungslehrerin unterrichtet nur diesen einen Kurs und im Dezember kann ich auf dem Niveau A 2.2 weiterarbeiten.
Aber auch da wird mich eine Überraschung erwarten wie im Jahr zuvor.

„Unser Lehrer hat immer Englisch gesprochen“ (Dezember 2018 Kurs A 2.2)

Die Situation ist die gleiche wie vor einem Jahr. Nur zwei Teilnehmer aus dem Oktoberkurs haben durchgehalten. Einige absolvieren jetzt Halbintensivkurse, manche pausieren. Jedenfalls blicke ich nur noch in die vertrauten Augen von Kelly und Tham. Die anderen sind neu und es sind auch nicht viele, die den anstrengenden Dezemberkurs absolvieren.

Eunkyu aus Korea, die wir Q nennen sollen, ist mit ihrem Mann nach Berlin gezogen. In Korea war sie Grundschullehrerin. In Berlin lernt sie deutsch und sucht einen Job, um die Wohnung zu finanzieren, denn ihr Mann Chai hat nur ein Studenten-Visum und darf nicht arbeiten. Q ist eine lustige, sehr sympathische Person.

Erstaunlicherweise hatte ich bisher noch keinen Koreaner mit dem Namen Kim in einem meiner Kurse. Wie ich gelesen habe, gibt es bis heute in Korea nur wenige Familiennamen, etwa 250, und Kim ist einer der am meisten benutzten. Warum ich diesen Namen erwähne? Meinen ältesten Sohn habe ich Kim genannt. Oft werde ich danach gefragt, warum er so heiße. Jeder stellt sofort einen Zusammenhang zu Korea her und meint, dass dort viele Menschen den gleichen Namen tragen. Daran habe ich bei der Namenswahl zuerst nicht gedacht. Ich war sehr jung und suchte einen außergewöhnlichen Vornamen für mein ungeborenes Kind. Auf einer Party hatten mein damaliger Mann und ich einen Australier kennengelernt, der Kim hieß und der für unsere DDR-Verhältnisse sehr weltmännisch und cool, wie wir heute sagen würden, damals verwendete man das Wort noch nicht, wirkte. Wir waren uns sofort einig; so soll auch unser Kind heißen.

Aber so ganz einfach war es nicht, diesen Namen urkundlich bestätigen zu lassen. Der Mann, der schon im Krankenhaus die standesamtliche Geburtsurkunde erstellte, hatte Einwände. Das

Geschlecht bei Kim sei nicht klar, in Amerika wäre das ein weiblicher Vorname. Daran hatten wir gar nicht gedacht, aber wir wollten keinen anderen Namen. So aktivierte ich aus dem Krankenhausbett meine Verwandtschaft, Beweise zu finden, dass Kim auch ein männlicher Name sei. Schließlich hatte meine Mutter die rettende Idee. Ein Staatsführer in Korea hieß damals Kim Il Sung. Das sagte ich dem Standesbeamten und damit war es klar, mein Sohn konnte seinen Namen tragen. Niemand wusste, dass Kim ein Familienname ist, der aber am Anfang steht, da wo bei uns der Vorname hingehört. Ich wusste es auch nicht.
Aber heute, wo man alles im Internet recherchieren kann, habe ich mich informiert und Interessantes über die Familiennamen der Koreaner herausgefunden. Kim war der Herrscher einer großen Dynastie, die sich im Laufe der Jahrhunderte über ganz Korea ausbreitete. Bis vor wenigen Jahren war es nicht erlaubt, dass zwei Menschen mit dem Namen Kim heirateten, dabei kann man sich gut vorstellen, dass bei nur 250 Familiennamen in einem Land wahrlich nur wenige davon blutsverwandt sind.
Mein Sohn Kim hat Gesang studiert, singt in Opern und Oratorien, macht Liederabende mit Musik von Bach über Mozart, Schumann und Schubert bis hin zu Britten und zeitgenössischen Komponisten. Manchmal frage ich mich, ob die Leute vielleicht einen Koreaner erwarten, wenn sie das Programmheft aufschlagen. Es gibt ja viele koreanische Musiker, die in Deutschland arbeiten. Aber sicher wird niemand den Vornamen Kim tragen. Deshalb finde ich die Namensauswahl, die ich damals traf, eigentlich schon ziemlich einmalig, auch wenn mein Sohn sich daran gewöhnen musste, dass zum Beispiel beim Arztbesuch sich die im Warteraum Sitzenden verwundert umsehen, wenn die Schwester Frau Kim Schrader aufruft und sich ein Mann erhebt.
Neu im Kurs ist auch William, genannt Billy, Ende Vierzig, aus Wisconsin. Er war Radiomoderator und leidenschaftlicher Fahrrad -

Freak, bis er eine junge Ärztin aus Berlin traf, in die er sich so unsterblich verliebte, dass er für sie alles aufgab: Arbeit, Wohnung und Freunde, um zu ihr nach Berlin zu ziehen. Nun ist er hier mit einem Sprachlernvisum und versucht, etwas von der deutschen Sprache zu verstehen, was ihm unendlich schwerfällt. Für die ersten beiden Monate haben ihm seine Freunde Deutsch-Kurse am Goethe-Institut geschenkt, die ein Mehrfaches kosten von dem, was er bei uns bezahlt. Für mich ist es interessant zu erfahren, dass man dort mit dem gleichen Lehrbuch arbeitet wie wir und sein Kurs von der Teilnehmerzahl sogar größer war. Beim Wort „Goethe -Institut“ sind viele immer sehr ehrfürchtig, weil es wohl die bekannteste Institution zum Deutschlernen ist und so bin ich überrascht, dass man dort keine anderen Mittel und Methoden hat als bei uns. Jedenfalls wird Billy nicht müde, uns von den Vorzügen seiner Beziehung zu erzählen. Seine Augen strahlen jeden Morgen vor Glück, aber die Sprache macht ihm zu schaffen.

Gilbert, ein junger Mann aus Los Angeles mit asiatischen Wurzeln, hat auch eine deutsche Freundin. Sie arbeitet als Krankenschwester und erwartet in den nächsten Monaten ein Kind. Dann wird die Familie nach Stade bei Hamburg ziehen, wo die Schwiegereltern in der Nähe wohnen. Gilbert bleibt also nur noch einen Monat in Berlin.

Neu im Kurs ist auch Svetlana, eine Frau Anfang Fünfzig, meine erste Studentin aus Kasachstan. Sie hat einen russischen Akzent, wenn sie spricht, sagt oft „tak“ und ich mag das sehr; schließlich war Russisch viele Jahre lang meine Lieblingssprache. Svetlanas Eltern stammten aus Korea, und so versteht sie sich gleich gut mit Q. Sie hat sehr dunkle Haare und man sieht ihr die Herkunft auch an. Svetlana ist eine schicke Frau, die gern viel spricht, wahrscheinlich auch in ihrer Muttersprache, aber ihr Pech ist, dass sie die deutschen Wörter erst lange suchen muss und mein Schicksal, dass ich unendlich viel Geduld brauche, ihr zuzuhören. Ich habe manchmal Angst, dass die anderen sich langweilen, wenn sie zum Reden ansetzt und beschränke sanft, aber nachdrücklich, ihre Redezeit. Schon bald erfahre ich, warum Svetlana hier ist. Sie hat einen krebskranken Sohn von zwölf Jahren, der im Krankenhaus Buch bereits mit der dritten Chemotherapie behandelt wird. Der Vater des Jungen ist früh gestorben. Er habe zu viel Alkohol getrunken, erzählt Svetlana, die in einer guten Position als Buchhalterin in einer Firma gearbeitet hat. Als der vorher gesunde Junge im Frühjahr Probleme mit den Knien bekommt, sucht sie mit ihm den Arzt auf, der die Schmerzen zunächst auf das schnelle Wachstum schiebt. Als kein Mittel hilft, geht man der Sache auf den Grund und diagnostiziert Knochenkrebs. Svetlana sucht daraufhin nach guten Ärzten, nimmt sich Urlaub für eine lange Zeit, in der ihre Firma ihr Gehalt weiterzahlt, sodass sie den Aufenthalt und die Behandlungen finanzieren kann. Freunde sammeln Geld, um sie zu unterstützen. Im Krankenhaus Buch sagt man ihr, dass das Bein amputiert werden müsse. Svetlana sucht nach Alternativen und findet in der Türkei ein Krankenhaus, das die Operation macht, ohne dass Maxim sein Bein verliert. Aber der Krebs hat schon andere Teile seines Körpers erreicht, und so muss er Chemotherapien machen, die noch lange Zeit dauern werden. Ich lerne Maxim kennen, als ich mit meiner Musicalgruppe ein Weihnachtsprogramm gestalte, zu dem ich die Kursteilnehmer einlade. Svetlana bringt den Jungen mit, der durch die Chemotherapie keine Haare hat, einen Mundschutz trägt und Gehhilfen braucht. Ich weiß nicht recht, wie ich mich verhalten soll. Mitleid sollte man nicht zeigen, also behandle ich ihn so, als wenn er nicht krank wäre, obwohl ich innerlich voller Mitgefühl bin. Es wundert mich, dass Svetlana mit ihm so lange Wege mit öffentlichen Verkehrsmitteln macht, aber sie möchte ihm wohl Abwechslung bieten. Nach dem Deutschunterricht fährt sie jeden Tag ins Krankenhaus und bringt ihrem Sohn etwas zu essen, was sie am Abend vorher gekocht hat. Für sie ist unser Kurs nicht nur eine Gelegenheit zum Deutschlernen, sondern auch ein Highlight in ihrem

nicht so einfachen Alltag und eine „Familie“ zum Gedankenaustausch über viele interessante Themen.
Die Letzte im nur kleinen Dezemberkurs ist meine liebe Sara aus Taiwan. Sie hat lange pausiert wegen der Hochzeit und der damit verbundenen Reisen in die Heimat. Als ich ihr schreibe, dass ich in diesem Monat einen Kurs leite, der das für sie passende Niveau hat, meldet sie sich an und verbringt eine schöne Zeit mit uns. Leider wird sie ab Januar ein Praktikum in einer Firma absolvieren, sodass ihr Deutschlernen wieder unterbrochen wird, was aus mehreren Gründen schade ist. Zum einen wird sie wieder viel vergessen, zum anderen ist Sara nach kurzer Zeit mit allen gut befreundet. Sie hat eine sehr soziale Ader und müsste eigentlich in einem passenden Beruf arbeiten, aber es hapert eben noch mit der Sprache. Auch im früheren Kurs bemerkte ich, dass Sara zu allen sehr nett ist, aber jetzt funktioniert es besonders gut, denn inzwischen spricht sie besser Deutsch und verfällt nur noch sehr selten ins Englische. Auch die Grammatik bereitet ihr weniger Probleme.
Der kleine Kurs kann sich recht gut verständigen. Wir gestalten unsere Unterrichtstage etwas weihnachtlich und gehen auch zusammen über den Weihnachtsmarkt am Alexanderplatz, wo wir ein lustiges Foto für das Zertifikat machen. Am letzten Tag gibt es kleine Geschenke und schönes Essen. Sie übergeben mir einen Kalender mit unserem Foto. Auf die Rückseite, die ich mir über den Schreibtisch gehängt habe, hat jeder einen Gruß auf Deutsch geschrieben, was mich sehr berührt.
In der letzten Hälfte des Monats sehe ich in einer E-Mail, dass die Schulleitung dringend eine Vertretung sucht für einen Kurs im Haus des Lehrers, der das gleiche Niveau wie meiner hat. Es sind noch eineinhalb Wochen zu unterrichten und so biete ich an, den Unterricht zu übernehmen. Ich laufe um 11.30 Uhr über den weihnachtlichen Alexanderplatz zum Haus des Lehrers. Der Kurs ist nicht gut besucht. Viele kommen zu spät oder sind schon im Urlaub.

Der Lehrer hat wohl gekündigt, weil er eine eigene Sprachschule aufgemacht hat. Anhand der in großer Fülle auf dem kleinen Tisch gestapelten Zettel mit Grammatikübungen und diversen Mindmaps sehe ich, dass sein Unterricht wohl ziemlich langweilig gewesen sein muss. Die Lektionen hat er in anderer Reihenfolge behandelt und die anwesenden Kursteilnehmer sind nur schwer in der Lage, auf Deutsch zu kommunizieren. „Unser Lehrer hat immer Englisch gesprochen", teilt mir einer mit. Und das im vierten Monat!
Immer, wenn ich viele Zettel in einem Raum an der Wand oder auf dem kleinen Tisch sehe, ahne ich, dass da ein Lehrer eine für ihn nicht so anstrengende Beschäftigung suchte, die aber in meinen Augen nicht effektiv ist, weil man solche Sachen wahrscheinlich nur dann machen kann, wenn man täglich zwei Stunden mehr unterrichtet. Ich versuche trotzdem, meinen Unterricht in gleicher Weise wie am Morgen durchzuziehen. Inbar aus Israel fragt mich nach dem ersten Tag, ob ich den Unterricht immer so gestalte wie heute. Ob es ihr nicht gefallen habe, frage ich. Das Gegenteil ist der Fall. Sie fände es gut, wenn ich den Kurs im nächsten Monat weiterführen würde.
Eigentlich will ich das nicht, aber kurz vor Weihnachten ruft mich die Schulleiterin an und fragt, ob ich mir vorstellen könnte, den Unterricht im nächsten Monat wieder zu übernehmen. Die Kursteilnehmer würden sich das wünschen. Ich hätte sie bezaubert. Wie soll ich da ablehnen?
Am letzten Tag vor Weihnachten mache ich auch mit diesem Kurs ein kleines Picknick. Es sind nur drei Kursteilnehmer da, aber wir haben viel zu viel zum Essen. Vor allem der Syrer Majd hat eine große Menge Süßigkeiten mitgebracht. Er ist ein etwas spezieller Mensch, der mir auf der einen Seite kontaktscheu scheint, auf der anderen wiederum auch dankbar für Zuwendung ist. Er ist nicht aus einem Kriegsgebiet, nicht als Flüchtling nach Berlin gekommen, sondern möchte sein in Syrien begonnenes Studium hier weiterführen. Er lebt bei seinem Bruder in Berlin. So muss er also seinen Kurs selbst bezahlen und

ohne Unterstützung vom Staat leben. Majd ist ein sehr korrekter Mensch, der viele Fragen stellt, die ich ihm geduldig beantworte. Er wirkt sehr ernst und kultiviert seinen Charakter auch, indem er immer wieder betont, wie wenig teamfähig er sei und dass ihm das Zusammensein mit anderen nicht wichtig ist. Ich weiß zu wenig über ihn, kenne nicht seine Familie und die Probleme seiner Kindheit. Jedenfalls ist er Atheist, was ihn mit mir verbindet. Er mag Syrien überhaupt nicht, möchte dieses Land am liebsten aus seinem Leben ausradieren. Deshalb hat er auch nicht, wie alle anderen, Lust, etwas über sein Herkunftsland zu sagen. Ich muss das akzeptieren.

Eine Musikstudentin bringt das in Korea so beliebte Kimchi mit, von dem ich schon in anderen Kursen probieren durfte. Ich weiß, dass es etwas merkwürdig schmeckt, aber natürlich koste ich tapfer. Sie erzählt von der strengen Erziehung in Korea. Die Kinder und auch die Erwachsenen haben nur ganz wenig Urlaub im Jahr, wenn ich richtig verstanden habe, nur eine Woche. An einem Tag im November sind die Aufnahmeprüfungen an den Universitäten. Daraufhin arbeiten Eltern und Kinder das ganze Jahr. Die Schüler werden von den Familien zum Prüfungsort begleitet und schreiben mehrstündige Klausuren. In dieser Zeit wird der Verkehr vor den Universitäten umgeleitet und Flugzeuge dürfen nicht über die Gebäude fliegen. Besteht jemand nicht diese Prüfung, ist das eine Schande für die Familie und er darf sich erst im nächsten Jahr wieder bewerben.

Wie hebt man Geld vom Automaten ab? (Januar 2019 Kurs B 1.1)

Wir sind auch im Januar nur ein kleiner Kurs am Morgen. Kelly ist geblieben. Sie hat es nicht leicht als Mutter von zwei Schulkindern, die über ein ganzes Schuljahr Willkommensklassen besuchen, das sind spezielle Klassen für Ausländer, die dann später in die Regelschulen kommen.

Ihre Tochter ist mit sieben Jahren die Jüngste in der Klasse, der Sohn mit Elf der Älteste, dazwischen Kinder verschiedener Altersgruppen und aus unterschiedlichen Herkunftsländern. Besonders die kleine Tochter, die in Australien viele Freunde hatte, ist einsam und findet niemanden, mit dem sie spielen kann. Kelly hat einen Mann, der viel arbeitet und fühlt sich, wie ihre Tochter, nicht wohl, fern der australischen Heimat.

Billy, dem das Deutschlernen noch schwerer als Kelly fällt, absolviert auch den Kurs. Er lebt seit wenigen Monaten mit seiner deutschen Freundin zusammen, die als Ärztin in einem Pharma-Unternehmen arbeitet und ich kann mir gar nicht so richtig vorstellen, was er den ganzen Tag macht. Er hat nur ein Sprachlernvisum und keine Arbeitserlaubnis. Am Abend kocht er mit seiner Freundin, nach dem Kurs lernt er Deutsch, aber was macht er noch? Wahrscheinlich fährt er Fahrrad und lernt so die Stadt kennen.

Q ist vor kurzem mit ihrem Mann in eine neue Wohnung gezogen, die groß genug dafür ist, dass sie demnächst auch ihre beiden sehr geliebten Rassekatzen nachholen kann, die vorher den langen Weg von Seoul nach Berlin überstehen müssen. So eine Umstellung ist sowohl für die Tiere als auch für die Menschen nicht einfach. Q war neulich verzweifelt, weil sie sich über das Internet eine Geldkarte bestellt hatte und damit zum ersten Mal Geld abheben wollte, um den neuen Kurs zu bezahlen. Aber sie verstand die Anweisungen auf dem Bildschirm nicht und war mir unendlich dankbar, dass ich in der

Pause mit ihr in die Bank neben unserem Haus gegangen bin, um ihr zu helfen, das Geld abzuheben.
Sie und andere Kursteilnehmer habe ich in der Vergangenheit auch oft bei Problemen mit der GEZ unterstützen müssen. Die Gebühr muss in Deutschland jeder Haushalt bezahlen. Aber wie macht man das, wenn ein verheiratetes koreanisches Paar mit unterschiedlichen Familiennamen in eine Wohnung zieht und beide Partner bezahlen sollen. Bei Q rufe ich die entsprechende Stelle an, aber da ich nicht der Bewohner bin, gibt man mir keine Auskunft. Die neuen Datenschutzrichtlinien bringen in solchen Fällen viele Probleme mit sich, Was sollen junge Ausländer machen, die bisher nur wenig Deutsch sprechen. Wie sollen sie sich in der Bürokratie zurechtfinden, wie mit den oft unfreundlichen Personen klarkommen?
Auch Svetlana absolviert wieder den Kurs. Es wird noch eine Weile dauern, bis ihr Sohn die Chemo-Therapie beendet hat. Sie ist eine starke Frau, muss es sein. Die vier aus dem Dezember-Kurs übrig Gebliebenen bilden wieder so etwas wie eine kleine Familie. Einige waren bei Kelly zum Weihnachtsessen und auch Q hatte schon Gäste in ihrer neuen Wohnung.
Ich bin immer froh, wenn ich mit meiner Unterrichtsführung dazu beitragen kann, dass eine gewisse Einsamkeit, die viele in diesem fremden Land haben, sich verringert.
Die beiden neuen Kursteilnehmer ergänzen die Gruppe perfekt. Firdaous aus Marokko hat Medizin studiert und lernt Deutsch, um in Berlin in einem Krankenhaus eine Spezialisierung anzufangen. Sie ist sehr ehrgeizig und versteht alles Neue sofort, was vielleicht daran liegt, dass sie erst vor kurzem ihr Studium abgeschlossen hat und Lernen für sie keine neue Herausforderung darstellt. Sie ist immer ein bisschen besser als die anderen, aber das macht nichts. So sehen diese auch, was möglich ist und wetteifern mit.
Emiliza, eine Journalistin aus Brasilien, ist nur für einen Urlaubsmonat in Berlin. Sie wirkt etwas unsicherer als die anderen, hat bisher nur in

Brasilien an der Universität Deutsch gelernt und kann manches nicht. Aber sie ist eine nette Person und erzählt viel Interessantes aus ihrer Heimat. Sie kommt aus einer religiösen Familie und geht jeden Sonntag zur Kirche. Außer Bruder Wellyngthon, der vor zwei Jahren zum Austausch an eine Berliner Kirche kam, waren alle Brasilianer, die ich in meinen Kursen hatte, und das waren nicht wenige, Atheisten. Ich staune, dass sie sich diesen schwierigen Intensivkurs zumutet, obwohl sie an jedem Wochenende in einer anderen europäischen Stadt ist. Einmal hat sie Prag besucht, am letzten Wochenende war sie in Warschau, ist in der Nacht mit dem Bus zurückgefahren und nach der Ankunft gleich zum Deutschkurs geeilt. Dieses Wochenende wird sie in Helsinki verbringen, bevor sie zum Ende des Monats wieder nach Brasilien fliegt. Es ist viel, aber ich weiß aus eigener Erfahrung, dass einem Flügel wachsen können, wenn man etwas Besonderes erlebt, das man mit allen Fasern auskosten will. Ich bin selbst auch so im Ausland. Wenn ich sonst Wanderungen und lange Spaziergänge nicht mag, können sie an fremden, interessanten Orten gar nicht lang genug sein.
So habe ich zum Beispiel vor ein paar Jahren an drei Tagen San Francisco erkundet und es gab kaum einen Platz, an dem ich nicht war. Wenn meine Füße schmerzten, nahm ich ein kurzes Bad im Hotel und dann ging es weiter. Ähnlich war es, als ich Hong Kong kennenlernte, im Hochsommer, bei 40 Grad und feuchter Luft, wo ab und zu ein Wassertropfen auf meine Haut perlte, obwohl es nicht regnete. Aber auch hier bin ich bis zum späten Abend unterwegs gewesen. Und natürlich New York, wo ich beim ersten Mal gar nicht aus dem Staunen herauskam, als ich an den riesigen Wolkenkratzern vorbeilief, deren Ende man kaum sehen konnte.
Ich kann Emiliza verstehen. Sie wird sich lange an ihre Reise erinnern. In diesem Kurs gibt es viele neue Verben zu lernen. Wieder benutze ich kleine Karteikarten und übe jeden Tag. Wir suchen gemeinsam zur Verdeutlichung eine Geste, was manchmal recht schwierig ist. Meine

Studenten müssen selbst die Wörter umschreiben und die anderen erraten lassen, was sie meinen. Manchmal entspannt sich dabei eine interessante Diskussion, wie beim Verb „aufklären". Es wird im Buch in einem bestimmten Zusammenhang benutzt, und plötzlich fällt mir ein, dass wir das Wort auch benutzen, wenn Kinder über Sexualität aufgeklärt werden. Ich erzähle ihnen, dass in Deutschland bereits im Kindergarten über dieses Thema gesprochen wird und frage danach, wie das in ihren Ländern gehandhabt wird. Firdaous aus Marokko sagt, dass man darüber niemals spreche, weder in der Familie noch in der Schule. Erst mit der Hochzeit solle die praktische Aufklärung erfolgen, aber natürlich würden sich im Zeitalter des Internets die meisten Jugendlichen entsprechende Videos ansehen und wüssten vorher Bescheid. Auch in Korea ist Aufklärung kein Thema im Schulunterricht, dafür in Australien. Kelly erzählt, dass ihr Sohn einmal nach der Schule zu ihr kam, sie verschmitzt anlächelte und sagte, „Jetzt weiß ich, wie ich entstanden bin". Svetlana wollte ihren Sohn aufklären, aber der sagte, „Das habe ich schon vor drei Jahren in der Schule gelernt. Es ist für mich jetzt noch kein Thema und ich möchte nicht darüber reden."

Der Infinitiv mit „zu" wird eingeführt. Ich habe dafür zweifarbige Kärtchen vorbereitet. Auf den roten steht der Anfang des Satzes, auf den grünen der zweite Teil. Sie lernen den Infinitiv im Zusammenhang mit „es ist". (*Es ist schön, es ist leicht, es ist lustig, es ist traurig, es ist schwer, Deutsch zu lernen*) Auch Sätze mit „haben" (*ich habe Lust, ich habe Spaß, ich habe Interesse, ein Buch zu lesen)* und die Anwendung nach bestimmten Verben (*ich rate dir, ich empfehle dir, ein Buch zu lesen*). Ich habe viele Beispiele, Sätze, die sie auf diese Weise zusammensetzen, was ihnen großen Spaß macht, sodass sie später auch selbst Beispiele nennen können.

„In Vietnam isst man alles, was läuft, fliegt und schwimmt" (Mittagskurs B 1.1)

Ich habe den zweiten Kurs, bei dem ich im Dezember Vertretung hatte, behalten, obwohl ich weiß, dass es härter wird. Zweimal drei Stunden, dazu fast zwei Stunden Fahrweg, das ist eine lange Zeit. Aber es sind die gleichen Kurse, ich brauche nur eine Vorbereitung und es ist gut, dass ich im zweiten Kurs den Unterricht variieren kann, wenn ich merke, dass im ersten Kurs etwas nicht gut verstanden wurde. Es ist Winter und ich versäume nichts.

Aus dem Kurs vor Weihnachten kommt Inbar wieder. Sie ist besessen vom Deutschlernen und schreibt im Unterricht mit, was nur möglich ist, wie ich finde, ein bisschen zu viel. Manchmal sehe ich, wie sie alles übersetzt und notiert, während die anderen zum Beispiel über ein Thema diskutieren. Sie sucht nach Möglichkeiten zur Konversation an zusätzlichen Abenden und nutzt, meiner Meinung nach, nicht die Gelegenheiten, die sich in ihrem Kurs bieten. Aber so richtig sagen kann ich ihr das nicht. Majd, der kleine Spielverderber, wie ich ihn insgeheim nenne, ist auch dabei. Und wieder stellt er viele Fragen und reagiert bockig, wenn ich ihn bitte, einen Dialog zu lesen, geschweige zu spielen. Auch beim Thema Präsentation ist er nicht zu bewegen, ein paar Worte zu einem Thema seiner Wahl zu sagen. Ein wenig ärgert mich das schon, denn gerade die anderen lieben diese Auflockerung, die das Lernen weniger anstrengend erscheinen lässt.

Georgiana aus Rumänien war auch schon im gleichen Kurs. Ich lerne sie aber erst jetzt kennen, denn sie besuchte zum Jahresende ihre Familie in der Heimat. Sie lebt mit ihrem Freund schon eine Weile in Berlin. Vorher waren sie in Italien. Nun arbeiten sie hier, das heißt, der Freund hat eine kleine Transportfirma und Georgiana macht Gelegenheitsjobs. Sie spricht schon viel und schnell Deutsch, aber mit der Grammatik hat sie Schwierigkeiten. Da sind wieder die fossilierten Fehler, falsche Wendungen, die sich so eingeschliffen

haben, dass sie kaum auszumerzen sind. Sie ist eine sehr sozial engagierte Person, die sich immer für die Schwachen einsetzt und also auch besonders versucht, Majd ein wenig zu sozialisieren, dem das nach einer Weile gar nicht mehr recht zu sein scheint. Im Kurs ist auch Basma aus Libyen, eine Zahnärztin mit zwei Kindern, das dritte ist gerade unterwegs. Damit wird es eine Pause im Deutschlernen geben und wahrscheinlich wird es lange dauern, bis sie in ihrem Beruf arbeiten kann. Cinzia aus Italien ist Musikwissenschaftlerin, die am liebsten einen Job in der Philharmonie finden würde. Sie interessiert sich besonders für das Berliner Musikleben, aber auch sie wird den Kurs nach einem Monat verlassen, weil sie Geld verdienen muss. Katalina aus Moldawien, eine noch sehr jung erscheinende Frau, lebt mit ihrem Mann in der Nähe von Strausberg. Sie wird nur selten am Unterricht teilnehmen, immer freundlich lächeln, aber sie ist äußerst schüchtern Die zweite hochschwangere junge Frau, Gunel aus Aserbaidschan, kam mit ihrem Mann, der hier studiert, nach Berlin. Sie ist talentiert im Sprachenlernen, wird aber nun erstmal pausieren, wenn das Kind geboren wird. Der zweite Syrer im Kurs ist Ammar, ein Arzt, verheiratet mit einer Frau aus seinem Land, die noch nicht in Deutschland lebt. Er kommt aus Aleppo, der zerstörten Stadt, und will so schnell wie möglich seine Approbation erlangen, um dann seine Familie ernähren zu können. Der Vietnamese Son ist Koch, verheiratet und hat zwei Kinder. Er will noch einmal eine Ausbildung im Hotelwesen machen und dafür lernt er deutsch. Er versteht die Grammatik ganz gut, aber er ist so schüchtern, dass er immer mit der Hand vor dem Mund spricht und so kann ich ihn kaum verstehen, wage aber auch nicht, ihn aufzufordern, ohne die Hand zu sprechen, weil ich ihn nicht verstören will.
Nino aus Georgien ist die fröhlichste der Bewohner der ehemaligen Sowjetrepubliken, die sich in diesem Kurs zum ersten Mal in größerer Anzahl vereint haben. Nach ihrem Jurastudium arbeitet sie für ein Jahr als Au-Pair Mädchen in einer Berliner Familie mit drei Kindern.

Der Gastvater, Jurist, ist schwerkrank, die Gastmutter, eine Ärztin, hat viel zu tun, sodass eine Betreuung für die Kinder sinnvoll ist. Nino ist eine der besten Deutschstudenten. Obwohl sie sicher viel zu tun hat mit den Kindern, wirkt sie immer fröhlich und ausgeglichen und ich glaube, sie mag mich besonders. Sie ist mir in vielem ähnlich, wie es schon einige andere Studenten vorher waren. Man kann das gut feststellen, wenn man über bestimmte Themen spricht. Sie mag, wie ich, keine Hunde, liebt Musik und Gesang und fährt im Urlaub auch lieber ans Meer als in die Berge.
Und dann ist da noch Sabrina aus Frankreich, eine immer gut gelaunte, attraktive junge Frau, die nur für einen Monat Urlaub in Berlin macht und neben dem Studium viele Sehenswürdigkeiten und Bars besucht und auch einen Freund gefunden hat. Im nächsten Monat beginnt sie einen neuen Job in einem großen Pariser Restaurant. Ich mag den französischen Akzent sehr, und da Sabrina eine kommunikative Person ist, kann man ihn oft in unserem Kursraum hören.
Meine Frühstücksidee kommt wieder gut an. Überhaupt ist das Thema „Essen“ ein Lieblingsthema in allen Kursen. Besonders Son, der Koch, bringt immer viel mit, aber leider nichts Selbstgekochtes, sondern meist Obst. Das ist vielleicht ganz gut so, denn als wir uns darüber unterhalten, was man in den Herkunftsländern isst, meint er: „In Vietnam isst man alles, was läuft, fliegt und schwimmt.“
Immer wieder mal behaupten Leute in Berlin, dass in chinesischen Restaurants Hund oder Katze verarbeitet werden. Es ist bei uns nicht erlaubt und bisher konnte ich mir gar nicht vorstellen, dass es tatsächlich auf der Welt Gegenden gibt, wo man diese Tiere auf der Speisekarte findet.

Aus dem Unterricht

Was seht ihr für Unterschiede zwischen Deutschland und eurer Heimat?
Nadia (Albanien): Die Leute in Albanien sind viel lauter.
Greta (Italien): In Italien lässt man die Schuhe an, wenn man jemanden in seiner Wohnung besucht.
Lucia (Spanien): Im Restaurant bezahlt man nicht einzeln.
Firdaous (Marokko): Man redet nicht so viel über Geld.
Q (Korea): Man geht öfter ins Restaurant zum Essen.

Was ist positiv in Berlin?
Die BVG funktioniert, die Krankenkasse ist gut, die Menschen sind direkt, organisiert

Was ist negativ?
Die Mimik der Menschen ist zu ernst, zu kalt, nicht sehr warmherzig, die Mundwinkel sind bei vielen heruntergezogen.

Aus den Präsentationen des Monats

Cinzia (Italien) *Pünktlichkeit ist die Höflichkeit der Könige (deutsches Sprichwort)*
Pünktlichkeit ist eine deutsche Eigenschaft. Die Deutschen und die Schweizer sind die pünktlichsten Leute auf der Welt. Wer nicht pünktlich ist, ist nicht zuverlässig. Jede Verspätung wird als respektlos angesehen. Wenn man zu spät zur Arbeit kommt, kann man seinen Job verlieren. Im Privatleben kann es zu Streit mit der Familie oder Freunden führen. Wenn dir in Deutschland jemand einen Termin gibt, musst du pünktlich sein. Wenn du zu spät kommst, musst du die

anderen Personen informieren und auf das Schlimmste vorbereitet sein.

In Italien sind wir entspannt. Die Zeit ist nicht so wichtig, höchstens in Mailand. In den anderen Städten kann man zu spät kommen. Du bist immer willkommen, auch wenn du statt um sieben Uhr eine Stunde später kommst.

Ammar (Syrien)

Darf ich kurz um Ihre Aufmerksamkeit bitten. Ich möchte heute zum Thema *„Salzkonsum"* sprechen.

Bloß nicht zu viel Salz essen! Diese Warnung kennt jeder. Trotzdem schafft es fast niemand. Tatsächlich kann zu viel Kochsalz den Körper lahmlegen. Tödlich ist zu viel Kochsalz ab rund 3 g pro Kilogramm Salz im Essen. Es kann den Blutdruck erhöhen und gilt als Risikofaktor für Herzinfarkt und Schlaganfall. Dazu später noch mehr.

Mit zu wenig Salz kann ein Mensch nicht leben, weil Salz eine zentrale Rolle für die Nerven und Muskelzellen spielt. Im Allgemeinen wird empfohlen, nicht mehr als 6 Gramm Salz täglich zu nehmen.

Während die Frauen in Deutschland durchschnittlich 8,4 g und die Männer 10 g konsumieren, sind es bei den Menschen in Syrien mehr als 12 g täglich. Deshalb haben dort viele einen erhöhten Blutdruck.

Fazit: Ohne Salz schmeckt das Essen nicht, aber es muss gut ausgewogen sein.

Nino (Georgien)

Ich spreche über das Thema *„Gastfreundschaft"* in Deutschland und in Georgien.

Meine Gasteltern haben oft Gäste, die sie lange nicht gesehen haben. Sie bitten diese auf eine Tasse Kaffee oder Tee ins Wohnzimmer. Nach einer halben oder vielleicht einer Stunde gehen die Gäste nach Hause.

In meinem Land fängt die Hausfrau an zu kochen, wenn die Gäste kommen. Sie macht verschiedene Gerichte und backt Kuchen. Die Gäste bleiben länger als in Deutschland, manchmal vier Stunden, bis Mitternacht. Danach muss die Hausfrau alles aufräumen. Für die Gäste ist es von Vorteil, weil die Gastgeber in Georgien ihnen mehr Aufmerksamkeit zeigen. Sie fühlen, dass sie willkommen und wichtig für die Familie sind. Für die Hausfrau ist es stressig, denn sie muss schnell entscheiden, was sie kocht und bedenken, dass es zügig gehen muss.
Ich finde es am besten, wenn man die Gäste gut empfängt, aber die Hausfrau trotzdem nicht zu viel Stress hat.

Inbar (Israel) Rauchen in Bars und Clubs
Am Wochenende hatte ich mit meinem Freund ein Date in einer schönen Bar. Ich habe mich sehr auf den Abend gefreut und meine beste Kleidung getragen. Während wir uns amüsierten, zündete eine Frau neben mir eine Zigarette an. In Sekundenschnelle merkte ich, dass meine Kehle zu brennen anfing. In diesen Sekunden wurde unser Abend verdorben. Wir sind gegangen und meine Kleidung hat nach Zigarettenrauch gestunken.
In Israel ist es verboten, in Bars und Clubs zu rauchen, außer in abgesonderten Bereichen.
Das Rauchen in Bars ist für Raucher von Vorteil, die eine große Zielgruppe bei den Clubinhabern bilden. Doch es ist für Nichtraucher und Allergiker von Nachteil.
Ich würde es besser finden, wenn man das Rauchen auch in Deutschland in den Clubs verbieten würde.

Sabrina (Frankreich) „Abfalltrennung“
Als ich in die Wohnung meines Freundes Micha kam, merkte ich, dass es verschiedene Eimer gab: einen für Müll aus Plastik, einen für

Glasflaschen, einen für Pflanzen, einen für Papier und einen für den Rest, also insgesamt fünf verschiedene Mülleimer.
In Frankreich sortieren wir unsere Abfälle noch nicht sehr lange. Die Menschen in Frankreich sind weniger diszipliniert als in Deutschland. Es kann passieren, dass ich Flaschen im Papier-Container sehe. In meiner Wohnung habe ich nur einen Müll-Behälter. Ich bin nicht so organisiert wie meine deutschen Freunde. Aber ich denke, es ist eine gute Sache, den Müll zu sortieren, um den Planeten nicht zu verschmutzen.

Berühmte Personen aus dem Heimatland

Inbar (Israel) Dan Pagis
Dan Pagis ist ein israelischer Dichter. Er gilt als einer der wichtigsten Dichter im Genre der Holocaustpoesie in Israel. Ich habe diesen Dichter gewählt, weil seine Gedichte leicht ins Deutsche zu übersetzen sind.
Dan Pagis wurde als rumänischer Jude in einer deutschsprachigen Familie am 16. Oktober 1930 geboren und ist am 29. Juli 1986 gestorben. Im Jahr 1934 ist sein Vater allein nach Israel emigriert, um der Familie ein neues Leben aufzubauen, aber die Mutter ist im gleichen Jahr gestorben. Pagis hat bei seinen Großeltern bis 1941 gelebt, danach wurde er mit anderen Juden von Rumänien in die Ukraine deportiert, dort in Ghettos inhaftiert und zur Zwangsarbeit herangezogen.
1946 ist Pagis nach Israel emigriert. Dort hat er seinen Vater ausfindig gemacht und mit ihm gelebt. Er studierte Sprachwissenschaften an der Hebräischen Universität, und war ein Forscher und ein Lehrer für mittelalterliche Literatur an der Universität. Dan Pagis hat eines der bekanntesten Gedichte über den Holocaust geschrieben, das heißt:

Mit Bleistift geschrieben im verplombten Waggon

hier in diesem Transport
bin ich Eva
mit Abel, meinem Sohn,
wenn ihr meinen großen Sohn seht,
Kain, Adams Sohn,
sagt ihm, dass ich...

Das Gedicht basiert auf der Geschichte über Kain und Abel. Adam und Eva sind die ersten Menschen, und sie haben zwei Söhne, Kain und Abel. Kain ermordet seinen Bruder Abel.
Der Dichter benutzt unser Wissen über die Geschichte und die Wörter, die mit dem Holocaust verbunden werden (wie: 'im verplombten Waggon' und 'Transport'), damit wir die Lücken in dem Gedicht füllen und verstehen, dass dieses Gedicht vom Holocaust handelt.
Eva ist zwar die Mutter von allen, die leben, aber sie ist auch die Mutter des ersten Mörders und des ersten Mordopfers.
Der Dichter hebt hervor, dass der Mörder "ein Mensch" ist, und sagt, dass der Mörder aus dem gleichen menschlichen Körper wie das Opfer gekommen ist. Der Dichter sagt im Grunde, dass im Holocaust ein Mann seinen Mitmenschen ermordet hat, ein Bruder seinen Mitbruder, weil die jüdische Bevölkerung ein Teil der ganzen Bevölkerung war.
Das Gedicht ist geschrieben wie ein letzter und verzweifelter Versuch zu einer menschlichen Kommunikation, der unterbrochen wird. Aus diesem Grund möchten wir das Gedicht noch einmal lesen, um das Ende des Satzes zu entdecken. Doch wir entdecken, dass das Gedicht ein Zyklus ist. Die erste Zeile des Gedichts setzt sich in der letzten fort, und unser Versuch, Evas plötzliche Stille zu verstehen, lässt uns die Bedeutung und den Einfluss von Evas letztem Moment erkennen.

- Alle sind sehr aufmerksam, als Inbar spricht. Ihr Vortrag ist länger als die der anderen. Sie hat ihn mir am Vortag geschickt und um Korrektur der Fehler gebeten. Inbar hat das Gedicht in der Schule gelernt, als sie 14 war. Sie erklärt den Vergleich der Bibelgeschichte und das offene Ende, mit dem das Gedicht von Neuem vorn beginnt, wie ein fortwährender Kreislauf, der zum Nachdenken anregen soll.
Was der Holocaust für die Juden in Israel bedeutet, kann man erahnen, wenn sie sagt, dass in ihrer Familie enge Verwandte in Auschwitz gestorben sind. Sie beschreibt, dass bei bestimmten Schlüsselwörtern, wie Waggon, Transport und anderen auch sie ein Schauer durchläuft; heute noch in der dritten Generation danach. Sie erzählt auch, dass viele jüdische Menschen noch heute einen speziellen Schrank haben, in dem sie Trockenvorräte für den Katastrophenfall lagern und dass sie immer viel zu viel einkaufen.
Wir sprechen über bekannte jüdische Personen und ich erkläre, dass ich es sehr schlimm und unverzeihlich finde, dass Menschen aus meinem Land so Schreckliches getan haben.
Inbar ist sehr erstaunt, dass ihr alle so gut zuhören und dass ich so einfühlend darauf reagiere.

Weitere Präsentationen über bekannte Persönlichkeiten aus der Heimat

Firdaous (Marokko), spricht über *Hicham El Guerong*, einen Mittel- und Langstreckenläufer aus einer armen Familie mit sechs Kindern, der viele Weltrekorde aufgestellt hat und Gold und Silbermedaillen bei Weltmeisterschaften und olympischen Spielen gewann. Er war bester internationaler Sportler 2001, 2003 und 2004. Heute ist er Mitglied des IOC. Die Marokkaner sind stolz auf ihren besten Sportler.
Kelly *(Australien*) stellt *Thancoupie* vor, eine australische Keramikkünstlerin, Pädagogin und Linguistin aus dem Norden von Queensland. Am Eingang der Nationalgalerie in Australien stehen

Keramiken von ihr. Kellys Mann kennt die Künstlerin persönlich. Er hat als Kind bei ihr gelernt, selbst Keramiken herzustellen. Einige der heute sehr teuren Exponate hat sie ihm geschenkt. Diese stehen in Kellys Wohnung in Berlin.

Natalia (Brasilien) präsentiert *Wagner Moura,* einen Schauspieler aus Brasilien, der inzwischen auch sein Debüt als Regisseur gegeben hat und linke Positionen vertritt. Bekannt ist seine Antwort auf die Frage eines Journalisten, ob er Maoist, Trotzkist oder Leninist sei. „Ich bin Brasilianer!“

Mia (China) spricht über *Baishi Qi (weißer Stein),* der ein bekannter chinesischer Maler ist. (1864-1957) Er hat Tiere, Pflanzen und Landschaften gemalt hat und seine Werke sind in China sehr berühmt und wertvoll. Mia erklärt, dass Chinesen mehr Schwarz- Weiß-Bilder mögen und nicht allzu viele Farben bevorzugen.

Son (Vietnam) stellt *Ho Chi Minh* vor. Sein Todestag am 21. 9. 1969 wurde zum Feiertag in Vietnam. Er hat die kommunistische Partei in Vietnam gegründet, nachdem er eine Zeit in Russland verbracht hatte. Er sprach sechs Sprachen und die Menschen verehren ihn bis heute. Son zeichnet eine Karte von Vietnam und erklärt die Teilung und deren Ende.

Bruna (Brasilien) präsentiert *Anita Malfatti,* eine Malerin aus Brasilien, deren Mutter auch Malerin war. Sie hat 1910 in Berlin studiert und dann einen impressionistischen Malstil nach Brasilien gebracht. Ihre erste Ausstellung war ein Skandal. Die Mutter fand ihre Kunst auch nicht gut. Fünf Jahre später kam der Umschwung, Mehrere impressionistische Maler schlossen sich zusammen und gestalteten mit Anita eine Ausstellung, die sehr erfolgreich wurde.

Wer war noch mal Karl Marx? (Februar 2019 Kurs B 1.2)

Für heute habe ich mir etwas Besonderes überlegt. Manchmal ist es gut, den Vormittag nicht über den Büchern zu verbringen, sondern zur Auflockerung den Unterrichtsraum zu verlassen und die erworbenen Kenntnisse auf andere Art anzuwenden. Die Kursteilnehmer werden miteinander sprechen, mir zuhören, wenn ich etwas über die von mir ausgewählten Sehenswürdigkeiten erzähle und im Restaurant bestellen. Mit dem Vormittagskurs unternehme ich eine Exkursion, die am Hackeschen Markt in einem Restaurant endet. Den gleichen Ausflug werde ich ein paar Tage später mit dem Mittagskurs absolvieren. Es ist sehr kalt und obwohl alle warm angezogen sind, nur ich habe typischerweise die Handschuhe vergessen, frieren wir schnell. Aber da mir das vorher klar war, wozu gibt es die sichere Wetter-App, habe ich vorgesorgt und auf einem Blatt ein paar Sehenswürdigkeiten ausgedruckt, die sich in der Nähe des Fernsehturms befinden: das Rote Rathaus, die Marienkirche, das Marx-Engels-Forum, den Berliner Dom, das DDR-Museum und die Attraktion Berlin Dungeon. Ich erzähle ein wenig über die Plätze und mache an jeder Station ein Foto der Gruppe. Obwohl die meisten schon länger in Berlin sind, kennen sie die Orte doch weitgehend nicht. Karl Marx und Friedrich Engels sind einigen völlig unbekannt. Es ist schon komisch, wie wenig man in manchen Ländern über die Menschen weiß, mit deren Theorien doch der Versuch gemacht wurde, über etliche Jahre das System Sozialismus zu begründen. Marxismus- Leninismus stand in der DDR auf jedem Stundenplan von Studenten, egal welches Fach sie studierten. Ich hätte gedacht, Karl Marx wäre auf der ganzen Welt bekannt. In anderen Kursen wussten alle darüber Bescheid und waren sehr an diesem Thema interessiert, denn so ganz vorbei ist es ja nicht mit der Idee vom „Gespenst des Kommunismus“. Aber dass mancher nicht

mal die Namen von Marx und Engels kennt, macht mich doch nachdenklich.
Wir sind froh, als wir schließlich ein Restaurant unter der S-Bahn finden. Ein wenig stolz beobachte ich, wie gut meine Kursteilnehmer selbstverständlich auf Deutsch bestellen, ohne lange nach Worten ringen zu müssen und wie schön sie über viele Themen nun sprechen können. Svetlana redet sehr viel und es ist ein bisschen anstrengend, sich auf ihre Rede konzentrieren zu müssen, weil sie noch immer manchmal lange nach dem richtigen deutschen Wort sucht. Sie hat einen deutschen Freund, den sie vor ein paar Jahren über das Internet kennengelernt hat. Er arbeitet oft im Ausland und hat Svetlana auch schon in Kasachstan besucht. Ich lerne ihn kennen, als sie mich zum Geburtstag ihres Sohns in ihre Berliner Wohnung einlädt. Er passt überhaupt nicht zu ihr, wie ich finde. Gerade kauft er ein Haus in Niedersachsen. Ob sie dort einmal mit ihrem Sohn leben wird, weiß sie nicht. Der Sohn muss erst gesund werden und bis dahin ist der Weg noch weit. Sie glaubt, dass er in Deutschland bessere Chancen hat als in Kasachstan. Der Junge soll auf ein Internat kommen, denn der Partner möchte eigentlich nur mit Svetlana leben, ohne ihren Sohn, der davon nichts weiß und ihn sehr mag. Abgesehen davon, dass ich niemals einen Mann akzeptiert hätte, der meine Kinder ablehnt, glaube ich nach meinem Besuch, dass Svetlana auch ohne Sohn mit diesem Mann Probleme haben wird. Aber nur mit einem deutschen Partner hat sie die Möglichkeit, ein Visum zu bekommen, und Maxim kann dann auch eine deutsche Schule besuchen, was inzwischen wohl sein größter Wunsch ist.
Ein wenig habe ich das Gefühl, dass sie alles für ihr Kind tut und ihre eigenen Interessen völlig hintenanstellt, was ich teilweise verstehe. Mit einem kranken Kind ist es für jede Mutter schwer, auch etwas für sich selbst zu tun. Sie macht es schon, indem sie diesen Deutschkurs besucht. Ich erfahre, dass Svetlana täglich meinen Unterrichtsstoff an ihren Sohn weitervermittelt. Sicher hätte sie gern mehr gemeinsame

Unternehmungen wie diese heute. Vor zwei Jahren wäre ich dabei eine gute Unterstützung gewesen, aber im Moment reicht durch die doppelten Kurse die Zeit nicht dafür. Svetlana spricht natürlich auch deshalb so viel, weil sie wahrscheinlich außer ihrem Sohn keinen Gesprächspartner hat. Und ein 12jähriger kranker Junge, mitten in der Pubertät, wird auch nicht immer das Bedürfnis haben, sich mit seiner Mutter zu unterhalten. Deshalb höre ich ihr geduldig zu, obwohl es mich etwas anstrengt.
Auch Emiliza hat viel zu erzählen. Dadurch, dass sie nur einen Monat hier ist, erlebt sie viel, sieht viel. Aber Kontakt zu anderen Menschen hat sie nur durch uns und sie kann sehr froh sein, dass sie nach einem Tag in einem anderen Kurs, wo sie sich nicht wohlfühlte, zu uns gewechselt ist. Ich spreche oft mit ihr. Sie ist eine sehr gebildete Frau, die gern klassische Musik hört. Die verschiedenen Menschen im Kurs passen wieder gar nicht so recht zusammen. Aber gerade das macht, wenn ich es richtig moderiere, den Reiz aus.
Q aus Korea besitzt ein großes Allgemeinwissen. Sie war die einzige, die die deutschen Künstler kannte, die ich in diesem Monat mal wieder vorzustellen angefangen habe. Sie kannte auch Marx und Engels, von denen Kelly aus Australien und Billy aus Wisconsin überhaupt keine Ahnung hatten. Ich habe mir in den letzten Tagen viel Gedanken darum gemacht, warum die beiden so große Probleme mit der deutschen Grammatik haben. Es liegt nicht in erster Linie daran, dass sie älter sind, sondern dass sie die einzigen sind, für die Deutsch die erste Fremdsprache ist. Kelly sagte heute, dass sie sich nach meinem Exkurs zu Johann Sebastian Bach Musik von ihm auf YouTube angehört habe und dass sie ihr sehr gefalle. Ich freue mich, dass ich mit meiner kleinen Musikbetrachtung etwas erreichen konnte. Billy, der früher Radiomoderator war und alle großen Stars am Telefon hatte, von Britney Spears bis Eminem, mag diese Musik heute gar nicht mehr. Er liebt nur elektronische Musik und hört wohl auch nur solche.

Im zweiten Kurs gibt es heute Frühstück, wenn man es um 12 Uhr noch Frühstück nennen kann. Aber ich glaube, einige stehen spät auf. Sie bringen immer sehr viel mit. Zum Glück ist mir noch eingefallen, dass Majd am Montag Geburtstag hatte, was er einen Tag später sagte, als wir den Infinitiv mit „zu" übten und sie eigene Beispiele finden sollten. „Ich habe vergessen, meinen Geburtstag zu feiern". Danach habe ich überlegt; was kann ihn erfreuen. Aber da er so kompliziert ist, fiel mir bis zuletzt nichts richtig ein. Als ich von der Exkursion mit dem Morgenkurs zurückkomme, kaufe ich eine große Ansichtskarte von Berlin. Auf diese schreibe ich ihm einen Geburtstagsgruß und gebe sie im Kurs herum, sodass auch die anderen noch ein paar Worte dazuschreiben können. Dann singen wir „Hoch soll er leben" und ich überreiche ihm die Karte.
Er ist zum ersten Mal fröhlich und frühstückt mit, wo er an den anderen Tagen nur dagesessen und sich nicht beteiligt hatte. Als ich dann am Ende das Lied „Lieblingsmensch" vorstelle, das Basma sich gewünscht hat und zu ihm sage, er könne in der Zeit die Wörter übersetzen, wenn wir es singen, meint er, dass ihm das Lied sehr gefalle und stimmt sogar ein.
Das hätte er in den letzten Wochen niemals gemacht. Irgendwie ist durch meine kleine Aktion das Eis gebrochen. Unter die Fotos, die ich in unsere WhatsApp -Gruppe stelle, schreibt er nach dem Kurs „Ich danke euch allen sehr. Heute war ein erstaunlicher Tag für mich".
Ich glaube, inzwischen haben ihn alle im Kurs ins Herz geschlossen, obwohl er so ganz anders ist, was es manchmal schwer macht, ihn zu verstehen. Er fühlt, dass ihm die Gesellschaft guttut, obwohl er noch in den letzten Tagen hervorhob, dass er nicht kontaktfreudig und auch nicht so sehr teamfähig sei
Das war auch für mich wieder ein besonderer Sternstundentag, der mich richtig glücklich machte.

Aus dem Unterricht

(Mein größter Glücksmoment im letzten Jahr war...)
...vor drei Monaten, als ich erfuhr, dass ich im dritten Monat schwanger bin und dass es ein Mädchen wird (Basma, Libyen)
...als ich ein Konzert in der Elbphilharmonie gehört habe (Cinzia, Italien)
...als ich eine Wohnung in Berlin suchte und ein schönes Apartment fand, aber der Wohnungsinhaber mir sagte, dass der Handel annulliert ist. Ich hatte viel Angst, bis mir plötzlich eine Studentenwohnung angeboten wurde. Endlich hatte ich eine Unterkunft! (Inbar, Israel)
...als ich mein Medizinstudium abgeschlossen habe und meine Verlobte heiratete (Ammar, Syrien)
...als ich im letzten Monat meine Arbeit beendete. Das ist eigentlich traurig, aber alle Kollegen haben mir etwas zum Abschied geschenkt. Das war sehr schön. (Sabrina, Frankreich)
...als ich mein deutsches Visum bekam. (Majd, Syrien)
...als ich Weihnachten mit meiner Familie in Rumänien feierte. (Georgiana, Rumänien)
...als mein Flugzeug in Tegel landete und ich Gesine küsste (Billy, Wisconsin)
...ich glaube, es war, als ich meine Doktorarbeit abgegeben habe (Firdaous, Marokko)
...als wir die Operation hatten machen lassen (Svetlana, Kasachstan)
...als mein Sohn an einer neuen Schule angenommen wurde (Kelly, Australien)
...als ich in die DeutschAkademie gekommen bin und euch getroffen habe. (Q, Korea)
...nach Deutschland zu fliegen und mit euch Deutsch zu lernen (Emiliza, Brasilien)

Firdaous Geburtstagsfeier in der Panoramastraße

Am 17. Januar hat Firdaous Geburtstag. Beim Üben der Jahreszahlen schreibe ich mir immer, wenn ich daran denke, die Geburtstage auf. Manchmal vergesse ich leider danach zu fragen und organisiere eine kleine Nachfeier an einem Donnerstag, wenn jemand sagt, dass er Geburtstag hatte. Bei Firdaous weiß ich es. Und ich weiß auch, dass ihre Familie in Marokko lebt und nicht in Berlin. Ihre Eltern, beide Ärzte, sind seit kurzem getrennt. Firdaous liebt besonders ihre Mutter, die sie bald in der Heimat besuchen wird. Heute ist ihr 24. Geburtstag. Die junge Ärztin, die bereits ihre Doktorarbeit geschrieben hat, wird diese demnächst in Rumänien verteidigen, wo sie Medizin, zusammen mit anderen französisch sprechenden Kommilitonen aus verschiedenen Ländern studierte.

Sie ist eine kluge, sympathische junge Frau, dazu sehr hübsch, schlank, mit langen lockigen dunklen Haaren, sehr lebenslustig und kommunikativ. Auch in Berlin hat sie viele Freunde, meist sind es junge Männer, mit denen sie sich in Bars trifft. Firdaous mag Männerfreundschaften mehr als die mit Frauen. „Aber es sind alles nur Freunde", versichert sie, die gern Bier und anderes trinken, während Firdaous als Muslima keinen Tropfen Alkohol anrührt und mit einem alkoholfreien Cocktail genauso lustig sein kann wie die anderen.

Sie hat sich heute sehr schön gemacht, kommt im kurzen Kleid und mit einem schicken grauen Mantel, hübsch geschminkt.

Ob sie später mal ein Kopftuch tragen wird, frage ich sie. „Niemals", entgegnet sie. Ich denke, sie vertritt schon eine modernere Generation von Moslems, aber sie ist tolerant und akzeptiert auch Frauen, die dem typischen Bild entsprechen.

Ihre Geburtstagsfeier ist die Feier mit uns.

Ich habe ein Buch über bekannte Persönlichkeiten aus aller Welt gekauft und ihr dazu einen kleinen Topf Vergissmeinnicht zum

Selbstpflanzen geschenkt. Wir singen für sie „Hoch soll sie leben“, „Happy Birthday“ und sie singt uns das auch auf Arabisch vor. Sie hat Süßigkeiten und Saft mitgebracht, Greta aus Italien steuert einen selbst gebackenen und mit Kerzen geschmückten Kuchen bei, die Firdaous mit einem unausgesprochenen Wunsch auspusten soll. Wir machen viele Fotos und sie umarmt mich zum Abschied so herzlich, weil ich ihr eine kleine Freude gemacht habe.

Das Jahr des Schweins (Februar 2019)

Wir feiern das chinesische Neujahrsfest mit beiden Kursen; im ersten mit Q und Svetlana und im zweiten mit Son und Mia. Das Fest wird nicht nur in China begangen, sondern auch in Korea, Vietnam und anderen asiatischen Ländern.
Die DeutschAkademie hat in diesem Monat etwas Geld in die Umgestaltung der Räume investiert. In jedem Raum steht nach dem letzten Wochenende ein Zitronenbaum aus Plastik, der den ohnehin schon engen Raum noch kleiner macht. Aber es sieht nett aus, und als ein paar Tage später die alten Stühle mit der Metallumrandung, an denen ich mir oft einen elektrischen Schlag holte, durch knallgrüne Stühle aus Plastik ausgetauscht werden, passt alles ganz gut zusammen. Ein bisschen südliches Flair im grauen Berlin.
Für das Neujahrsfest habe ich ein Poster mit dem Symbol des neuen Jahres ausgedruckt. Es ist das Schwein. Dazu habe ich Girlanden gekauft, die ich den Jubilaren um den Hals lege für ein Foto, das auf Instagram und Facebook um die Welt gehen wird. Q hat eine Präsentation vorbereitet. Sie erzählt, wie man in Korea das Fest feiert und singt mit allen das Neujahrslied, das ich schon vor zwei Jahren von Hanna gehört habe und das so ähnlich klingt wie unser deutsches Lied „Alle Vögel sind schon da.“ Es ist ihr etwas peinlich, aber sie überwindet sich dazu, allein vor allen zu singen.

Ein anstrengender Monat geht zu Ende. Wieder habe ich die beiden Kurse auf gleichem Niveau unterrichtet. Ich war gut organisiert und mein Tagesablauf so strukturiert, dass es auch Entspannung gab nach den acht Stunden, in denen ich unterwegs war. Gerade hatte ich meiner Mutter gestanden, dass ich seit fast zwei Monaten noch einen zweiten Kurs unterrichtete. In den Wochen zuvor hielt ich es für besser, sie darüber nicht zu informieren. Eine Mutter bleibt immer Mutter und sorgt sich um ihr Kind. Und so hatte sie, als ich vor zwei Jahren für einen Monat einen zweiten Kurs unterrichtete, ihre Bedenken geäußert: „Katrin, übernimm dich nicht!" Deshalb wollte ich ihr diesmal nichts sagen. In der kurzen, fünfzehnminütigen Pause habe ich ihr immer schnell auf ihre Nachrichten geantwortet, die sie mir geschrieben hatte, wenn sie dachte, ich sei bereits auf dem Heimweg. Aber dann gab es eine Situation, wo ich richtig hätte lügen müssen. Sie hatte einen Arzttermin am Nachmittag zu einer Zeit, wo ich noch nicht zu Hause war und ich hätte sie begleiten müssen. So habe ich ihr schließlich die Wahrheit gesagt. Sie war zu diesem Zeitpunkt gesundheitlich ganz gut drauf. Ich habe sie gebeten, sich keine Sorgen zu machen und mir zu vertrauen, wenn ich sage, dass ich mich nicht übernehme. Alles war gut, aber drei Tage später hatte sie einen Schlaganfall und liegt nun im Krankenhaus.
Abgesehen von der Sorge um sie, ist mein gut geplantes Leben dadurch durcheinandergeraten und neue komplizierte Aufgaben werden sich aus der Situation ergeben, die ich zwar mit meinen vier Geschwistern teilen kann, aber die in vieler Hinsicht problematisch werden.
Gestern war der Abschlusstag des Kurses B 1.2. Ich werde im nächsten Monat beide Kurse weiter unterrichten. Ein bisschen kämpfen musste ich in den letzten Wochen um den zweiten Kurs. Es hatten sich zunächst zu wenige angemeldet. Aber dann klappte es doch. Den Ausschlag gab, glaube ich, Inbar aus Israel, die im Büro am Alexanderplatz gut bekannt ist, weil sie in den Monaten zuvor häufig

Beschwerden über Lehrer, mit denen sie nicht zurechtkam, abgegeben hatte. Sie war wohl schon vor Weihnachten der Grund, weshalb mich die Schulleitung anrief und mich darum bat, den Kurs weiter zu unterrichten. Das wusste ich damals nicht, hatte mich nur gewundert, dass es gar nicht so viele aus dem Dezemberkurs waren, die ich im Januar wiedertraf.

Jedenfalls war es ein bisschen schwierig, den nächsten Kurs zeitlich zu planen. Die DeutschAkademie hatte die schon lange im Plan ausgewiesene Ferienwoche Anfang April kurzfristig auf den März umgelegt. Aber in dieser Zeit war schon eine Reise nach New York bei uns geplant. Und so musste ich mir überlegen, wie ich die fehlenden Tage ersetzen kann. Die Sprachschule ist anders organisiert als die staatlichen Schulen, an denen ich früher unterrichtete. Wenn man ausfällt, muss man sich selbst Ersatz besorgen. Nur in langen Krankheitsfällen wird eine Vertretung gesucht.

Heidy erklärte sich bereit, den zweiten Kurs zu übernehmen, für den Vormittag fand ich niemanden, sodass ich nun die fehlenden Tage auf Freitage umgelegt habe, an denen normalerweise kein Unterricht stattfindet.

Das Vorbereiten des letzten Kurstages dauert nun natürlich länger, weil es nicht nur zehn Zertifikate, sondern die doppelte Anzahl zu gestalten und zu drucken gilt. Und es sind jedes Mal Unikate. Das heißt, ich verwende Fotos aus dem jeweiligen Monat und gestalte eine Urkunde, die jeder mit seinem Namen erhält. In diesem Monat hatte ich viele schöne Fotos. In der Mitte platziere ich das Foto vom Valentinstag mit den vielen roten Herzen, und drumherum kleine Fotos meiner Studenten von den Präsentationen an der Tafel.

An diesem Donnerstag frühstücken wir, wie immer. In einem der letzten Themen dieses Kurses ging es um die Umwelt. Ich schlage vor, dass wir mit dem Einsparen von Plastik beginnen, indem wir ab März unsere eigenen Messer mitbringen und ich keine Plastikmesser mehr kaufe, die in den nächsten Jahren sowieso aus dem Handel

verschwinden werden. Sie stimmen zu. Mal sehen, ob das in Zukunft klappen wird.
Ich habe meine Gitarre mitgebracht und singe mit ihnen „Freude, schöner Götterfunken“. Dabei erzähle ich etwas vom Leben Beethovens. Ich kenne viele Episoden noch aus meiner früheren Musiklehrertätigkeit. Sie hören mir sehr interessiert zu. Das ist das Schöne auf diesem Niveau, dass sie schon alles verstehen. Ich sehe es an den Gesichtern, vor allem an den Augen. Ich glaube, es gefällt ihnen sehr gut, dass sie dieses Lied, das auch als Europa-Hymne bekannt ist, einmal selbst auf Deutsch singen können.
Anschließend verteile ich die Texte zum Lied „Jedermann liebt den Samstagabend“. Ich kenne es aus der Singebewegungszeit in der DDR. Es hat nur eine Zeile und ist in viele Sprachen übersetzt worden, manchmal auch falsch, wie zum Beispiel die Italienerin Greta bemerkt, die gar nicht mehr aufhören kann zu lachen, als sie den Text liest. Es gibt Strophen in Englisch, Russisch, Französisch, Spanisch, ja sogar Chinesisch und wir erweitern es, indem es jeder in seiner eigenen Sprache singt, also auch auf Koreanisch, Arabisch, Portugiesisch, Rumänisch, Hebräisch und Georgisch.
Dann bekommen sie die Zertifikate. Da in jedem Monat ein paar neue Kursteilnehmer dabei sind, ist die Freude immer wieder groß. Ich kann, glaube ich, sagen, dass ich der einzige Lehrer an meiner Einrichtung bin, der so etwas macht. Es ist für mich auch jedes Mal wieder berührend zu erleben, wie sich die Kursteilnehmer gegenseitig einschätzen. Natürlich freuen sie sich vor allem über meine Worte, weil sie damit Bestätigung finden, dass sich ihre Mühe gelohnt hat. Es ist wichtig, auch für die, denen das Lernen schwerer fällt, dadurch eine gute Motivation für die Zukunft zu erhalten. Aber das Schönste für mich ist, wenn ich merke, dass sie sich durch meine Art, den Unterricht zu gestalten, gegenseitig näherkommen und den anderen akzeptieren, dass sie Freunde werden. Und wenn ich dann manchmal sehe, dass Menschen aus Ländern, die große politische

Differenzen haben, sich vertraut werden, dann frage ich mich, warum kann das nicht immer so sein auf der Welt. Da sitzt der Amerikaner neben der Russin und sie verstehen sich ausgezeichnet. Da sagt der junge Syrer Tarek zu seinem älteren Nachbarn Billy aus Wisconsin, dem das Lernen so schwerfällt und den er manchmal auch ein bisschen schulmeisterlich behandelt hat, zum Abschied: Ich betrachte dich als meinen Bruder. Und der entgegnet das Gleiche. Und da wendet sich Georgiana, eine junge Frau aus Rumänien, an den etwas speziellen Majd aus Syrien, der sich gern abschottet, viel allein ist und daraus eine Lebensphilosophie gemacht hat, weil er nicht richtig weiß, wie man Kontakte knüpft: Du musst deine Intelligenz und deine Energie nutzen für gute Dinge.
Da spricht plötzlich Inbar aus Israel, die auch nicht so kontaktfreudig im Kurs war, weil sie immer irgendwas übersetzt und aufschreibt, wenn die anderen diskutieren. Sie bedankt sich, dass ihr alle so gut zugehört haben bei ihren Präsentationen, die ziemlich lang waren, aber für sie sehr wichtig, weil sie gemerkt hat, sie kann sich auf Deutsch schon gut verständlich ausdrücken.
Ich beginne mit dieser Einschätzungsrunde, wie ich schon erwähnte, bereits auf niedrigstem Sprachniveau. Zu Anfang sind es einfach nur Sätze wie: ich mag dich, du bist nett, du bist intelligent, du lachst so schön. Aber je weiter sie in ihren Sprachfertigkeiten voranschreiten, desto differenzierter sind die Einschätzungen. Und deshalb mag ich diese B-Kurse, die ich anfangs gar nicht so sehr gern unterrichtete, immer mehr.
Die Einschätzungen sind nicht nur für den Fortschritt in der Sprache wichtig, sondern haben auch einen starken psychologischen Effekt. Man bekommt Wertschätzung von anderen und das ist gerade bei manchen zaghaften, nicht so selbstbewussten, an sich zweifelnden Menschen bedeutsam.
Am Abend bin ich mit dem anderen Kurs, den ich schon länger unterrichte, im koreanischen Restaurant „Gogogi“ am Rosenthaler

Platz zum Essen. Q arbeitet dort in der Woche, um Geld zu verdienen für sich und ihren Mann, der nicht arbeiten darf, weil er nur ein Sprachlernvisum hat. Ich habe ein bisschen Schwierigkeiten, das Restaurant zu finden und laufe zweimal daran vorbei. Dabei stelle ich wieder fest, dass ich Berlin noch mehr erkunden müsste. Diese Gegend um den Rosenthaler Platz ist sehr hübsch. Es gibt viele kleine Restaurants, wo man draußen sitzen kann. Natürlich ist es ein Touristenmagnet. Aber warum nicht? Wir freuen uns doch auch, wenn wir im Ausland eine nette Location finden.

Als ich endlich eintreffe, sind schon alle da und finden es lustig, dass ich auch mal zu spät komme. Das passiert im Unterricht nie. Die australische Kelly mit ihrer kleinen süßen Tochter Sienna, sitzt neben Svetlana aus Kasachstan mit deren noch immer sich in Behandlung befindenden Sohn Maxim. Der Amerikaner Billy hat neben der Italienerin Greta Platz genommen, die im nächsten Kurs nicht mehr mit den anderen lernen wird, weil sie eine Arbeit gefunden hat, Firdaous, die Ärztin aus Marokko, die für mich ein bisschen eine Seelenverwandte ist, weil wir uns mit einem Blick verstehen können, ist da und Nadia aus Albanien, deren Vater, ein Architekt, schwer krank ist, sodass ihre Mutter als Altenpflegerin das Geld für die Familie, in der es neben Nadia noch zwei kleine Kinder gibt, verdienen muss. Meine liebe Sara aus Taiwan, die schon seit zwei Monaten ein Praktikum macht und deshalb nicht mit den anderen weiterlernen konnte, blieb in unserer WhatsApp-Gruppe und nimmt Anteil an allen Aktivitäten. So kommt sie auch mit ihrem Mann Philipp zum Essen an diesem Abend. Alle haben sich hübsch gemacht. Q trägt zur Feier des Tages ein Blumenkleid. Sie ist so glücklich, dass wir diesen Abend zusammen in ihrem Restaurant verbringen.

Auf dem Tisch stehen verschiedene Speisen und natürlich das beliebte Kimchi, ein scharfes Gericht aus Chinakohl und Rettich, das Koreaner zu jeder Tageszeit essen, wofür sie in Korea sogar einen speziellen Kühlschrank haben. Es wird ähnlich wie unser Sauerkraut

hergestellt, nur dass Sauerkraut bei uns viel seltener gegessen wird und viel weniger im Hals brennt. Nach dem Abend schreibt Q eine Nachricht in die WhatsApp -Gruppe: „Danke, dass ihr ins Restaurant gekommen seid. Ich habe mich gefreut, dass ich koreanisches Essen vorstellen konnte. Und dann haben wir eine glückliche Zeit. Ich bin ein sehr glücklicher Mensch, weil ich euch getroffen habe. Vielen Dank, Katrin, für die Schaffung dieses Moments." Auch die anderen schreiben, dass der Abend wunderbar war. Kelly bemerkt: „Danke Q, es war eine tolle Nacht!" (Die Nacht, womit eigentlich der Abend gemeint ist, konnte ich noch nicht ausmerzen, aber es klingt nett und lustig.)
Und Svetlana fügt hinzu: „Wir freuen uns über alle neuen Freunde in Deutschland. Danke Q für die ausgezeichnete Möglichkeit, Koreanisch zu essen. Danke schön, Katrin, für deine Fähigkeit, Menschen zu verbinden. Maxim und ich werden immer mit euch bleiben."
Dem ist nichts hinzuzufügen. Das ist der Grund, weshalb ich meine Arbeit so gern mache. Es ist mehr als das Unterrichten einer Sprache. Es ist ein kleines Stück zum Weltfrieden, oder?
Ich spüre an diesem Abend auch, wie sehr sie mich mögen und schätzen, egal aus welcher Kultur sie kommen, unabhängig von Bildung und Alter und allem, was trennen könnte. Und ich bin wieder sehr glücklich über meine zweite Chance.

Viele tragische Geschichten 2019 (März 2019 Kurs B 2.1)

Dass dieser Monat sehr anstrengend wird, deutet sich schon in der freien Märzwoche an, in der ich an einem Tag eine Exkursion zum Berliner Dom mache, damit ich, zusammen mit drei Freitagen, die fehlende New- York- Woche im Morgenkurs vorarbeiten kann.
Noch immer geht es meiner Mutter nach dem Schlaganfall nicht besser und ich bin in großer Sorge um sie.
Am Wochenende schreibt mir Billy, der fest für den neuen Kurs eingeplant ist, die traurige Nachricht, dass die Beziehung zu seiner großen Liebe zerbrochen ist, dass es eine Achterbahnfahrt war. Davon hat man nichts gemerkt. Er hat immer euphorisch von seinem neuen Leben gesprochen und die Anzeichen ignoriert, denke ich. Er erklärt auch nicht, was der Trennungsgrund ist, versteht es vielleicht selbst kaum und bemerkt nur, dass er nicht aufhören kann zu weinen und dass er nun mit zwei Koffern, seinem Fahrrad und dem Laptop zurück nach Wisconsin fliegt, wo er zunächst bei seinen Eltern wohnen wird. Ein großer Traum ist zerbrochen. Drei Tage vorher hatte er noch in unserer WhatsApp-Gruppe ein Foto von der Dachterrasse des Hauses, wo seine Freundin wohnt, gepostet. Die Abendsonne schien und er trank einen kleinen Whisky. Die Welt schien in Ordnung. Doch jetzt überlege ich, ob es nicht doch Anzeichen gab. Im koreanischen Restaurant am letzten Abend war er sehr ruhig. Er, der über zehn Jahre nach seiner ersten Ehe, die nicht lange gehalten hatte, allein war, wollte ein ganz neues Leben beginnen, in einem Land, dessen Sprache ihm, der nie eine Fremdsprache gelernt hatte, so schwerfiel. Trotzdem hat er sich bemüht, Kurse besucht, Hausaufgaben gemacht. Wenn ihn jemand aus der Gruppe fragte, ob er und seine Freundin heiraten würden, hatte er immer lächelnd mit den Schultern gezuckt. „Vielleicht!“ Ich merkte schon, dass dieser Schritt noch nicht zur Debatte stand.

Jedenfalls tut er mir und den anderen, die später davon erfahren, sehr Leid.
Wir hatten drei Monate Tag für Tag am Morgen zusammengesessen, Anteil an seinem Leben genommen, uns mit ihm gefreut, und nun ist seine Hoffnung zusammengebrochen, ohne dass wir ihm helfen können. Als wir uns am Montag treffen, fehlt auch Nadia aus Albanien, die mir eine Woche zuvor von ihrem krebskranken Vater erzählt hatte, der mit 43 Jahren, zusammen mit seiner Frau und drei Kindern nach Deutschland gekommen war, weil er hoffte, hier geheilt werden zu können. Nun erfahre ich, dass er gestorben ist. Nadia wird wohl nicht mehr kommen. Sie ist erst achtzehn Jahre alt und verkraftet es schwer.
So ist unsere Morgenfamilie auf einmal stark reduziert. Ich glaube, Kelly fühlt sich nun etwas einsam. Firdaous ist wieder da, das kleine Sprachgenie aus Marokko. Die Koreanerin Q wird ihren vorerst letzten Monat im Kurs absolvieren. Sie hat nachgelassen in ihren anfangs starken Bemühungen, seit sie im Restaurant arbeitet, weil sie weniger Zeit zum Lernen hat und immer müde ist. Sie muss mühsam um die deutschen Worte ringen, die sie noch vor zwei Monaten fließend sprechen konnte und es fehlt das Geld für weitere Kurse.
Lucia aus Sevilla ist den zweiten Monat in meinem Kurs. Aber auch ihre Grundkenntnisse sind lückenhaft und werden es bleiben, da sie auf Suche nach Arbeit, auch in diesmal viele Ausfälle haben wird.
Es gibt ein paar neue Teilnehmer. Reham aus Ägypten, verheiratet mit einem Landsmann, der in Berlin arbeitet, hat gute Kenntnisse und fügt sich problemlos in das Kursniveau ein. Die norwegische Ida, mit deutschem Freund, spricht auch ganz gut Deutsch. Waldemar aus Polen lebt mit Frau und Kind seit zwei Jahren in Berlin. Er arbeitet in einem Call-Center, das Dokumente auf ihre Echtheit überprüft, zum Beispiel beim Eröffnen eines Internet-Kontos. Sein Wortschatz ist schon umfangreich, zumal er mit Deutschen in einer Firma arbeitet und auch bereits eine ganze Menge umgangssprachliche Wendungen

kennt. Ihm fehlt die Grammatik. Um die aufzuholen, macht er den Kurs, in dessen Anschluss er immer sofort zur Arbeit muss. Er ist ein aufgeschlossener junger Mann, der seinen Weg gehen wird. Auch Davide aus Italien muss sich nach dem Kurs beeilen, damit er pünktlich seine Arbeit im Ampelmann-Laden am Hackeschen Markt antreten kann. Er hat Geschichte studiert und in Gesprächen mit ihm zeigt sich, dass er ein großes Wissen auf diesem Gebiet hat. Aber was kann man damit anfangen in einem Land, dessen Sprache man noch nicht gut spricht. Und was kann jemand damit anfangen, der als Muttersprachler dieses Fach studiert hat, wenn er nicht gerade als Lehrer arbeiten will!

Chao aus Taiwan ist ein sehr selbstbewusster Mann, der schon an vielen Plätzen auf der Welt gelebt und gearbeitet hat. Er hat in Deutschland studiert, allerdings auf Englisch und spät angefangen, Deutsch zu lernen. Nun ist das eingetreten, was ich in meinen Darlegungen zu Anfang dieses Buches vermutet hatte. Er braucht die Sprache für die Arbeit und seine Kenntnisse reichen nicht.

Er erzählt, dass er zuletzt einen gut bezahlten Job als Berater bei Porsche in Wolfsburg hatte. Dort sprachen alle deutsch, was besonders schwierig war, wenn es lange Konferenzen über viele Stunden gab. „Ich habe nur wenig verstanden und ich war doch der Berater“, meint er selbstkritisch. So hat er gekündigt und sucht nach neuer Arbeit, am liebsten auf Englisch, denn sein Deutsch ist zwar inzwischen besser, aber noch nicht ausreichend für eine verantwortungsvolle Arbeit.

Chao berichtet auch von den Erfahrungen mit den deutschen Ämtern, vor allem der Ausländerbehörde, die er für die Verlängerung oder Umschreibung seines Visums ab und zu besuchen muss. Dort sprechen alle deutsch, niemand versteht Englisch oder sie wollen es nicht verstehen. Das wundert ihn sehr.

Im Mittagskurs sind doch eine Reihe von Studenten geblieben. Die ehrgeizige Inbar ist wieder da, Bruna, die sympathische Künstlerin aus

Brasilien, die muntere Mia aus China, die soziale Georgiana aus Rumänien, der vietnamesische Koch Son und die sympathische Nino aus Georgien. Auch in ihrer Gastfamilie gab es ein Drama. Der schwerkranke Vater ist gestorben und Nino wird damit vor unbekannte Schwierigkeiten gestellt.
So bleibt der Stamm bestehen, gerade in dem Kurs, den ich beinahe wegen zu weniger Anmeldungen nicht bekommen hätte.
Dazu kommen die spanische Ärztin Latifa, die in Berlin ihre Spezialisierung machen möchte, und Rana, eine junge Frau aus Ägypten, die in Berlin studieren will. Hasan, ein türkischer Jurist, absolviert ein Doktorat an der Humboldt-Universität. Leider kommt auch er häufig zu spät. Manchmal frage ich mich, wie das im späteren Beruf sein wird, wenn Menschen nicht gelernt haben, pünktlich zu sein. Aber ist diese Art zu denken vielleicht typisch deutsch?
Der schillerndste Typ im Kurs ist Fu, ein Chinese. Er sieht aus wie ein Model, wie ein Star, und er erscheint gleich am ersten Tag in einem langen, außergewöhnlichen Mantel und einem eleganten schwarzen Pullover sowie ungewöhnlichen Schuhen. Bei der Vorstellung der Kursteilnehmer dieses Monats erzählt er, dass er in Mailand Fashion Design studiert habe und mit einem Deutschen verheiratet sei, der in Zürich lebt. Kennengelernt hat er ihn in China, wo Homosexualität strengstens verboten ist. Seine Familie ist aber tolerant und akzeptiert die Lebensweise ihres Sohns.
Im Sommer zieht er zu seinem Mann nach Zürich, weil er dann einen Job bekommt. Die Frauen im Kurs bewundern ihn ein bisschen, weil er so exotisch wirkt, aber trotzdem mit den Füßen auf dem Boden geblieben ist. (Eine Redensart, die sie in diesem Kurs gelernt haben)

„Die Kinder der Ägypter sollen auf Kamelen zur Schule reiten" (April 2019 Kurs B 2.2)

Im April unterrichte ich wieder zwei Kurse, aber nicht die beiden ursprünglichen. Der Mittagskurs wurde zu wenig gebucht. Einige Teilnehmer reisen in ihre Heimat, es gibt Schwierigkeiten mit dem Visum oder eine Arbeit verspricht den erwarteten Geldsegen. Übrig bleiben vier Personen. Nino aus Georgien, Bruna aus Brasilien, Georgiana aus Rumänien und Inbar aus Israel. Die nette Mitarbeiterin im Büro der DeutschAkademie bietet ihnen einen Tausch in den eigentlich schon kompletten Kurs am Morgen an, in dem ein paar neue Teilnehmer eingetragen sind. Nur Inbar hat Probleme mit dem frühen Aufstehen; kommt sie doch selbst mittags meistens zu spät. Nun habe ich am Morgen den gemischten Kurs aus beiden Teilen und es ist eine sehr nette Gruppe. Geblieben sind der Pole Waldemar, Firdaous aus Marokko, Reham aus Ägypten, Davide aus Italien, Ida aus Norwegen und eigenartigerweise auch Nadia aus Albanien, die einen ganzen Monat nicht zum Kurs kam, weil der Vater gestorben war. Dazu kommt Shana aus der französischsprachigen Schweiz, die sich nur für sechs Wochen in Berlin aufhält. Ihr Vater ist Deutscher, stammt aus Hamburg, aber zu Hause spricht man fast nur französisch. Shana versteht die Sprache sicher etwas besser als die anderen und spricht auch recht gut, aber die Grammatik hat sie nie gelernt und auch das Schreiben fällt ihr schwer. Sie ist eine sehr nette, aufgeschlossene junge Frau, die sich gleich gut mit den anderen versteht. Ich war Anfang April eine Woche in New York und habe dort meinen Geburtstag gefeiert. Als ich zurückkomme, überreicht mir Nino ein Geschenk; einen Pokal. Darauf steht: Beste Lehrerin der Welt. Ich freue mich darüber, wie auch über die Torte, die sie zu Ehren meines Geburtstags mitbringen. Es wird der letzte Monat mit dieser netten Gruppe sein, denn im Mai werden sie unterschiedliche Wege gehen. Deshalb wollen wir noch einen interessanten Monat zusammen verbringen. Sie lernen den Konjunktiv 1; wiederzugeben, was jemand gesagt hat. Es fällt ihnen weniger schwer, als ich dachte. Ein großes Grammatikthema sind wie im letzten Kurs nominale und verbale Ausdrucksweisen. Die verbalen kennen sie, aber die nominalen sind neu und ich muss alles genau erläutern und immer wieder üben. Die Schwierigkeit besteht darin, für einen Nebensatz mit einem Verb ein Nomen zu finden, das diesen wiedergibt. Zum Beispiel: *Bruna kam zu spät, weil sie krank war.* Nominal heißt es*:* *Bruna kam wegen einer Krankheit zu spät.* Das kann man bei allen adverbialen Bestimmungen so oder so ausdrücken. Die nominale, also die kürzere und prägnantere Form wird vor allem im Schriftlichen verwendet, zum Beispiel in Sachbüchern, die Waldemar wahrscheinlich nie lesen muss, aber deren Sprache für alle, die noch ein Masterstudium auf Deutsch machen wollen, verständlich sein muss. Ich habe das eigentlich im letzten Kurs, wie ich meine, sehr deutlich erklärt und auch ein Merkblatt dazu verteilt, aber die Umsetzung bereitet große Schwierigkeiten. Lustig ist die Lektion mit der subjektiven Bedeutung des Verbs sollen. Es wird wiedergegeben, was jemand gesagt oder gehört hat, ohne dass man genau weiß, ob das stimmt. Ich fange an mit Deutschland und lasse Sätze suchen, in denen wiedergegeben wird, was man über die Deutschen denkt. – Die Deutschen sollen pünktlich sein. Die Deutschen sollen sehr ordentlich sein. Die Deutschen sollen kalt sein. (Firdaous) Die Deutschen sollen gern Kartoffeln essen. Dann überlegen alle, was man über ihre Länder so sagt. Die Schweizer sollen die besten Uhren und die schönste Schokolade haben. Die Polen sollen Autos klauen. Die Kinder der Ägypter sollen auf Kamelen zur Schule reiten. Die Italiener sollen die beste Pizza backen. Die Rumänen sollen korrupt sein, meint Georgiana, woraufhin alle behaupten, das sei in ihren Ländern ebenso. Die Albaner sollen sehr laut sein, meint Nadia. Sie übertreffen sich gegenseitig an Einfällen und haben das Thema also gut verstanden.

In der S-Bahn

Am Bahnhof Gesundbrunnen steigt eine ältere Frau mit blond gefärbten Haaren ein und setzt sich mir gegenüber. Sie sieht etwas merkwürdig aus mit dem engen lila T-Shirt, das sich über ihrem Körper spannt und ihre Figur unvorteilhaft betont. Sie schaut unruhig an jeder Station aus dem Fenster, sodass ich sie frage, welchen Bahnhof sie suche. „Waidmannslust“, antwortet sie und fängt an zu erzählen. Ich erfahre, dass sie in einem Frauenhaus wohnt. Zuvor habe sie siebenundzwanzig Jahre auf Sizilien mit einem Mann gelebt, der vor einem Jahr verstarb. Leider waren sie nicht verheiratet. Man hatte darüber nachgedacht und es immer wieder verschoben. Dann wurde er krank und es war zu spät. Sein Haus erhielt die Tochter aus erster Ehe. So kam sie schließlich wieder nach Deutschland, wo ihre zwei Schwestern wohnen, die sie allerdings auch nur für kurze Zeit aufnehmen. Danach beginnt ihre Odyssee durch verschiedene Einrichtungen. Sie bekommt finanzielle Unterstützung, was sie in Italien nicht hätte, obwohl sie dort viel lieber leben würde. Aber eine eigene Wohnung in Berlin findet sie nicht. Sie schimpft auf die Flüchtlinge, denen alles in den Rachen geschoben werde und ich werfe ein, dass es für diese auch nicht einfach sei, eine Wohnung zu mieten. Ich frage sie, ob sie nicht eine Arbeit finden könnte. „Nein, ich bin krank, meine Beine... ich kann nicht arbeiten“, meint sie. Dabei sieht sie zwar etwas heruntergekommen, aber nicht hinfällig aus. Es tut ihr gut, mit jemandem zu reden. Als sie aussteigt, bedankt sie sich dafür, dass ich ihr zugehört habe. Sie tut mir leid. Aber im Stillen frage ich mich, warum sie meinen Vorschlag, sich einen Job zu suchen, so vehement abgelehnt hat. Es gibt Situationen, in die ich mich nur schwer hineinversetzen kann, weil ich Arbeit immer als etwas Schönes empfunden habe.

Mein neuer Mittagskurs- Liebe auf den ersten Blick (April 2019 Kurs B 2.1)

Mittags habe ich nun einen Kurs B 2.1. Ich konnte nicht ablehnen, als man mich fragte, ob ich den Kurs übernehmen würde. Die Themen sind mir noch aus dem letzten Monat bekannt. Ich habe gute Vorbereitungen. Also sage ich zu. Das Klima ist vom ersten Tag an perfekt. Alle sind jung, intelligent und lustig. Es ist ähnlich wie vor einem Jahr bei dem Kurs B 2.2, den ich auch nur einen Monat unterrichtete. Dieser Kurs wird einer meiner Lieblingskurse werden.

Die fast zwei Meter große Natasha aus Bosnien, Englisch- und Französischlehrerin, immer sehr modisch gekleidet, kenne ich schon. Sie ist mir in den letzten Wochen ab und zu über den Weg gelaufen, wenn sie in einem Nebenraum Unterricht hatte. Sie erzählt mir, dass sie des Öfteren den Kurs gewechselt hat, weil immer irgendwas nicht stimmte. Ihr gefällt mein Unterricht. Sie stellt fest, dass ich gut organisiert und vorbereitet bin und dass es in den Stunden zügig vorangeht. Ich bin etwas beschämt über so viel Lob und sage, dass das vielleicht so ist, weil ich Erfahrungen aus der Schule habe. Nein, das meine sie nicht. Sie finde es gut, dass ich alle einbeziehe. Die anderen Lehrer hätten oft lange gefragt, wer zum Beispiel einen Text lesen wolle. Mancher Kursteilnehmer sei kaum zu Wort gekommen, wenn er sich nicht gemeldet habe. Bei mir sei es selbstverständlich, dass sich alle einbringen. Natasha wird im Mai einen Monat Pause machen und mit Mann und Kind den Urlaub in der Heimat verbringen. Sie fragt mich, ob ich danach ihren Kurs weiterführen würde. Ich erkläre, dass ich ab Mai vorerst keinen Mittagskurs mehr machen werde. Sie ist untröstlich.

Die kleine Vietnamesin Vu hat in Vietnam Deutsch gelernt. Sie spricht ganz gut, aber sehr leise, wie die meisten Vietnamesen und man merkt an ihrem Wortschatz, dass sie den nicht in Deutschland gelernt hat, sondern in Vietnam mit einer einheimischen Lehrerin. Manches

klingt etwas merkwürdig, sowohl von den verwendeten Wörtern her als auch von der Sprachmelodie. Als ich feststelle, dass sie die Grammatik gut versteht, erhebe ich sie vor den anderen in den Stand der Grammatik-Queen. Das stärkt ihr Ansehen im Kurs. Alle sehen immer ehrfürchtig zu ihr, wenn es ein neues schwieriges Thema gibt. Sie liebt Musik und schwärmt für die zurzeit sehr angesagte koreanische Boygroup BTS, die auf ihrer Stifttasche abgebildet ist. Leider bemerke ich hier, dass ich nun schon seit vier Jahren nicht mehr an der Schule tätig bin und mir dieser Hype damit völlig entgangen ist, was mir früher nie passiert wäre. Als Musiklehrerin kannte ich immer die Vorlieben meiner Schüler. Ich glaube, ich muss mich mal wieder über die neuen Trends informieren.
Lustig sind auch die drei Männer, der 18jährige Fußballer Alvin aus Uganda, genannt Dembele, nach einem beliebten französischen Spieler von FC Barcelona, der Anwalt Mike aus Irland und der Spanier Jose. Dazu kommen Jungwon aus Korea, eine intelligente attraktive junge Frau, auch aus dem Kunstbereich, Estefania aus Venezuela, das bunte Huhn, wie ich sie nenne, weil sie blaue Haare hat, Botanik studieren will, aber auch Klavier und Geige spielt und gut zeichnen kann. Viktorija aus Bulgarien, die mit ihrem Mann in Berlin wohnt und einen Job bei McDonalds hat und Israa aus dem Libanon, die in einer Modelagentur arbeitet und sonst in Dubai wohnt, werden nicht regelmäßig zum Kurs kommen, weil sie durch die Arbeit sehr eingespannt sind.
Da ich den Kurs B 2.1 im letzten Monat unterrichtet habe, brauche ich wenig Zeit zur Vorbereitung. Aber ich stelle fest, dass es doch Lektionen gibt, die ich in der Vorbereitung etwas vernachlässigt habe, weil sie mir zum Beispiel zu langweilig erschienen. Eine Lektion heißt „Nach der Schule“ und es geht darin um Möglichkeiten, die Schulabgänger in Deutschland haben, bevor sie eventuell studieren. Das Thema ist nicht so richtig geeignet für Menschen, die diesen Teil ihres Lebens schon abgeschlossen haben. Einen Monat später geht es

dann rund ums Studium, was wiederum auch nicht für alle bedeutsam ist, weil sie entweder schon studiert haben oder nicht vorhaben, solches zu tun. Trotzdem sind die Lektionen wichtig mit ihrer Grammatik und auch dem Wortschatz. Deshalb mache ich mir ab und zu die Mühe, die etwas vernachlässigten Themen besser aufzubereiten und so interessanter zu gestalten.

Hausaufgabe „Mein bester Freund"

Vu, Vietnam

Meine Mutter ist die beste Freundin auf der Welt. Für mich ist sie so wichtig. Zwar hasste ich sie in meiner Kindheit, weil sie so hart war und viel mit mir schimpfte, aber sie macht immer das Beste für die Familie. Sie sorgt sich nicht nur um die Mahlzeiten, sondern auch um das Aussehen. Auf Äußerlichkeiten legt sie viel Wert, sie will ihre Kinder nicht schlecht kommentieren lassen. Einerseits mag sie Sport und steigt gern auf einen Berg, andererseits hat sie keine Lust auf Abenteuer. Sie ist wie ein Feuer, macht alles möglichst schnell. Deshalb kann sie mir weder einen Rat geben noch zuhören. Darüber hinaus ist sie sowohl eine gute Mutter als auch eine Freundin.

Natasha (Bosnien)

Mein Mann ist ein bisschen außergewöhnlich, weil er sehr großes Interesse an Computern hat. Wir haben die gleichen Meinungen über die Familie, aber ich bin die Vorsichtige und er der Abenteuerlustige. Ich habe ihm gesagt, dass ich ihn lieben werde, so lange wie er humorvoll bleibt. Auf Äußerlichkeiten legt er viel Wert, er würde immer das am besten aussehende Reinigungsmittel kaufen, weil er ein Visualist ist. (Originalausdrucksweise)

„Gab es in der DDR Bananen?“

Noch eine Woche – dann geht die Zeit zu Ende, in der ich täglich zwei Kurse unterrichtete. Ich werde ab Mai wieder nur einen Kurs leiten. Ich sehe das mit zwiespältigem Gefühl. Auf der einen Seite freue ich mich auf den Sommer; darauf, mal wieder auf meiner Terrasse zu sitzen, Zeit für die Familie zu haben und einige der neu gewonnenen und alten Freunde treffen zu können, was in der letzten Zeit kaum möglich war, weil der Tag, ausgefüllt mit Unterricht, den Besuchen bei meiner Mutter und der Vorbereitung für den nächsten Tag, keinen Raum dafür ließ. Auf der anderen Seite trenne ich mich ungern von den Menschen, die ich im Laufe der Zeit in mein Herz geschlossen habe. Dieses Gefühl der Sympathie entwickelt sich sehr schnell, sodass es mir schwerfällt, daran zu denken, dass ich die netten Menschen aus meinem Mittagskurs, die ich erst seit drei Wochen kenne, nach der nächsten Woche verabschieden werde. Heute ist wieder einer der Tage, die eigentlich ungeplant, besonders bedeutsam sich in mein Gedächtnis einbrennen werden.
Ich will, wie immer am letzten Tag der Woche, die Grammatik wiederholen, eine Szene improvisieren und die Woche auf nicht so anstrengende Weise ausklingen lassen, aber dann ergibt es sich, dass nur sechs Kursteilnehmer anwesend sind und sich ein Gespräch entwickelt, das die drei zur Verfügung stehenden Stunden voll ausfüllt.
Der Ausgangspunkt ist die Frage nach dem Schönheitsideal in Afrika, genauer gesagt, in Uganda, woher Dembele kommt. In der zurzeit behandelten Lektion geht es um das Thema „Körperbewusstsein“. Dembele erklärt, dass kleine Männer immer Großes lieben: große Autos, große Häuser, große Frauen und dass große Männer mehr auf kleine Dinge stehen. So entspinnt sich ein Gespräch über die Traditionen in seinem Land, in dem Frauen, so ähnlich wie ich das auch schon früher von anderen Ländern gehört hatte, mit 25 Jahren

verheiratet sein sollten. Sie verlassen dann das Haus der Eltern mit einer Zeremonie, bei der ein großes Feuer gemacht und das Bettzeug verbrannt wird, damit sie nicht mehr die Möglichkeit haben, dorthin zurückzukehren. Bei Männern sei das nicht wichtig, meint Dembele. Sie müssten nicht heiraten und könnten solange sie wollen, zu Hause leben. Über dieses Thema kommen wir zu weiteren Fragen. Das heißt, ich nutze die Gelegenheit zu fragen, weil ich bisher noch keinen Studenten aus Uganda im Kurs hatte. Dembele sagt, dass viele Menschen in seinem Land sehr arm seien, dass sie aber trotzdem nicht in Scharen auswandern würden, weil es trotz der korrupten Regierung friedlich und ruhig dort sei. Er selbst kommt aus einer Mittelstandsfamilie. Seine Mutter ist Ärztin und der Vater arbeitet als Geschäftsmann in Dubai. Die Eltern treffen sich meist nur zu Weihnachten in ihrem Haus in der Hauptstadt Kampala, das größer ist als die Häuser der Armen und das deshalb von einem großen Stacheldrahtzaun umzäunt ist. Auf dem Grundstück sorgen ein paar Hunde dafür, dass es kein Fremder betritt, denn die Kriminalität ist sehr hoch. Dembele erzählt, in Uganda sei immer Sommer, aber die Temperaturen blieben unter 30 Grad. Doch es wäre oft feucht und regnerisch. Viele Menschen seien sehr religiös, Dembele selbst geht auch jeden Sonntag in die Kirche. In Berlin hat er sich eine englischsprachige Gemeinde gesucht. In deutschen Kirchen war er auch schon, aber er findet den Gottesdienst dort sehr langweilig. In seiner Kirche wird gesungen, geklatscht und getanzt, das ist besser. Wenn ich eine Kirche besuchen würde, gefiele mir das auch mehr. Dembele betet jeden Abend und jeden Morgen, vor dem Essen und vor dem Fußballspiel. Als ich ihn frage, ob er auch beim Verzehr des kleinen Muffins, den ich heute zum Kurs mitbrachte, gebetet habe, meint er: „Na klar, aber ich schlage das Kreuz sehr schnell, sodass es meist keiner sieht.“ Und er demonstriert uns das. Ich frage Dembele, in welchem Land er seine Zukunft sehe. Sein großer Traum und sein Ziel ist es, Profi-Fußballer zu werden, am liebsten bei Borussia

Dortmund. Er spielt jeden Tag Fußball in einer Nachwuchsmannschaft von Dynamo Berlin und erklärt, dass es schwer sei, sich für die großen Vereine zu bewerben, weil ihm entsprechende Zertifikate aus seinem Land fehlten. Aber er ist zäh und ich kann mir vorstellen, dass er seinen Weg geht. Die zweite Option ist, dass er ein Studium in Raumfahrttechnologie absolviert, wie seine Mutter sich das wünscht, falls es mit dem Fußball nicht klappen sollte. Aber später will er wieder in Uganda leben. Er ist mit seiner Heimat sehr verbunden.

Da Dembele so viel über sein Land erzählt hat, ist nun das Interesse der Anwesenden geweckt, auch etwas über die Herkunftsstaaten der anderen zu erfahren. So lasse ich sie darüber sprechen, und sie hören aufmerksam zu, wenn jemand etwas sagt. Estefania berichtet über Venezuela. Die Verhältnisse dort seien undurchsichtig, auch für die Menschen, die dort leben. Ihr alter Präsident Chavez wird geschätzt, weil er viel Gutes für die Menschen bewirkt hat, sein Nachfolger Maduro ist nicht besonders beliebt, aber auch der sich selbst zum Präsidenten ernannte Guaido erscheint den Menschen suspekt. Die Einheimischen schütteln den Kopf, weil niemand ihn gewählt hat und doch ausländische Staaten ihn anerkennen. Venezuela ist ein Land mit vielen Bodenschätzen. Das wird natürlich auch der Grund dafür sein, dass Länder wie die USA aus eigenem Interesse dort mitmischen wollen.

Estefania ist aber nicht in Deutschland, weil sie nicht in Venezuela leben möchte, sondern weil sie neugierig darauf ist, die Welt kennenzulernen. Sie wundert sich ein wenig, dass die Deutschen, wenn sie „Amerika“ sagen, immer die Vereinigten Staaten meinen. Auch sie ist Amerikanerin. Das stimmt. Es bringt mich zum Nachdenken, denn gerade vor ein paar Tagen habe ich bei Justo, einem in Berlin lebenden Kubaner, der bei der Initiative „Cuba Si“ arbeitet, auf Facebook die Landkarte von Amerika gesehen, mit der Überschrift „This is America“. Daneben ist mit den Worten „This is USA“ die Karte der Vereinigten Staaten abgebildet, unscheinbar klein gegenüber dem ganzen Kontinent. Dazu Justos Statement: Zur Kenntnisnahme Deutschland! Und er hat Recht. Ich habe daraufhin meine Texte hier in diesem Buch noch einmal überprüft und einiges verändert, weil ich auch dazu neige, Amerika zu schreiben, wenn ich die USA meine.

Jose spricht über die Probleme in Spanien. Er kommt aus Madrid und meint, Ausländer würden sich mehr für den Süden und für Barcelona interessieren, weil es dort moderner und weltoffener zuginge. Jose kann das verstehen. In Madrid sprechen die meisten Leute nur spanisch. Das findet er nicht gut. Ich sage ihm, dass mein jüngster Sohn Till sich gerade auch deshalb so wohl in Madrid gefühlt habe, weil er hier spanisch sprechen konnte und dass er auch nur Gutes über diese Stadt erzählt hat, ebenso wie sein Bruder Kim, mein ältester Sohn, der gerade vor wenigen Tagen mit seiner Frau dort Urlaub machte.

Vu berichtet mit leiser Stimme von ihrer kleinen Stadt in Vietnam. Sie ist von dort zur Familie ihres Onkels nach Berlin gekommen und möchte hier eine Ausbildung zur Altenpflegerin machen. Ich glaube, da hat sie gute Chancen, denn Altenpfleger sind sehr gesucht. Sie wird auch sicher eine gute und einfühlsame Pflegerin werden, aber ich rate ihr, am Stimmvolumen zu arbeiten. Sie ist schon von uns in diesem kleinen Kursraum kaum zu verstehen, wie soll es mit alten, oft schwerhörigen Menschen gehen? Vu möchte später wieder in Vietnam leben.

Jungwon aus Seoul muss Fragen zur Teilung Koreas beantworten. Sie habe keine Verwandten in Nordkorea und wisse wenig über das Nachbarland, sagt sie. Alles sei dort sehr streng organisiert. Aber auch in Südkorea gebe es in vielen Familien eine stark autoritäre Erziehung. Schließlich fragt mich Estefania nach meinem Leben in der DDR. Sie kennt nur eine Frau, die in dieser Zeit dort gelebt hat und die ihr erzählte, dass sie nach dem Mauerfall ihre erste Banane gegessen hätte. „Stimmt das?“, fragt sie. „Gab es keine Bananen?“

Und so beantworte ich wieder, wie schon in manchem Kurs vorher, die Fragen nach dem Land, in dem ich aufgewachsen bin. Dazu erkläre ich kurz die Situation nach dem Zweiten Weltkrieg und zeichne an die Tafel eine Skizze, anhand derer ich die Teilung in die vier Besatzungszonen und die besondere Lage Berlins zeige. Ich erzähle davon, dass viele Menschen in der geteilten Stadt lieber im Westteil arbeiteten, weil sie dort wesentlich mehr Geld verdienen konnten, mit dem sie Sachen kauften, die sich die im Ostteil arbeitenden niemals hätten leisten können, dass mancher dann gleich dort blieb, vor allem Spezialisten; Ärzte, Lehrer, Juristen und andere. Um diese Abwanderung zu stoppen, baute man als Abgrenzung die Mauer. Es ist sicher nicht sehr wissenschaftlich, wie ich das erkläre, Ich spreche auch nicht über Sozialismus und Kapitalismus. Das würde zu weit gehen und mit dem zur Verfügung stehenden Wortschatz schwer zu erklären sein.

„Was war gut im Osten?", fragt Jose. Ich sage, dass es keine Arbeitslosen gab, dass die Mieten sehr niedrig waren, aber die Häuser auch renovierungsbedürftig, wofür man keine Ressourcen hatte. Ich spreche über die Situation der Frauen, die in der Regel einen Beruf ausübten und nicht als Hausfrau nur für Mann und Kind sorgten. Das war einerseits sicher schwierig, aber eine Frau war durch die Unabhängigkeit vom Mann selbstbewusster und freier in ihren Entscheidungen. Es erstaunte mich sehr, als ich in den Jahren nach der Wende erfuhr, dass verheiratete Frauen in der BRD noch bis 1977 die Genehmigung ihres Ehemanns brauchten, wenn sie arbeiten wollten.

Bildung in der DDR war kostenlos und der Beitrag zur Krankenversicherung sehr niedrig. Ich denke, die Kriminalität war geringer. Man konnte abends in seinem Haus alle Türen offenstehen lassen, ohne Angst haben zu müssen, dass man bestohlen wird, was sicher auch daran lag, dass es kaum Unterschiede zwischen Arm und Reich gab. Ich sage, dass ich gern in der DDR gelebt habe, dass ich

aber vieles nach dem Fall der Mauer als bereichernd für mein Leben empfunden habe. Ich konnte mir nun ein eigenes Auto kaufen und musste es nicht mehr mit meinem Mann teilen, wie in früheren Jahren das Familienauto, das eigentlich mein Auto war, weil es mir mein Opa über Genex, das war eine Möglichkeit im Westen für die Ostverwandten einzukaufen, besorgt hatte. Ich erinnere mich an die großen Angebote in den Kaufhäusern, die wir bestaunten. Aber am unvergesslichsten bleibt für mich meine erste Reise in das kapitalistische Ausland. Es war eine Klassenfahrt mit der 8. Klasse, die ich damals unterrichtete. Eine Kollegin hatte mit ihren Schülern eine Reise an die Costa Brava nach Spanien unternommen und viele Kollegen taten es ihr nach, auch ich.
Ich erzähle meinen Deutschstudenten, wie ich danach unzählige Male den beschwerlichen Weg von oft vierundzwanzig Stunden im Bus auf mich genommen habe, um in den Süden zu reisen, wovon ich früher nicht einmal geträumt hatte, weil es so unrealistisch gewesen wäre. Unsere Landkarte endete an der Grenze. In Richtung Osten zu reisen, gab es einige Möglichkeiten. Nach Tschechien waren wir oft gefahren, manchmal nach Polen. Das war aber in den letzten Jahren wegen der politischen Probleme nicht mehr möglich. Ich war in der Sowjetunion gewesen, in Leningrad, in Vilnius und Moskau. Aber darüber hinaus gab es kein Land, das ich bereist hatte.
So saß ich also bei meiner ersten Klassenfahrt nach Spanien mit klopfendem Herzen im Bus und versuchte, alles zu erhaschen, was sich meinem Blick darbot. Es gab keine Grenzkontrollen. Wir fuhren von Berlin-Alexanderplatz, abgesehen von ein paar Pausen, durch Frankreich bis Lloret de Mar in Spanien. Es war Nacht. Alle um mich herum schliefen, aber ich sah aus dem Fenster und genoss den Anblick der unbekannten Gegend. Ich wollte alles in mir aufsaugen. Ich dachte, es wäre vielleicht meine einzige Chance, mal im Mittelmeer zu baden und den Süden kennenzulernen. Die Zeit war unruhig und keiner wusste so richtig, wie sich die Verhältnisse

entwickeln würden. Vor Ort genoss ich die sommerliche Atmosphäre; viele Menschen, Musik und Tanz bis in die Nacht, den Tag am Strand, das türkisblaue weiche Meer, in dem man viel leichter schwimmen konnte als in unserer rauen Ostsee.

Meine Schüler wussten das alles nicht so richtig zu schätzen. Sie hatten Angst, im Meer zu baden und bevorzugten den Pool. Hinterher habe ich gedacht, dass ihnen auch eine Jugendherberge mit Swimming-Pool in Deutschland gereicht hätte. Aber für mich war es die Erfüllung eines ungeträumten Traums. Ich denke manchmal daran, wie ich am letzten Tag noch einmal im Meer schwamm, voller Wehmut und dachte: das war es nun. Das werde ich nie wieder erleben. Und so war denn meine Klassenfahrt für mich eigentlich fast eine Privatreise, in der ich alles mitnahm, was mir der spanische Sommer bot, während meine 14jährigen Schüler fast nur mit sich selbst beschäftigt waren. Im Radio spielten sie damals unentwegt „The Wind of Change“. Wenn ich das Lied heute höre, muss ich an meine erste Spanienreise denken.

Jose freut sich, als ich erzähle, dass sein Land mein erstes Ziel nach dem Mauerfall war. Und natürlich hatten wir Bananen, aber nicht das ganze Jahr über, sondern nur in der Zeit um Weihnachten herum, jedenfalls in Berlin. Da gab es Orangen und Bananen und sie wurden in großer Menge gekauft, sodass, wie ich einmal gelesen habe, der Pro-Kopf-Verbrauch wohl höher gewesen sei als im Westteil, wo man alles nicht, wie bei uns, kiloweise, sondern stückweise kaufte, wie wir das heute auch tun.

Alle lauschen sehr aufmerksam und ich glaube, sie verstehen gut, was ich ihnen erzähle. Ich sehe es am offenen, interessierten Blick, den ein Ausländer erst hat, wenn er mich richtig gut begreift. Am Ende sind meine Studenten dankbar dafür, dass wir die Wiederholung der Grammatik sein ließen und über das diskutiert haben, was alle interessiert. Dembele meint: „Wir müssen das unbedingt noch einmal machen.“ Wenn ich zurückdenke an die vergangene Zeit an

der DeutschAkademie, dann fällt mir auf, dass ich diese Diskussionen meist mit Kursen auf dem B-Niveau hatte, die ich nicht von Anfang an unterrichtete. In den anderen Kursen fließt bei vielen Lektionen schon das eine oder andere Detail ein.
Ich frage beim entsprechenden Thema nach den Gegebenheiten im Heimatland und erzähle selbst etwas, zum Beispiel bei der „Geschichte der Bundesrepublik“. So weiß jeder schon recht früh viel vom anderen, aber da der Wortschatz noch geringer ist, muss alles einfacher erklärt werden. Wenn ich einen fortgeschrittenen Kurs nur wenige Monate habe, sind die Diskussionen über Land und Leute wesentlich intensiver.
Jeder ist neugierig, etwas über das Herkunftsland des Mitstudenten zu erfahren und ganz besonders etwas über das Land, in dem sie zurzeit leben. Ich weiß natürlich, dass meine Antworten ein wenig anders ausfallen als die meiner Kollegen aus dem Westen und die der jüngeren Kollegen, die diese Zeit zum Teil auch nur aus Büchern und den Erzählungen anderer kennen, und dass die Zeit der DDR, je nach Herkunft, unterschiedlich reflektiert wird. Ich höre oft, dass alles negativ bewertet wird.
Die DDR war grau, langweilig und von der Stasi durchzogen. „Das Leben der Anderen“, Oscar-prämiert, ist das Hauptgeschichtswerk, aus dem viele Ausländer ihr Wissen über dieses Land haben. Aber sie ahnen, dass es noch mehr gab, was sie gern erfassen möchten, dass die Grundidee von der Gleichheit der Menschen nicht so falsch ist. Trotzdem hat es nicht geklappt mit dem Sozialismus, weil eben vieles, was gut schien, wie zum Beispiel die niedrigen Mieten und Preise für Lebensmittel, nicht finanzierbar waren, dass das gemeinschaftliche Eigentum nicht die gleichen Initiativen bei den Menschen hervorbrachte wie das bei Privateigentum der Fall ist und dass dann um die Idee des Sozialismus um jeden Preis zu verwirklichen, dieser Apparat Staatssicherheit aufgebaut wurde, der das schützen sollte, was wohl von Anfang an nicht gutgehen konnte, was schließlich zu

den Auswüchsen, wie Bespitzelung und Verfolgung der Menschen führte, die sich dem, sicher aus ganz unterschiedlichen Gründen, entgegenstellten.
Die DDR-Zeit in Kürze zu beschreiben, ist kaum möglich, und ich will auch meine Gedanken dazu nicht als die der Allgemeinheit bezeichnen. Aber ich möchte auch nicht, dass man denkt, diese Periode sollte man vergessen. Vieles war besser, als man es heute bewertet; das heißt, inzwischen wird manches auch wieder anders gesehen als in den ersten Jahren nach dem Mauerfall. Um das zu verdeutlichen, müsste ich wohl ein weiteres Buch schreiben. Und doch hat jeder seine individuelle Sicht auf das Leben, und mancher würde mir sicher widersprechen.
Heute ist das auch nicht anders. Menschen sind eben unterschiedlich in ihren Erwartungen an das Leben, an die Rolle, die sie gern in diesem spielen möchten, geprägt durch die Erziehung, die Kindheit und Jugend und auch das Umfeld, in dem sie heranwuchsen.
Das ist überall auf der Welt so. Das Wichtigste ist, dass Menschen friedlich leben können und nicht Kriege geführt werden, weil sich eine Religion oder Ideologie so bedeutsam fühlt, dass sie über die anderen dominiert. Ich weiß nicht, was geschehen muss, damit alle das begreifen.
Dieser neue Kurs ist wieder einmal besonders musikalisch, was mich freut, denn gemeinsames Singen schafft immer ein Klima, das ganz unvergleichlich ist. Eigentlich sollte Mike aus Irland, der gesagt hat, dass er Gitarre spielt, einen irischen Song zum Besten geben. Als er keinen konkreten Vorschlag macht, schlage ich „Wild Rover“ vor. Die Melodie ist einfach, er muss nicht lange üben, denke ich. Und wir können den Refrain der deutschen Fassung „An der Nordseeküste“ dazu singen. Ich drucke das Lied für alle aus und es wird leidenschaftlich gesungen, aber auf der Gitarre spiele ich, weil Mike es wohl doch nicht so gut kann, wie er vorgab.

So wird die letzte Stunde vor dem ersten Mai zu einer Musikstunde, denn wir singen ein Lied nach dem anderen. „Mein kleiner grüner Kaktus“ hat eine einfache Melodie und ist gut zu verstehen. Ich erzähle dazu etwas von den Comedian Harmonists, die keiner kennt; von ihrer großen Karriere und dem Ende, das dadurch zustande kam, dass die jüdischen Mitglieder der Gruppe keine Auftrittserlaubnis in Nazi-Deutschland bekamen, obwohl sie schon in vielen europäischen Ländern bekannt waren und auch in den USA gespielt hatten. Trotzdem wagten sich die Nazis, ihnen die Auftritte zu verbieten und die jüdischen Sänger hätten das gleiche Schicksal erlitten wie die meisten Juden in Deutschland, wenn sie nicht das Geld gehabt hätten, in die USA auszureisen. Beide Teile der Gruppe haben später mit neuen Formationen versucht, an die alten Erfolge anzuknüpfen, aber es funktionierte nicht mehr.
Nach diesem Lied bleibt die Sangesfreude meiner Kursteilnehmer ungebrochen und ich überlege schnell, was noch machbar ist.
So entscheide ich mich, dass wir „Happy Birthday“ in allen Sprachen singen. Es gibt dieses Lied fast überall auf der Welt und so intonieren wir es in Spanisch, Koreanisch, Vietnamesisch, Arabisch und in der Sprache der Region Ugandas, woher Dembele kommt. Natasha stellt ein anderes Geburtstagslied aus Bosnien vor, wo man „Happy Birthday“ nicht kennt.
Wir sind alle sehr ergriffen, als die kleine ruhige Vu mit lauter Stimme in ihrer Sprache singt, und sie wird von mir nun auch als die vietnamesische Lady Gaga bezeichnet, der zweite „Ehrentitel“ für sie nach der Grammatik-Queen. Auch „Jedermann liebt den Samstagabend“ bietet sich wieder für den internationalen Gesang an. Es werden viele Videos gemacht, auf denen man sich später an die fröhliche, gelöste Atmosphäre erinnern kann, die an diesem Tag herrschte.

Abschiede mit Tränen (Anfang Mai 2019)

Wieder geht eine Etappe zu Ende, die ich nicht missen möchte. Heute ist der letzte Tag, an dem ich meine beiden Kurse verabschiede. Ich habe schon lange vorher darüber nachgedacht, wie ich den Tag für alle zu einem besonderen Erlebnis machen könnte. Mehrere Varianten wurden besprochen. Sollten wir in ein Restaurant gehen oder in den Park, eine Schifffahrt machen oder etwas ganz anderes. Aber das über Ostern so schöne Wetter änderte sich in den letzten Tagen, und der Park, die von mir favorisierte Variante, schied also aus. So entschloss ich mich dazu, im Haus zu bleiben, und ein besonderes Frühstück zu organisieren. Für den ersten Kurs schlug ich vor, alle Teilnehmer einzuladen, die im Laufe der letzten Monate bei mir den Unterricht absolviert hatten. Im September startete ich mit A 1.1, aus dem im letzten Monat Kelly aus Australien als letzte ausschied. Inzwischen gab es viele Wechsel, aber die meisten waren immer ein paar Monate dabei und kennen einander also. So luden wir also neben Kelly auch Billy ein, der sich wohl doch mit seiner deutschen Freundin versöhnt hat und wieder in Berlin mit ihr zusammenlebt, sowie Q, auch erst im letzten Monat ausgeschieden, mit ihrem Mann Chai, Sara, meine Freundin aus Taiwan, und Nadia aus Albanien.

Ich habe mir etwas Besonderes überlegt. Seit September sammle ich Fotos und kleine Videos vom Unterricht, von den Exkursionen und besonderen Höhepunkten. Diese will ich zusammenstellen zu einem Film und mit Musik untermalen. Ein schwieriges Unterfangen, obwohl ich so etwas nicht zum ersten Mal mache. Auf meinem Laptop, der noch nicht lange in meinem Besitz ist, finde ich den Movie-Maker nicht mehr. Das heißt, mir fällt ein, dass ich ihn auf diesem Gerät noch gar nicht benutzt habe. Also muss ich ihn zunächst im Internet suchen und herunterladen. Da die I-Cloud zwischen meinem I-Phone und dem Laptop mit Windows-System nicht so richtig funktioniert, oder weil ich vielleicht zu ungeschickt bin, das Richtige zu finden, durchforste ich mein Fotoalbum auf dem Handy und schicke mir die Bilder per E-Mail, um sie auf dem Laptop zu speichern und dann ins Programm einsetzen zu können. Obwohl ich sie in der richtigen zeitlichen Reihenfolge im dazu eingerichteten Album organisiere, geraten sie beim Laden in den Movie-Maker völlig durcheinander und ich muss mühselig die Reihenfolge in Ordnung bringen, was nicht so einfach ist, weil die Bildchen nur relativ klein zu sehen sind. Als nach stundenlanger Arbeit alles fertig ist, habe ich noch eine Weile zu tun, um das Ganze mit Musik so zu untermalen, dass man zwischendurch auch noch ein paar Töne der gesprochenen Worte auf den Videos hören kann. Aber schließlich bin ich zufrieden mit meinem Werk. Ich schließe es ab mit lustigen und teilweise fehlerhaften Entschuldigungen zu diversen Verspätungen, die meine Kursteilnehmer in die WhatsApp- Gruppe geschrieben haben, weil das auch in diesem Kurs, wie in vielen zuvor, ein Grundproblem war. Damit meine Vorführung erfolgreich wird, probiere ich die Übertragung mit meinem kleinen Taschen-Beamer im Wohnzimmer aus und entschließe mich, statt des geplanten USB - Sticks meinen Laptop mitzunehmen, weil ich den für einen guten Ton an meine Musikbox anschließen kann.

Am Vorabend suche ich in einer Kiste die von mir gedruckten und laminierten Flaggen meiner Teilnehmer aus den letzten Kursen raus. Einige fehlen noch und so forsche ich im Internet nach den nicht vorhandenen, vor allem für die Teilnehmer aus dem zweiten Kurs, weil ich bisher niemanden aus Uganda, Irland und Bosnien im Kurs hatte, drucke und laminiere sie.

So vorbereitet, wird unser Treffen in einem Raum im Haus des Lehrers, den ich gewählt habe, weil die Räume dort größer sind als in der Panoramastraße, wo wir uns sonst aufhalten, ein voller Erfolg. Alle Eingeladenen sind da. Sie haben schönes Essen mitgebracht. Ich verteile die Zertifikate und wir sprechen über die Erfolge im letzten

Monat. Nach dem Essen zeige ich meinen Film, über den sich alle freuen, viel lachen, nachdenklich und auch ein bisschen traurig werden, so wie ich es geplant hatte. Viele Kollegen, die in anderen Kursen unterrichten, schauen bei uns rein in den geschmückten Raum und sind begeistert von unserem vielseitigen Büffet. Sie sehen mit neidischen Augen auf die Riesenflasche Sekt, die Waldemar mitgebracht hat. Die Verantwortliche aus dem Büro bittet um ein Foto für die Facebook-Seite der DeutschAkademie und ich nutze die Pause, um gleich mal mit den neuen Mitarbeitern im Büro zu sprechen, mich vorzustellen und meine Pläne für die nächste Zeit zu erläutern. „Ich habe so etwas noch in keinem anderen Kurs erlebt“, meint Nino. Sie wird im nächsten Monat nicht mehr im Kurs B 2.3 sein, einem Wiederholungskurs, den ich dann leite. Die Gastmutter, wo sie Au-Pair ist, braucht sie am Morgen für die Kinder. Sie bezahlt die Kurse und hat daher das Recht der Entscheidung. Das macht dieses Jahr, für das sich häufig junge Frauen aus dem Ausland interessieren, dann doch etwas schwierig. Sie leben im Haushalt der Gastfamilie, arbeiten für sie und können dafür kostenlos dort wohnen und essen. Sie bekommen ein Taschengeld und Deutschkurse bezahlt, aber sie sind doch sehr abhängig, und viele junge Frauen, die ich bereits unterrichtete, sind unzufrieden. Nino war ein bisschen meine georgische Tochter, weil es viele Dinge gab, die uns verbanden. Ähnliche Interessen, Vorlieben und Abneigungen ließen uns immer wieder schmunzeln, wenn wir bemerkten, dass es so war. Im Morgenkurs war Firdaous diese marokkanische Tochter. Auch wir hatten eine spezielle Verbindung, auf andere Art als bei Nino, mehr im Denken und Fühlen, aber auch auf besondere Weise. Das heißt nicht, dass ich die anderen weniger mochte, aber bei dem einen oder anderen gibt es manchmal etwas, was ganz speziell ist und mir ein wenig verwandt erscheint.

Ich muss leider pünktlich um 11.30 Uhr die Party beenden, denn der andere Kurs findet fünfzehn Minuten später am Fernsehturm statt

und ich will nicht zu spät kommen, denn es soll dort auch schön werden.
Ich weiß, dass es hier besonders emotional wird, denn noch gestern kämpften die Teilnehmer darum, dass ich im nächsten Monat mit ihnen weitermache. Es war ein wenig meine Schuld, denn ich hatte ja zu Monatsbeginn, als die Mitarbeiter der Schulleitung mich fragten, gesagt, dass ich nur einen Kurs am Morgen unterrichten wollte. Ich dachte, ich hätte das auch deutlich im Unterricht zu Anfang zum Ausdruck gebracht und deshalb fragte ich nicht mehr, wer denn den nächsten Kurs absolvieren würde. Wahrscheinlich haben einige auch wieder mit der Anmeldung lange gezögert. Jedenfalls erfuhr ich, dass fast alle im nächsten Monat weitermachen wollten und nun auf verschiedene andere Kurse verteilt werden sollten. Sie baten mich, bei ihnen zu bleiben, sodass ich schon bereit dazu war, aber dann ergab sich keine solche Lösung, denn die nächsten Kurse waren bereits geplant und keine Räume mehr frei. Zum Glück fand sich schließlich eine Möglichkeit, bei der sie nicht getrennt werden mussten. Ich bin froh, wenngleich ich am liebsten noch einen Monat drangehängt hätte. Es war wieder ein Kurs, der mir besonders lag, weil alle jung und fröhlich waren, intelligent und hochmotiviert und vielleicht auch, weil sie schon viele Lehrer erlebt hatten und nun besonders meine Arbeit schätzen konnten. Diese Situation gab es schon einmal im letzten Jahr, als ich einen Kurs B 2.2, auch nur für einen Monat, übernommen hatte, in dem viele muntere Leute lernten.
Wir hatten am Dienstag zusammen gesungen, und es war so schön, wie lange nicht mehr, weil alle begeistert mitmachten und keiner sich hinter dem Liedtext versteckte, wie Davide am Morgen im anderen Kurs. Die Stimmung war so, wie sie es wahrscheinlich noch nie im Unterricht erlebt hatten. Nicht immer ist das der Fall. Ich hatte schon Kurse mit zurückhaltenden Teilnehmern, wo ich niemals die Gitarre

mitbrachte und auch deutsche Songs, die ich mit der Box vorspielte, mehr mitgelesen als gesungen wurden.
Heute gibt es auch hier ein besonderes Essen. Natasha hat Muffins mit Käse gebacken, Jungwon bringt Kimbap mit, so etwas ähnliches wie Sushi, in der koreanischen Variante, Dembele hat Saft gekauft und Vu schleppt eine große Schüssel an. Darin sind Apfelsinen, die sie auf spezielle Art nach der Anleitung durch ein YouTube-Video geschält hat. Sie lassen sich ganz leicht essen. Das ist wirklich besonders, denn im Allgemeinen bleiben beim Kursfrühstück Orangen immer unverzehrt zurück, weil niemand Lust hat sie abzuschälen, was meist mit klebrigen Händen verbunden ist. Zum Schluss kommt Jose mit Tortilla de Patata, meinem spanischen Lieblingsgericht, das fast jeder Spanier zubereiten kann. Es ist eine Art Auflauf mit Kartoffeln, Käse, Speck und Zwiebeln. Sie haben sich große Mühe gegeben und genießen das Essen, das wir nicht, wie in anderen Kursen, jede Woche zelebriert haben, besonders.
Veronika aus Sankt Petersburg aus einem anderen Kurs, die gestern bei uns am Unterricht teilnahm, weil ihre Lehrerin fehlte, ist einfach wiedergekommen, weil ihr die lockere fröhliche Atmosphäre bei uns so gefiel, die ich gar nicht beschreiben kann, weil sie aus dem Augenblick heraus entsteht. Wir lachen über Jose und Dembele, die sehr humorvolle Fragen stellen. Da Dembele vor ein paar Tagen darüber gelästert hatte, dass die Frauen im Kurs keinen bunten Nagellack tragen, weil sie wohl zu alt dafür seien, wird er dadurch überrascht, dass heute alle mit knallroten Fingernägeln auf ihn warten. Natasha bringt ein Fläschchen mit. Auch ich, die ich sonst niemals so etwas benutze, male mir die Nägel rot an, um sie am Nachmittag schnell wieder zu entfärben. Mit der Gruppe, im Niveau einen Monat hinter der am Morgen zurück, kann man schon auf die gleiche Weise sprechen. Ich verteile die begehrten Zertifikate, natürlich in Verbindung mit der Einschätzungsrunde. Auch das ist eine Premiere für sie.

Als wir über jeden gesprochen haben, schlägt Estefania vor, dass sie auch über mich etwas sagen sollten. Ich winke ab. So etwas versuche ich meist zu vermeiden. Ich merke ja selbst, dass mein Unterricht gemocht wird und es ist mir ein bisschen peinlich, wenn alle etwas dazu sagen. Zwar freue ich mich auch über das Lob, aber da ich so etwas aus dem Schulunterricht nicht kenne, weiß ich nicht so richtig, wie ich darauf reagieren soll. Aber heute, in dieser ganz besonderen Atmosphäre, ist es auch für mich sehr emotional. Sie lassen sich nicht abweisen. Vu sagt, ich sei ihre erste Deutschlehrerin in Deutschland und ich hätte ihr sehr geholfen, sich mit der ungewohnten Sprache zurechtzufinden. Sie schreibt später zu einem Foto, das sie auf Instagram postet: „Katrin macht immer die fröhliche, freundliche und lustige Atmosphäre. Darum können alle einander besser verstehen, sich näher sein, Freunde werden. Mit der Gitarre und den Liedern führt sie uns zusammen. Herzlichen Dank, Katrin, die beste Lehrerin auf der Welt.“

Ich hoffe, die kleine Vu findet weiterhin Menschen, die sie fordern, ihr helfen, ein starkes Selbstbewusstsein zu entwickeln und ihr Mut machen, die eigene Meinung zu vertreten. Den Rat hat ihr auch Jose in der Einschätzungsrunde gegeben, der immer lustige Spanier, dem ich auch das Beste für die Realisierung seiner Zukunftspläne wünsche. Natasha, die vorhat, in Deutschland selbst im Lehrerberuf zu arbeiten, hat Tränen in den Augen, als sie sagt, ich wäre die beste Lehrerin, die sie je hatte und dass sie einmal so werden möchte, wie ich es bin, so locker und lustig, mit so viel Engagement und Leidenschaft.

Auch Jungwon fängt an zu weinen und bedankt sich für den besonderen Unterricht. Jose hebt vor allem hervor, dass die schwierige Grammatik bei mir so leicht scheint, weil ich es so einfach erkläre und immer so viel Spaß dabei mache. Das bekräftigt auch Estefania mit ihren großen Kulleraugen und den blauen Haaren, die so gar nicht venezolanisch aussieht und der es auch oft schwerfiel, alles gleich zu verstehen. Sie sagt, dass der letzte Lehrer sehr langsam gesprochen hätte und sie sich an das schnellere Tempo bei mir gewöhnen musste, dass es aber sehr gut sei, denn inzwischen verstehe sie alles.

Dembele meint, er hätte sich gewundert, als am ersten Tag des Kurses der Pokal „Beste Lehrerin der Welt" auf dem Tisch stand, den mir Nino am Morgen zum Geburtstag überreicht hatte. Er habe gedacht, das würde wohl übertrieben sein. Aber jetzt weiß er, dass es hundertprozentig stimmt.

Ich erinnere mich unwillkürlich an meinen Kindheitstraum, ein Kind wie Dembele zu haben und denke an meine Freude beim Anblick von Kindern mit dunkler Hautfarbe. Ich hoffe im Stillen für ihn, dass er nie von dummen, beleidigenden Bemerkungen heimgesucht wird, die hier in Deutschland leider nicht auszuschließen sind.

Sie überbieten sich mit ihren Einschätzungen, die ich nicht so gut wiedergeben kann, und ich kämpfe auch mit den Tränen und mit der Trauer, dass ich mich nicht für einen weiteren Monat engagiert habe. So etwas passiert bei mir sehr selten. Normalerweise habe ich meine Gefühle im Griff.

Zu Hause bemerke ich, dass ich die kleinen Geschenke, die ich ihnen noch übergeben wollte, vergessen habe. Aber irgendwie ist es nicht tragisch. Die Emotionen dieses Tages sind so stark, dass es keine Rolle spielt.

„Ich hätte fast Angela Merkel umgefahren“ (Mai 2019 Kurs B 2.3)

Diesen Kurs unterrichte ich wirklich zum ersten Mal und ich kann nicht sagen, dass er mir genauso viel Spaß macht wie die anderen.
B 2.3 ist ein Wiederholungskurs, den manche Studenten absolvieren, bevor sie mit C 1 anfangen. Es war nicht mein Wunsch, aber da ich im Sommer einen Monat aussetzen will, wird es unverbindlicher sein, weil die Teilnehmer sich wahrscheinlich nicht kennen. Ich möchte mich nicht wieder an Menschen binden, die ich dann enttäuschen muss, wenn ich sie nach kurzer Zeit wieder verlasse. Also sage ich zu, als man mich fragt. Es fällt mir schwer, aber dieser Kurs findet am Morgen statt, zu der Zeit, die ich für mich favorisiere. Ich habe Angst, dass ich vielleicht morgens keine Kurse mehr bekomme, wenn ich den Rhythmus durchbreche. Es gab viel Wechsel im Personal unseres Büros, und die neuen Mitarbeiter sind mir noch nicht vertraut, sodass ich aufpassen muss, dass man mich nicht zu anderen Zeiten und an anderen Plätzen einsetzt.
Mein Herz ist beim letzten Mittagskurs. In den ersten Tagen des neuen Kursmonats erhalte ich immer noch Nachrichten, dass sie unseren gemeinsamen Unterricht vermissen würden und es wieder Tränen gäbe. Es tut mir unendlich leid, dass ich sie so im Stich gelassen habe, zumal ich merke, dass mein neuer Kurs für mich eine besondere Herausforderung ist.
Es macht viel Arbeit, den Unterricht vorzubereiten. Da der Stoff vom B 2-Level wiederholt werden soll, gibt es keine Bücher und ich muss also jedes Arbeitsblatt selbst ausdrucken. Das dauert lange und ich habe so viele Seiten, dass ich manchmal nicht die richtige finde.
Es wäre auch sicher einfacher, wenn ich die Kursteilnehmer kennen würde und wüsste, wo ihre Schwächen liegen. Aber es sind nur zwei Personen aus dem letzten Kurs dabei; die Rumänin Georgiana sowie

Nadia aus Albanien, die den Kurs absolviert, zu dem ich ihr geraten habe, weil sie in den letzten Monaten kaum mal zum Unterricht erschienen war.
Der Wiederholungskurs ist gut besucht. Es sind fast alles Personen, die schon länger in Deutschland leben und bereits an verschiedenen Deutschschulen oder Volkshochschulen gelernt haben.
Maria aus Brasilien, aus Sao Paulo, woher die meisten Brasilianer kommen, hat einen deutschen Freund, Sara, Au-Pair-Mädchen aus Columbien, möchte in Berlin studieren, am liebsten Journalistik, denn ihre Gasteltern, die sie bewundert, sind Journalisten bei einem angesehenen deutschen Journal. Aber für diese Studienrichtung müsste ihr Deutsch perfekt sein, denke ich. So gut sieht es noch nicht aus mit ihren Kenntnissen.
Maria aus Finnland hat schon in mehreren Ländern gelebt und gearbeitet. Sie mag Berlin und kann sich vorstellen, hier längere Zeit zu bleiben. Der Brasilianer Marcos aus Rio de Janeiro ist, zusammen mit seiner zweiten Frau, einer Brasilianerin, nach Deutschland gekommen, um sich hier eine neue Perspektive in seinem Beruf zu ermöglichen und er möchte unbedingt sein Deutsch verbessern. Er ist etwas älter als die anderen, hat ein großes Allgemeinwissen und ist ein sehr netter Mensch, der gern etwas mehr redet. Ich weiß nach ein paar Tagen schon eine ganze Menge Neues über seine Heimat.
Beispielsweise erzählt er beim Thema „Dienstleistungen“, dass dieser Sektor in Brasilien viel ausgeprägter sei. Die Menschen hätten nicht so viel Geld wie die Deutschen, die ihre kaputten Geräte lieber aussortierten, als sie reparieren zu lassen. In seiner Heimat gebe es für alles Werkstätten; für Fernseher und Kühlschränke und natürlich auch für Waschmaschinen. Er hat Recht, aber auch ich habe mir unlängst eine neue Waschmaschine gekauft, als die alte kaputt war. Reparaturen, bei denen auch die Anfahrt des Mechanikers bezahlt werden muss, sind kostspieliger als ein neues Gerät zu bestellen, bei

dem der Service im Preis inbegriffen ist und bei dessen Lieferung das alte Gerät gleich mit entsorgt wird.
Vazul aus Ungarn, verheiratet und Vater eines Babys, arbeitet bei der Botschaft, was ihm unangenehm ist, denn er mag die Politik seines Landes überhaupt nicht, sodass er nach einem neuen Job sucht. Er macht experimentelle Musik auf spezielle Weise, indem er zum Beispiel eine Mundharmonika nicht mit dem Mund bläst. Er erzählt, dass er sich einmal für einen Wettstreit in Deutschland beworben hatte, bei dem er disqualifiziert wurde, weil er die Töne seines Instruments auf andere Art erzeugt. Aber er will sich das nicht bieten lassen und kämpft weiter um die Zulassung bei derartigen Wettbewerben. Sicher hat er den Organisatoren der Veranstaltung viel Kopfzerbrechen bereitet. Ich werde Vazul im nächsten Jahr zu unserer Reihe „Die Welt bei uns zu Gast“ in den Kulturverein einladen. Ungarn stand noch nicht auf unserem Plan und es wird bestimmt interessant werden, wenn er seine Art, Musik zu machen, vorstellt.
Alissa aus Bulgarien ist Schauspielerin, die ihren deutschen Freund, auch Schauspieler, bei der Berlinale kennengelernt hat und ihm nicht gern nach Berlin gefolgt ist. Ihr Freund ist gut gebucht, spielt in verschiedenen Fernsehserien mit und kann deshalb nicht im Ausland leben. Die Stadt gefällt ihr überhaupt nicht. Sie kann hier nicht in ihrem Beruf arbeiten, sondern unterrichtet Englisch an einer Nachhilfeschule und organisiert Wohnungen für Reisende bei Airbnb. Obwohl sie meint, dass ihre Stärke ihr Humor ist, merkt man im Unterricht nicht so sehr viel davon. Sie berichtet eigentlich nur von schlechten Erfahrungen hier und scheint mir nicht so sehr glücklich mit ihrer Situation.
Alla aus Riga, Tochter einer Russin, spricht russisch als Muttersprache und sie hat auch kein Problem damit. Sie hat in Lettland eine Schule mit russischsprachigen Kindern besucht. Alle Lehrer sollten im Unterricht das jetzt verbindliche Lettisch, benutzen. Das haben sie

manchmal gemacht, vor allem, wenn Kontrollen kamen. Aber sonst sprachen dort alle lieber russisch. Alla ist nach dem Schulabschluss nach Deutschland gekommen, hat Arbeit in einer Zahnarztpraxis als Helferin gefunden und würde gern Zahnmedizin studieren. Sie spricht sehr gut Deutsch, vor allem auch durch die Praxis im Beruf und ich denke, sie wird das Studium absolvieren können. Die kleine Italienerin Matilde aus der Toskana arbeitet als Kellnerin in einem Restaurant und hat einen anstrengenden Tag. Aber sie lernt sehr fleißig und stellt viele intelligente Fragen. Ich glaube, sie passt mit ihrer sozialen Art auch zu Georgiana, die ihr charakterlich etwas ähnelt.

Das ist also mein neuer Kurs. Das Problem ist, dass etliche erst nach längerer Pause wieder einsteigen. Man kann sich ganz gut mit ihnen unterhalten, aber da ich ja den B 2 Kurs wiederholen soll, stelle ich fest, dass einige die Grammatik zum großen Teil vergessen, vielleicht auch nie richtig gelernt haben. Das lässt sich nicht mehr nachvollziehen. Und es ist auch unerheblich für meine Arbeit, aber es macht mich nicht ganz so zufrieden. Ich wiederhole etwas, aber eigentlich unterrichte ich es neu. Und zwei Monate in einen zu verpacken, wenn alles wieder neu ist, scheint mir fast unmöglich. Am Ende zählt für sie, wie sie sich in unserer Sprache ausdrücken können. Das geht schon ganz gut, und auch diskutieren kann ich mit ihnen. Dabei höre ich wieder Interessantes. Als wir über Zufälle sprechen, berichtet Matilda, dass sie in ihrem italienischen Restaurant, das sich zwischen Staatsoper und Komischer Oper in guter Lage befindet, schon viele prominente Gäste getroffen hat, zum Beispiel Jogi Löw, den Bundesfußballtrainer. Ich erzähle davon, dass ich vor einem Monat an meinem Geburtstag, den ich in New York feierte, im Musical über die Band „The Temptations“ mit Hillary Clinton im Theater saß. Und Vazul meint: „Fast hätte ich Angela Merkel umgefahren. Ich wohne in ihrer Nähe und als sie neulich aus dem Dienstauto stieg, um in ihre Wohnung zu gehen, bog ich um die Ecke

und sie wäre beinahe in mein Auto gerannt"; eine lustige Story, die er natürlich allen seinen Freunden erzählt hat.
Ich wiederhole das Futur 2, das die meisten, obwohl es sicher bereits im Unterricht behandelt wurde, vergessen haben. Es wird in der Grammatik als eine Vermutung über eine Handlung in der Vergangenheit beschrieben. Ich stelle die Frage: Wo, meint ihr, werde ich studiert haben? Die Antwort heißt zum Beispiel: *Du wirst in Berlin studiert haben.* Daraus mache ich eine Rateübung für alle. Sie überlegen sich Fragen zu ihrem Leben, ihrer Kindheit oder einfach nur zu den vergangenen Tagen, Wochen, Monaten. Und die anderen rätseln und antworten im besagten Futur 2. Solche Übungen machen alle sehr gern und erleben damit eine praktische Anwendung der langweiligen Theorie. Manchmal fallen mir solche Übungen erst ein, nachdem ich das Thema bereits mehrfach unterrichtet habe, oft entstehen sie auch aus einer Situation heraus.
In diesem Monat denke ich manchmal darüber nach, wie lange es wohl dauert, bis ein Ausländer eine Fremdsprache so beherrscht, wie er es sich vorstellt. Wahrscheinlich werden nur wenige richtig perfekt werden. Ein Beispiel ist der Iraner Mehrdad, den ich nun drei Jahre kenne. Er hat schon im Kurs A 2.1 ehrgeizig alles studiert. Als ich ihn später wiedertraf, zeigte er mir, wie er besessen im Wörterbuch Verben lernte, die zwar alle den gleichen Wortstamm, aber unterschiedliche Bedeutung haben. Die Palästinenserin Nour wird inzwischen Medizin studieren und in der Lage sein, alles zu verstehen. Firdaous aus Marokko wird ihre Facharztausbildung im Herbst beginnen und sich gut verständigen können. Vor wenigen Tagen fand ich auf Facebook das Foto der Ärztin Kim aus El Salvador, die mit einem deutschen Mann verheiratet ist. Sie schrieb dazu: „Dieser Tag ist einer der besten in meinem Leben. Ich habe meine letzte Prüfung für die Zulassung als Arzt in Deutschland bestanden. Es ist ein Traum, der wahr wird. Ich bin Ärztin in Deutschland." Vor drei Jahren war sie bei mir im Kurs. Nun hat sie es geschafft, die Sprache zu lernen und

dazu auch den nötigen Fachwortschatz zu beherrschen, der für die Approbation erforderlich ist.

Wenn ein Ausländer über acht Monate das A und B Niveau absolviert hat, ist er in der Lage auszudrücken, was er möchte und vieles zu verstehen. Es fehlt die Sprachpraxis. Die Grammatik anzuwenden, fällt den meisten sehr schwer. Ich glaube, es wird wohl noch etwas dauern, bis jemand sagen kann: ich spreche gut Deutsch.

Aus meiner Sicht gibt es die meisten Probleme in der Anwendung der Grammatik, vor allem deshalb, weil auch nach acht Monaten viele Deutschlernende die richtigen Artikel zu den Nomen nicht kennen und dadurch natürlich auch die verschiedenen Fälle nicht richtig benutzen. Ich denke, dass es denen leichter fällt, die von Anfang an die Wörter mit dem Artikel konsequent wiederholen, auch in Verbindung mit Possessivpronomen und Adjektiven. Wer auf Deutsch studieren möchte, für den ist es unerlässlich, das zu tun. Aber natürlich kann man jemanden verstehen, der in diesem Bereich Fehler macht. Auch Präteritum und Perfekt bereiten Probleme, sind aber, falsch benutzt, noch verständlich.

Ganz schwer ist es, die Sätze richtig zu bilden. In unserer Sprache steht das konjugierte Verb im Hauptsatz an zweiter Stelle und im Nebensatz am Ende. Viele haben damit auch nach acht Monaten große Probleme. „Heute ich kann nicht kommen zum Kurs, weil ich bin krank“. Sie benutzen, wie in anderen Sprachen, Subjekt und Prädikat in der immer gleichen Reihenfolge. Ich lege von Anfang an Wert darauf, die besondere Stellung des Verbs im Deutschen zu erklären und weise bei verschiedenen Anwendungen wieder daraufhin. Aber für viele bleibt es ein Problem. Trotzdem ist bei einer falschen Stellung des Verbs die Botschaft verständlich.

Schwieriger wird es, wenn jemand die Aussprache nicht hinbekommt. Manchmal muss man schon bei einer falschen Betonung lange rätseln. Viele Kursteilnehmer sagen, dass sie auch nach mehreren Monaten die Menschen auf der Straße nicht verstehen. Sie sprechen zu schnell, zu undeutlich, haben einen Dialekt oder Slang. Die Italienerin Matilde erzählt von ihrer Methode. „Ich habe in den ersten Wochen in Berlin immer zugehört, wenn die Menschen sich unterhalten haben; in der S-Bahn, im Bus, im Geschäft. Ich war ein kleiner Spion. Aber es hat sich gelohnt.“ Ich finde, das ist ein guter Hinweis und gebe ihnen den Tipp, um langsames Sprechen oder um Wiederholung zu bitten, wenn sie etwas nicht verstanden haben.

Ich selbst spreche im B 2 Kurs auch relativ schnell, aber ohne meinen sonst immer benutzten Berliner Jargon. Ich hätte nicht gedacht, dass das funktioniert. Habe ich doch in Gesprächen mit Deutschen immer ein Gefühl von Künstlichkeit, wenn ich Hochdeutsch spreche. Bei meinen Ausländern denke ich überhaupt nicht darüber nach. Es erscheint mir ganz normal. Ich habe aber bemerkt, dass ich durch diese Erfahrung auch deutlicher und langsamer spreche, wenn mich ein Deutschsprechender nicht versteht, weil er zum Beispiel schwerhörig ist. Ich bin da geduldiger geworden als früher.

Das letzte Problem, das die haben, die die Sprache besonders gut sprechen wollen, kenne ich auch aus meinem Englisch-Training. Man lernt sehr viele spezielle Wörter, bei mir waren es ungefähr sechstausend, aber man wendet sie nicht an, sondern benutzt immer wieder die gleichen, bei denen man sich sicher fühlt. Man glaubt, die anderen sind vielleicht in der Umgangssprache nicht üblich, weil man sie selten hört. Darüber habe ich mit Alla aus dem aktuellen Kurs gesprochen, die mir auch sagte, dass sie viele Wörter, die sie kennt, nicht verwendet, weil sie keinen hört, der so spricht.

Ich habe ihr geraten, Bücher zu lesen, Nachrichten zu hören, Filme anzusehen. Nur durch viel Sprachpraxis wird es gelingen, dieses Problem zu bekämpfen, das die meisten nicht haben, weil ihnen das, was sie bis jetzt gelernt haben, reichen wird.

„Der Mensch ist heute anders intelligent als früher“ (Juni 2019 Kurs C 1.1)

Nun ist es doch soweit. Ich unterrichte meinen ersten C-Kurs. Es hat mich schon eine Weile interessiert zu erfahren, was nach dem B-Niveau eigentlich noch kommt. So werde ich in diesem und im nächsten Monat C 1 lehren. Ich bin ein wenig gespannt, als der Paketbote mir das neue Lehrbuch bringt. Ich habe mich wieder für „Sicher“ entschieden, weil das wahrscheinlich am konsequentesten fortsetzt, was in B 2 behandelt wurde. Ich stelle fest, dass es eigentlich nur wenig neue grammatikalische Regeln gibt.
Ein Thema ist die subjektive Bedeutung der Modalverben. (*muss, müsste, dürfte, könnte*). Es geht auch um Verben mit den Vorsilben *miss-, zer-, ent-, de, be- ver-*. Davon gibt es jede Menge, die wir als Muttersprachler sicher benutzen. Für Ausländer ist es schwierig. Was ist der Unterschied zwischen den Verben *malen* und *bemalen, urteilen* und *beurteilen, wählen* und *verwählen*? Es gibt ein paar Regeln, die eigentlich ganz gut zu verstehen sind. Aber obwohl ich im Unterricht wieder viel mit meinen Kärtchen üben werde, wird es doch für manchen nicht so einfach sein, diese Wörter sich einzuprägen.
Modalverben und ihre Alternativen sind relativ leicht zu vermitteln. Zum Beispiel: *Ich kann gut Deutsch sprechen. Ich bin in der Lage, gut Deutsch zu sprechen. Er muss seine Arbeit schnell erledigen. Es ist erforderlich, dass er seine Arbeit schnell erledigt, Wir wollen am Sonntag ins Kino gehen. Wir haben vor, am Sonntag ins Kino zu gehen.*
In einer Lektion wird zusammengefasst, welche Funktionen das Pronomen „es“ erfüllen kann, zum Beispiel bei Passivsätzen mit allgemeingültigem Subjekt, wo man in Aktivsätzen das Wort „man“ benutzt. Alles wurde schon in früheren Kursen behandelt. Da ich jedes Kursniveau unterrichtet habe, stelle ich fest, dass die meisten Themen bereits bekannt sind. Und so ist dann auch der Grammatikteil für die Kursteilnehmer der leichteste Part.

Meine Studenten, das sind in diesem Monat nur wenige. Die Finnin Maria, die im letzten Monat B 2.3. absolvierte, gehört dazu. Sie ist eine ruhige, auch immer etwas ernste, aber selbstbewusste junge Frau, die früher im Modebereich arbeitete, aber nun im Herbst eine neue Ausbildung beginnen möchte. Sie spricht mehr als im letzten Monat, schon dadurch bedingt, dass der Kurs sehr klein ist.
Georgiana aus Rumänien absolviert den Unterricht, obwohl sie viel arbeitet und keine Zeit für die Hausaufgaben hat. Aber ich glaube, sie mag mich und verbringt deshalb gern die Zeit im Haus am Fernsehturm. Sie hat sicher die niedrigste Schulbildung von allen, was ihr im Freundeskreis außerhalb des Kurses ab und zu auf wenig einfühlsame Art gesagt wird. Sie solle froh sein, einen Job als Kellnerin in einem bulgarischen Restaurant zu haben. Aber Georgiana gefällt die Arbeit dort nicht. Sie könnte mit ihrer sozialen Art zum Beispiel gut mit Behinderten arbeiten oder alten Menschen helfen. Aber sie traut sich nichts zu. Ihr Selbstvertrauen müsste gestärkt werden.
Alla aus Lettland kenne ich auch aus dem letzten Kurs. Sie spricht sehr gut Deutsch, und man hört kaum einen Akzent in ihrer Stimme. Ihre Mutter wünscht sich, dass sie Medizin studiert, weil sie selbst damals nach der Schwangerschaft ihr Studium aufgegeben hat und später als Krankenschwester arbeitete. Alla würde gern etwas anderes machen, aber es wird schwer werden, sich gegen die dominante Mutter durchzusetzen.
Die Vietnamesin Ha kommt aus dem Bankwesen. Sie lebt mit ihrem deutschen Mann in Berlin. Ihr fünfjähriger Sohn aus einer früheren Ehe wohnt noch bei den Großeltern in Vietnam. Ha lernt sehr ernsthaft und hinterfragt genau, was sie nicht versteht. Sie hat ihren deutschen Mann in Vietnam kennengelernt, wo er ein Geschäft mit deutschen Produkten betreibt. In umgekehrter Weise verkauft er in Berlin vietnamesische Produkte. Ha möchte aber nicht dort arbeiten, sondern will sich selbst verwirklichen in der Richtung ihres erlernten Berufs.

Der letzte in unserer Gruppe ist der Syrer Essa, ein 18jähriger junger Mann, der in Frankfurt/ Oder bei seinem Bruder lebt, der dort als Arzt in einem Krankenhaus arbeitet. Wie alle sehr jungen Leute merkt er sich schnell die neuen Wörter. Ich glaube, das Wichtigste auf diesem Niveau ist der große Wortschatz, der benötigt wird, um die nun doch recht schwierigen Texte zu verstehen. Und nicht nur zu verstehen, sondern auch im Zusammenhang zu deuten. Es geht um die Bereiche „Modernes Leben“, „Tourismus“, „Intelligenz und Wissen“, „Meine Arbeitsstelle“, „Kunst“ und „Studium“. Die Themen sind interessant aufbereitet, so interessant, wie es auf diesem Level eben sein kann. Wir haben nicht mehr so viel Lustiges.
Die Texte sind teilweise schwierig, nicht wegen des Wortschatzes, sondern von Inhalt her. Deswegen werden die C-Kurse auch nicht für jeden empfehlenswert sein, der die deutsche Sprache lernen möchte. Besonders kompliziert sind ironische oder satirische Wendungen. Ich habe es auch im letzten Monat zum Ende eines B 2 Kurses mit einem Dialog aus dem Lehrbuch versucht, bei dem ein Mann eine Fahrkarte bestellen möchte und durch ein elektronisches Antwortsystem nicht richtig verstanden wird, was zu immer neuen sprachlichen Verwicklungen führt. Für den Muttersprachler ist es witzig, dem Ausländer muss ich die Pointe langwierig erläutern und ich habe das Gefühl, dass das Witzige an der Situation trotzdem nicht so richtig verstanden wird.
Im Lehrbuch „Sicher“ C 1.1 gibt es in der ersten Lektion zum Thema „Modernes Leben“ eine Glosse mit der Überschrift „Entdeckung der Langsamkeit“. Es geht um eine Studie von Wissenschaftlern, die bei einer Untersuchung festgestellt haben, dass im modernen Zeitalter immer mehr Menschen die Lektüre eines Zeitungsartikels bereits nach der Hälfte des Textes beenden. Online Texte werden schon nach dem ersten Fünftel abgebrochen. Auf witzige Weise stellt der Autor dieses Phänomen dar, indem er sich bereits nach einem Fünftel des Textes von den Online-Lesern verabschiedet und nach der Hälfte

feststellt, dass nun noch kaum einer seinen Artikel zu Ende lesen wird. Am Ende nennt er Beispiele, bei denen Menschen Rekorde in Langsamkeit aufstellten. Als ich mir den Text in Vorbereitung meines Unterrichts durchlese, überlege ich, ob ihn meine Zehntklässler an der Gesamtschule wohl verstanden hätten und komme zu dem Ergebnis, dass ich wohl auch da Hilfen hätte geben müssen. Ich bereite die Leseübung gründlich vor, bespreche den Wortschatz vorher, versuche zu erklären, was eine Glosse ist, aber der Erfolg scheint mir doch nur mäßig. Ironie in einer Fremdsprache erschließt sich schwer. Ich weiß das auch aus dem Englischen. Wenn ich auf einer Auslandsreise ein Musical in englischer Sprache sehe, verstehe ich zwar zum großen Teil die Handlung, auch die im Drehbuch festgelegten Dialoge, aber bei Improvisationen sind mir die Zusammenhänge völlig unklar. Dazu gehört auch viel Hintergrundwissen über die aktuellen Ereignisse im jeweiligen Land, die ein Ausländer nicht hat. Und auch mit einem guten Wörterbuch erschließt sich ein ironischer Text nicht.
Auf andere Art anspruchsvoll ist in Lektion 3 zum Thema „Intelligenz und Wissen“ ein Artikel unter der Überschrift „Der Mensch ist heute anders intelligent als früher“, wo die Steinzeit mit der heutigen Zeit verglichen wird und Wissenschaftler diese These unterschiedlich beantworten. Der Syrer Essa und die Lettin Alla, die an einer deutschen Universität studieren wollen, müssen später in der Lage sein, Texte wie diesen zu verstehen. Georgiana wird so etwas nicht brauchen. Aber der neue Wortschatz ist auch für sie interessant.
Die vierte Lektion heißt „Meine Arbeitsstelle“. Sie erscheint mir für alle wichtig, denn dabei betrachten wir uns einen deutschen Gehaltszettel und sprechen über die Posten, die vom Bruttogehalt abgezogen werden, wie die Pflegeversicherung, die Kirchensteuer und anderes. Mit dem Einstiegswortschatz „Beruf“, „Berufung“ und „Leidenschaft“ sprechen wir darüber, wie das in der Regel so ist. Bei vielen Menschen passt es nicht. Es gibt Tipps, wie sie trotzdem

Erfüllung im Leben finden können, zum Beispiel mit einem ausgleichenden Hobby. Natürlich bin ich wieder ein gutes Beispiel dafür, dass die drei Komponenten auch passen können.
In Lektion 5 geht es um Kunst, genauer gesagt um Bildende Kunst.
Es gibt gute Hinweise zur Vorbereitung einer Präsentation über einen Künstler, eine Stilrichtung oder Epoche. Ich erweitere die Aufgabe und gestehe ihnen zu, dass es auch ein Dichter oder Musiker sein kann, den sie vorstellen und überlasse es ihnen, ob sie diese Präsentation machen. Wer sich im freien Sprechen üben möchte, sollte die Chance nutzen. Das Interesse hält sich jedoch in Grenzen.
Zum Abschluss des Kurses frühstücken wir in einem Restaurant unterm Fernsehturm. Alla und Maria sind bereits im Urlaub und so sitzen wir nur zu viert am Tisch. Das Gespräch ist kurzweilig und lustig. Wenn ich daran denke, um wie viel komplizierter das mit einem A-Kurs sein kann! Wir sprechen über die Familiennamen nach der Hochzeit. Ha hat ihren vietnamesischen Namen behalten, den Namen ihres Vaters. Auch Essa sagt, dass in Syrien der Name des Vaters der Familienname der Kinder ist. Immer. Das heißt mit anderen Worten, dass der Vatersname der Töchter bereits mit der nächsten Generation ausstirbt. Deshalb ist es so wichtig, dass Söhne geboren werden. Ha meint, auch in Vietnam sind Jungen willkommener als Mädchen. Wahrscheinlich ist das vielerorts so, wo es Männern bedeutungsvoll ist, als Stammhalter in die Familiengeschichte einzugehen. Für Menschen aus vielen asiatischen und arabischen Ländern sind die Themen „Feminismus" und „Gleichstellung von Frauen" noch lange nicht auf dem gleichen Stand wie bei uns, wenn es auch Länder auf der Welt gibt, die uns voraus sind, in denen zum Beispiel bei einer Bewerbung nicht das Geschlecht angegeben wird, wie in Finnland oder Australien.
In der letzten Lektion dieses Kurses geht es um Sprache und Geschlecht, zum Beispiel um die Anrede von Studentinnen und Studenten, worüber ich im Anfang dieses Buches schon schrieb. Es

wird erklärt, was eine Gleichstellungsbeauftragte für Aufgaben hat. Allein vom Nachdenken über dieses Thema ist man in vielen Ländern weit entfernt. Aber junge Leute wie Essa, die hier in Deutschland damit in Berührung kommen, finden es nachvollziehbar und werden hoffentlich später eine neue Sichtweise darauf haben. Deshalb finde ich es wichtig, dass Zugewanderte, egal woher sie kommen, auf einfühlsame Weise etwas darüber erfahren, wie man hier versucht wenn auch noch lange nicht ausreichend, Frauen und Männer gleich zu behandeln und ihnen vorlebt, dass es funktionieren kann. Darauf müsste bei der Integration größter Wert gelegt werden, damit es nicht zu kulturellen Missverständnissen kommt, die manchmal böse Folgen haben. Essa erzählt aber auch, wie gut der Zusammenhalt in den Großfamilien in seinem Land ist, was man bei uns so nicht kennt. Zu jedem Anlass kommt die ganze Familie zusammen, nicht nur Eltern und Kinder, sondern auch Großeltern, Onkel und Tanten, Nichten und Neffen. In Essas Verwandtschaft bleiben viele Frauen zu Hause, nachdem sie Kinder bekommen haben und es ist ihre „Berufung“, alles für die Familientreffen zu planen und vorzubereiten. So jedenfalls deuten es die Männer und Kinder.
Als Essa Syrien verließ, um in Deutschland bei seinem Bruder zu leben, versammelten sich alle, um ihn zu verabschieden. Sie brachten kleine Geschenke, die er mit nach Frankfurt nahm und die ihm Glück bringen sollen. Wenn er von seinem Leben in Damaskus berichtet, ist alles ganz anders, als ich es mir vorstelle. Sein Vater verdient gut, sie haben ein Auto und fahren damit oft in den Libanon, wo die Oma wohnt, etwa zwei Stunden entfernt. Der Krieg ist zwar gegenwärtig im Land, aber direkt erleben ihn die Menschen in der Hauptstadt nicht. Es ist unklar, wie sich alles entwickeln wird und deshalb schicken Familien, die es sich leisten können, ihre Kinder zum Studium ins Ausland. Es ist in ihrer Kultur klar, dass die Familie, in Essas Fall der in Deutschland lebende Bruder, dafür bezahlt. Wo gibt

es das bei uns, dass berufstätige Geschwister für den Bruder oder die Schwester den Lebensunterhalt bezahlen? Sicher nur sehr selten.
So erfahre ich immer wieder Neuigkeiten und bemerke, wie schwierig es ist, die Vor- und Nachteile der Lebensweisen anderer Völker abzuwägen. Man sollte sich vor schnellen Urteilen hüten, denn es muss auch nicht sein, dass unser Leben zum Maßstab aller Dinge gemacht werden sollte. Trotzdem bin ich doch froh, dass ich als Frau, schon durch meine DDR-Vergangenheit, keine Diskriminierung erleben musste. Wenn ich darüber nachdenke, fallen mir nur minimale Dinge ein, im Vergleich zu dem, was Frauen in anderen Kulturen akzeptieren müssen. Ich konnte studieren, meinen Beruf für die gleiche Bezahlung ausüben wie ein Mann, was auch bei uns nicht in allen Bereichen selbstverständlich ist und mein Leben so gestalten, wie ich es wollte, ohne die Genehmigung eines Mannes dafür zu brauchen. Aber in meiner Familie ist, wie in vielen deutschen Familien, der Zusammenhalt nicht sehr groß. Jeder ist mit seinem Leben beschäftigt und keiner hat das Bedürfnis, große Treffen zu veranstalten und für alle zu kochen und zu backen. In früheren Jahren gab es bei uns eine Familienzusammenkunft am Heiligabend in der Wohnung meiner Mutter. Da kamen alle Kinder, Enkel und Urenkel. Geschenke wurden verteilt, man saß ein paar Stunden zusammen, unterhielt sich und aß. Für die Besucher war es immer sehr schön, für meine Mutter eine Pflichtveranstaltung, der sie sich aus Liebe zu ihren Kindern nicht entziehen konnte. In den letzten Jahren war sie gesundheitlich nicht mehr in der Lage, eine Feier auszurichten. Es hat sich kein Nachfolger gefunden und es wäre wohl auch nicht mehr dasselbe, wenn wir uns heutzutage im Haushalt einer meiner Geschwister treffen würden.
Sicher gibt es auch in Deutschland Familien, die sich öfter begegnen, aber der Regelfall wird es nicht sein, schon bedingt durch die Berufstätigkeit der Frauen.

Meine asiatische Community? (Juli 2019 Kurs C 1.2.)

In diesem Monat unterrichte ich im Haus des Lehrers, wo ich sonst nur ab und zu Vertretungsunterricht hatte. Ich bin jetzt an der Spitze der Sprachlernpyramide angelangt. Es gibt nur noch zwei weitere Kurse im Bereich C 2. Die Anfängerkurse sind wohl die am meisten gebuchten und dann wird es von Monat zu Monat weniger. Nicht viele absolvieren das C-Level, ich nehme an, vorwiegend Studenten oder junge Menschen, die studieren wollen, wie Essa aus dem letzten Monat. Auch Georgiana wollte weitermachen, aber sie zögerte zu lange mit der Bezahlung des Kurses, und schließlich ging es nicht mehr. Ich bekomme, wie immer am Freitag vor Beginn des neuen Lehrgangs, die Namen der Teilnehmer zugeschickt. Jedes Mal, wenn ich die neue Liste sehe, mache ich ein kleines Ratespiel. Woher mögen die Kursteilnehmer kommen. Nicht immer kann man es aus den Namen ersehen, aber ich habe im Laufe von fast vier Jahren etwas Erfahrung sammeln können. Meist ist es eine Mischung aus verschiedenen Ländern. Die Worte sehen oft italienisch aus, spanisch, portugiesisch, arabisch, russisch, englisch, polnisch oder türkisch. Manchmal sind es deutsche Familiennamen, wie der Name Mayer einer Brasilianerin oder Kirchner, wie eine Argentinierin hieß, die mich natürlich erst einmal in die Irre führen. Diese Namen erzählen Interessantes über ihre Träger, was mit Ein- oder Auswanderungsgeschichten verbunden ist.

Bei Menschen aus dem asiatischen Teil, wie China, Vietnam, Korea und Japan, habe ich so etwas noch nicht erlebt. Das hängt natürlich vor allem damit zusammen, dass ein deutscher Familienname auch nach der Hochzeit mit einem Deutschen in diesen Ländern überhaupt keine Option ist, weil der Name des Vaters für immer an einer Person kleben bleiben muss. Jedenfalls haben das viele Kursteilnehmer im Laufe der Zeit erzählt.

Ich kann inzwischen auch schon bei den asiatischen Namen unterscheiden: was ist Japanisch, was Koreanisch, was Vietnamesisch und was Chinesisch. Als ich also meine neue Liste betrachte, bin ich überrascht. Bis auf einen europäisch aussehenden Namen kommen meine Kursteilnehmer zum größten Teil aus China. Das hatte ich noch nie. Oft gab es einen chinesischen Kursteilnehmer, aber fünf auf einmal, das ist ungewöhnlich. Ich bin gespannt darauf, welche Atmosphäre sich in diesem neuen Kurs entwickeln wird, denn nun wird wohl in der Pause häufig chinesisch gesprochen werden.
Am Montag begegnen wir uns zum ersten Mal. Der Syrer Essa trifft auf die erst siebzehnjährige Talin, eine syrische junge Frau, mit der er früher schon mal einen Kurs absolviert hat. Sie lebt mit ihrer Familie in Berlin-Wittenau. Dazu kommen die lebenslustige Kamila aus Aserbaidschan, Dong aus Vietnam und die Chinesinnen Fan, Fenzhi, Jing, Zhaoying, ein Name, den ich nur schwer aussprechen kann und ihr Landsmann, Zhizhong, den ich auch John nennen darf. Die einzige Europäerin ist Lea, ein Au Pair Mädchen aus Frankreich. Es wird ganz bestimmt ein für mich sehr interessanter Monat werden, der wieder ganz spezielle Neuigkeiten bereithält.
Am ersten Tag kommen gleich einige zu spät, andere erscheinen erst einen oder zwei Tage später, aber am Donnerstag sind wir komplett und es gelingt mir, die meist etwas zurückhaltenden Chinesinnen, die alle schon hervorragend Deutsch sprechen, zum Auftauen zu bringen.
Das erste Thema des Kurses heißt „Finanzen“. Es ist ganz interessant aufbereitet. Im Mittelpunkt steht der Umgang mit Geld. Kann man auch ohne Geld leben? Das wird am Beispiel eines „Aussteigers“ dokumentiert, der ein Buch über sein ungewöhnliches Leben geschrieben hat, das man sich im Internet herunterladen kann, kostenlos natürlich. Es geht auch um das Thema Verschuldung. Wie geraten Menschen ins finanzielle Abseits, wie können sie aus dem Elend herausfinden. Natürlich muss ich dabei an die Bettler auf dem Alexanderplatz denken. Hätten sie nicht auch sich an eine

Schuldnerberatung wenden können? Hätte es für sie Hilfe und Beratung gegeben? Warum haben sie solche Möglichkeiten nicht genutzt? Für die Ausländer sieht es auch merkwürdig aus, dass sie im reichen Deutschland, das einige genau aus diesem Grund zum neuen Wohnort gewählt haben, solche Menschen sehen. Ich weiß zu wenig darüber, wie man in diese Lage gerät und schiebe die Gedanken daran meist beiseite, begnüge mich damit, ab und zu etwas Geld zu spenden. So sehr liebenswert sehen Obdachlose meist nicht aus. Ihr Geruch in der S-Bahn ist etwas, womit ich mich nicht abzufinden gelernt habe. Er ist zu spüren, sobald einer dieser Menschen in einem Waggon sitzt und er zählt zu den unangenehmsten Erfahrungen, die ich gemacht habe, seit ich die S-Bahn benutze. Es ist ein Gemisch aus Schmutz, Alkohol und Nikotin, Urin und anderen undefinierbaren Fäkalien. Wahrscheinlich fällt es diesen Menschen gar nicht mehr auf, wie ihre Umwelt die Luft anhalten muss, wenn sie in ein Verkehrsmittel einsteigen, mit dem sie fahren, ohne dafür zu bezahlen, weil das bei uns nur sporadisch kontrolliert wird. In London, Paris oder New York würden sie ohne Ticket gar nicht auf den Bahnhof kommen, bei uns ist es leicht möglich.

Ich habe bei meinen Bahnfahrten manches Mal beobachten können, wie es funktioniert, wenn Kontrolleure einsteigen. Meist erwischen diese nur einen Touristen aus dem Ausland, der sich mit dem Kartenverkaufssystem nicht auskennt oder jemanden, der seine Monatskarte zu Hause liegen ließ und es nicht bemerkte. Die anderen wittern bereits, was Sache ist und verdrücken sich nach hinten, um am nächsten Bahnhof auszusteigen, während die Kontrolleure sich den armen Ausländer vornehmen, der doch nur Berlin ansehen wollte und der sie oft nicht einmal verstehen kann, weil ein Kontrolleur auch kein Sprachgenie ist, das sich in Chinesisch oder Japanisch verständigen kann.

Mein Lieblingsthema wird allerdings die nächste Lektion werden „Psychologie". Es geht vor allem um emotionale Intelligenz und das

ist besonders bei dieser Kurszusammensetzung ein hochaktuelles Thema. Ich bringe meine Teilnehmer auf vielfältige Weise dazu, darüber nachzudenken und zu sprechen. Im Buch steht ein Text unter der Überschrift: „Der EQ – ein Gradmesser für Erfolg im Leben.“ Die Grundaussage ist, dass auch bei höchstem Intelligenzquotienten der Mensch erst durch ein gewisses Quantum an emotionaler Intelligenz in der Lage sei, sich in der Welt zurechtzufinden, Situationen einschätzen zu können, sein Leben selbst in die Hand zu nehmen, eigene Gefühle und die anderer zu erkennen und Beziehungen zu Menschen zu knüpfen und zu erhalten.
Im Gegensatz zur Persönlichkeit, die kaum veränderbar sei, könne man an der Entwicklung seines EQ arbeiten.
Der Text ist für alle interessant, den Wortschatz erkläre ich, bevor er gelesen wird. Aber als erstes greife ich eine Anregung aus diesem Artikel auf. Meine Kursteilnehmer sollen drei Sätze über eine Person aufschreiben, die sie mögen. Das Resultat ist natürlich das, was im Text auch beschrieben wird. Wenn man jemanden, den man mag, charakterisiert, nennt man zuerst dessen soziale Kompetenzen; Hilfsbereitschaft, ein guter Zuhörer zu sein, Warmherzigkeit, Großzügigkeit und ähnliches. Niemand schreibt als erstes, dass die Person mathematisch sehr begabt ist oder zwanzig Fremdsprachen beherrscht. Sicher ist das alles auch wichtig, aber im Verhältnis zwischen Menschen spielt es die untergeordnete Rolle. Im Text wird gesagt, dass auch im Berufsleben Erfolg etwa zur Hälfte vom EQ und nur 20 Prozent vom IQ abhängen.
Eine interessante Theorie, vor allem für Chinesen, die seit ihrer Kindheit nur eins kennen: lernen, lernen, lernen. Es bietet sich an, über die Erziehung in China zu sprechen, wo gerade dieser im Text hervorgehobene Teil des Menschen eine untergeordnete Rolle spielt. Meine fünf ChinesInnen, übrigens alle aus Ein-Kind-Familien, stammen aus unterschiedlichen Gegenden Chinas, aber was sie über ihre Schulzeit erzählen, ist überall ähnlich. Ich frage, ob wie in

Vietnam, auch Jungen erwünschter sind als Mädchen. Das ist tatsächlich so. Ich höre, dass deshalb die chinesischen Frauen während der Schwangerschaft nicht erfahren dürfen, welches Geschlecht das Kind hat, damit ein eventuelles Mädchen nicht heimlich abgetrieben wird. Wo soll denn China letztlich hinkommen, wenn es nur noch Männer gibt, denke ich. Was macht man dann mit den vielen leerstehenden Schulen, um nur einen, unwesentlichen Faktor zu nennen. John sagt, dass heute wieder zwei Kinder geboren werden dürfen. Was mich noch mehr erstaunt, ist das, was sie über uneheliche Kinder erzählen. Man nennt sie „schwarz" geborene Kinder, die nicht, wie im Normalfall, ein Zertifikat nach der Geburt bekommen. Ohne dieses kann man sein Kind aber nicht in einer Schule anmelden. Heißt das, dass diese Kinder Analphabeten bleiben? Es ist wohl in der Tat schwierig. Man kann eine Privatschule suchen, aber wahrscheinlich ist die Abschreckung so groß, dass alle Chinesinnen lieber heiraten als in diese Situation zu geraten. Da es trotz der Ein-Kind-Bestimmung sehr viele Chinesen gibt, sind etwa 45 Kinder pro Schulklasse die Regel. Zhaoying meint, bei ihr wären es sogar 63 gewesen. Sie erzählen, dass der Unterricht von 8 Uhr morgens bis 22 Uhr abends geht, zumindest in den oberen Klassen. Die Schüler bleiben den ganzen Tag im gleichen Raum, die Lehrer wechseln. Es findet nur Frontalunterricht statt. In den zehnminütigen Pausen dürfen sie nicht essen. Das passiert nur in vorgesehenen Kantinen. Sie tragen Schuluniformen, damit man sie nicht nach Äußerlichkeiten bewertet. Darüber wird ja bei uns auch ab und zu diskutiert. Jing berichtet, dass in ihrer Schule die Sitzordnung der Schüler sich nach den Noten gerichtet hätte. Die besten saßen vorne. Man kann sich gut vorstellen, was die in den hinteren Reihen empfanden. Es gab auch Eltern, die die Lehrer bestochen hätten, damit das Kind bessere Zensuren bekam. Ob das stimmt? Ich kann es nicht überprüfen.

„Was machen Schüler am Wochenende?“, frage ich. Die Antworten würden jeden deutschen Jugendlichen erstarren lassen. Gespielt wird nicht im Land, aus dem wir jede Menge Spielzeug in unseren Geschäften haben. Man hat nicht viele Freunde, vielleicht einen oder zwei. Am Wochenende lernt man zusammen. Manchmal gehen sie auch ins Kino. Aber das Lernen steht immer im Mittelpunkt. In den Sommerferien, die etwa acht Wochen lang sind, hier atme ich auf, um gleich wieder die Luft anzuhalten, schicken viele Eltern ihre Kinder auf eine Sommerschule, damit sie noch mehr lernen. Ob der Lehrerberuf in China attraktiv ist, überlege ich. Bis 22 Uhr Unterricht? Nicht vorstellbar für mich, die ich schon die Ganztagsschule bis 16 Uhr für zu lang hielt. Aber wahrscheinlich ist alles ganz anders organisiert. Bestimmte Lehrer unterrichten am Vormittag, andere am Nachmittag. Die Kinder sind diszipliniert, um die Psyche muss man sich nicht kümmern. Alle funktionieren wie kleine Maschinen. Ob mir das Spaß gemacht hätte? Ich glaube, eher nicht. Ob ihnen diese Art von Schulunterricht gefallen habe, frage ich. Sie würden es nicht anders kennen, meint John. Die Eltern sind auf gleiche Weise groß geworden und nun haben sie natürlich den Wunsch, ihrem einzigen Kind die besten Chancen für das Leben zu bieten, was soweit führt, dass manche aus diesem Grund sogar den Wohnort wechseln, damit sie die beste Schule und die renommierteste Universität finden können. Fan bemerkt, dass mit diesem Lernzwang aber auch viele Depressionen verbunden sind. Gerade sensible Kinder halten das auf die Dauer nicht aus. Das kann ich mir gut vorstellen.

Ich habe vor etlichen Jahren Bekanntschaft mit der japanischen Pianistin Yukiko geschlossen, die in Berlin an der Musikhochschule „Hanns Eisler“ studiert hatte und nun Auftrittsmöglichkeiten suchte, um ihr Visum in Deutschland jeweils nach zwei Jahren zu verlängern. Sie war in einer sie streng erziehenden Familie aufgewachsen und hatte schon als Jugendliche Essstörungen, die sich zu einer Bulimie ausweiteten. Um dem Druck der Eltern zu entgehen, zog sie nach

Deutschland. Hier lernte ich sie kennen, nachdem sie bei uns im Kulturverein ein Konzert gegeben hatte. Sie spielte hervorragend Klavier, aber wenn ich ihr Aussehen beschreiben sollte, stockt mir noch heute der Atem, wie an dem Tag, als ich sie das erste Mal traf. Dünn ist kein Ausdruck für das, was ich sah. Ich würde eher sagen, Haut und Knochen und große braune Augen. Lange seidige Haare, die aber mit den Jahren aufgrund der Essstörung immer mehr ausfielen, rundeten ihre dürre Gestalt ab. Ein paar Jahre lang betrachtete sie mich als ihre Freundin, die sie immer, meist am späten Abend, wenn ich schon eingeschlafen war, anrief, weil etwas passiert war, denn sie hatte viele Leiden; Waschzwänge, den Zwang nichts wegwerfen zu können, weshalb sie mich auch nie in ihre Wohnung einlud, Kleptomanie, weshalb sie mehrfach vor Gericht stand und anderes. Es war eine große Bandbreite an psychischen Erkrankungen, denen auch kein Psychotherapeut gewachsen war. Sie spielte hervorragend auf ihrem Instrument, aber sie hatte niemals einen Mann geliebt, keine wirklichen Freunde gehabt. Sie führte einen Überlebenskampf, dem sie schließlich mit Anfang Vierzig erlag. Natürlich kann es auch sein, dass sie erbliche Anlagen hatte, aber für mich sah es so aus, als wenn eine zu zarte Persönlichkeit durch den ständigen Druck kaputt gemacht wurde, schon in der Kindheit, und dass kein Weg aus dem Elend herausgeführt hätte.

Ich muss daran denken, als die Chinesen im Kurs über ihre Erziehung berichten. Zwar entwickeln sich so auch Spitzenkräfte, wie der Pianist Lang Lang oder die vielen chinesischen Unternehmer, die die Wirtschaft dieses Landes in den letzten Jahren so boomen ließen, aber für sensible Menschen ist es nicht einfach, auf diese Weise zu leben.

Nicht minder interessant ist unsere Diskussion, als wir eine Statistik zum Thema „Welche drei wichtigsten Faktoren begünstigen eine lange Partnerschaft?“ auswerten. Man sieht grüne und blaue Balken

und die Kursteilnehmer sollen erraten, welcher für Frauen und welcher für Männer steht.
Das Ergebnis der Umfrage ist interessant. An erster Stelle steht bei Männern und Frauen die Kommunikation, auf dem zweiten Platz, schon mit einem kleinen Unterschied das Gewähren von Freiräumen, für Männer wichtiger als für Frauen, aber für diese auch wichtiger als anderes. Für mich ist das fast der wichtigste Punkt. Platz drei belegt bei den Frauen die Position „ähnliche Ziele im Leben", bei Männern allerdings ist ein erfülltes Liebesleben etwas wichtiger. Es sind ungefähr zehn Aspekte, nach denen gefragt wird. Am Ende, auch für mich unerwartet, steht der Wunsch nach Kindern, gefolgt vom Streben nach Besitz, wie zum Beispiel einem eigenen Haus.
Wir sprechen über die Statistik und finden die Fragestellung heraus. Danach soll diskutiert werden, welcher Balken für Männer und welcher für Frauen steht. John meint, blau seien die Frauen und er begründet es mit der Aussage, dass mehr Frauen sich ein Kind wünschen würden als Männer. Er ist sehr überrascht, dass die Aussage, laut dieser Statistik, nicht stimmt. Die Frauen im Kurs wissen sofort Bescheid, auch was die Freude am Liebesleben der Männer aussagt. Vor allem Kamila aus Aserbaidschan, die mit einer alleinerziehenden Mutter aufwuchs, ist sehr bewandert auf diesem Gebiet und scheut sich nicht, ihre Erkenntnisse den anderen mitzuteilen. Die in den ersten Tagen noch verhaltene Stimmung lockert sich von Minute zu Minute.
Ich frage danach, wie die Reihenfolge bei ihnen aussehen würde und sie kommen auf ähnliche Ergebnisse wie in der Umfrage. Alle sind schon eine Weile in Deutschland und sie mögen dieses in vieler Hinsicht moderne Leben.
Ich bin überzeugt, dass es wieder ein besonders herausragender Monat wird, den ich nicht direkt am Fernsehturm, doch mit dem Blick auf ihn verbringen werde.

China. Dieses große Land. Ich war nur kurze Zeit dort und was ich gesehen habe, ist wahrlich nicht repräsentativ. Zunächst flog ich damals nach Hongkong, weil dort wenige Tage später das Schiff kommen sollte, mit dem ich an der Seite meines Kapitäns Peter zum ersten Mal den Pazifik überqueren wollte. Die Zeit nutzte ich, um mir diese interessante Stadt anzusehen. Es war mein erster Aufenthalt in Asien. Ich lief mit offenen Augen durch Hongkong. Und ich erlebte vor Ort eine große Demonstration mit, die mir zunächst den Weg zum Peak, der höchsten Erhebung, von der aus man die ganze Stadt überblicken kann, versperrte. Die Losungen auf den Plakaten, natürlich auf Chinesisch, ließen mich rätseln, wogegen sie gerichtet waren. Erst im Hotel, nachdem ich mich im Internet informiert hatte, wusste ich mehr. Hongkong, das lange britische Kolonie war, gehörte nun als Sonderverwaltungszone zu China, und die Menschen sind damit nicht einverstanden. Sie protestieren bis heute dagegen, dass chinesische Gesetze auf sie übertragen werden sollen. Gerade in diesen Tagen gibt es täglich Nachrichten aus Hongkong über Proteste. Auch meine Deutschstudenten, die ich ab und zu in den Kursen hatte, lehnen es ab, als Chinesen bezeichnet zu werden, ein sicher langwieriges, schwieriges Problem.
Ich schrieb damals in mein Tagebuch: „Hongkong ist riesig groß, ein Hochhaus neben dem anderen. Alles ist bebaut, aber im Vergleich zu New York wirkt es anders, weil ringsum Berge sind, die die hohe Dimension etwas abschwächen. Es reihen sich Banken an Banken, Einkaufscenter an Einkaufscenter in Größen, die bei uns unvorstellbar sind, auf unzähligen Ebenen und mit vielen Verzweigungen, sodass man sich schnell verlaufen kann. Viele Menschen sind geschäftig unterwegs, vor allem natürlich Asiaten. Touristen aus Europa trifft man kaum. Die Kinder blicken mir etwas erstaunt in die Augen, weil sie nicht so braun sind wie ihre. Ich nehme alles mit, was ich in den zwei Tagen sehen kann und esse so gut nichts, weil das zu viel Zeit in Anspruch nehmen würde. Ich will ja unbedingt mit der Fähre zur

anderen Seite der Stadt übersetzen, mit den bunten alten englischen Bussen und Bahnen fahren, mit der Seilbahn auf den Peak und natürlich auch den neuen Walk of Fame begutachten, wo die meisten Leute wegen der gleißenden Sonne mit bunten Schirmen unterwegs sind. Besonders eindrucksvoll ist mein Spaziergang durch eine Straße im Hinterland, die so aussieht, wie ich mir chinesische Straßen vorgestellt habe. Geschäft reiht sich an Geschäft und auf die Straßen hinaus reichen Banner mit chinesischen Schriftzeichen, die ich natürlich nicht lesen kann. Aber gerade das macht es für mich außergewöhnlich."

Von meinem Abstecher nach Hongkong künden heute die Fotos, die meinen Flur zieren. Wenn ich sie betrachte, bin ich wieder dort und sehe den Mix aus Altem und Neuem, der sich zum Beispiel an einem alten Kahn zeigt, der vor der Kulisse moderner Gebäude auf dem Wasser treibt.

Aber wenn man Hongkong abrechnet, bleibt nur eine Kurzvisite im „richtigen China". Wir machten mit dem Schiff Station in Yian Tian, einer kleinen modernen Hafenstadt, die gleich neben Hongkong liegt. Man kann die Grenze sehen, die davon kündet, dass beide Teile doch nicht so richtig zusammengehören. Die Stadt entstand, als der riesige Hafen gebaut wurde, ein Zeichen des wirtschaftlichen Aufschwungs in China. Wir gingen für ein paar Stunden an Land. Yian Tian sah modern aus und nicht besonders chinesisch. Es hätte auch eine Stadt in Europa sein können, nur dass die Menschen auf den Straßen eindeutig Chinesen waren. Eine besondere Erfahrung war für mich das Essen in einem Restaurant, das so ganz anders war, als ich es von Restaurants in Deutschland kannte. Es gab keine sprudelnden Springbrunnen, keine friedlich dasitzenden Buddhas, keine Kerzen, keine Glückskekse und auch keinen Pflaumenwein auf Kosten des Hauses.

Es sah eher aus wie in einer Zoohandlung. In blau beleuchteten Aquarien schwammen verschiedene Fische. Eine Kellnerin nahm die

Bestellungen auf und dann wurde das Leben des betreffenden Fischs ausgelöscht. Nichts für mich. Aber drinnen im Restaurant war es auch nicht besser. Gleich im Eingangsbereich baumelte die weitere Speisekarte: Hühner, Tauben und anderes Geflügel, ganz abgesehen davon, dass mir der große Fisch im Aquarium neben unserem Tisch ständig vorwurfsvoll ins Auge blickte.

Mein Appetit war alles andere als geweckt. Aber ich entschied mich schließlich für Huhn mit Reis. Als es serviert wurde, sah ich, was ich fast erwartet hatte; kaltes, in Streifen geschnittenes Fleisch mit blutigem Knorpel, Sehnen und Knochen. Ich entfernte die Haut und stocherte in der Brust herum und unser chinesischer Begleiter merkte, dass es mir nicht schmeckte und ließ das Huhn nun erwärmen, wobei ich wusste, dass mein Problem damit nicht gelöst wäre. Auch die zähen und knochigen Taubenstückchen, die mir danach angeboten wurden, schmeckten schrecklich. Ich glaube, was das Essen betrifft, ist China nicht mein Land. Wie mag es den Chinesen gehen, wenn sie bei uns in einem Restaurant speisen oder überhaupt im Supermarkt Lebensmittel einkaufen? Bei unseren Frühstückstagen essen sie eigentlich alles mit gutem Appetit. Ist die Umstellung von Chinesisch auf Europäisch leichter, oder bin ich nur so empfindlich?

Lektion 9 hat das Thema „Stadt und Dorf“. Es geht um die Stadt von morgen und gleich im Eingangstext um die Vision einer Großstadt ohne Lärm, Abgase, Staub und Feinstaub. Dazu lädt auf der Titelseite ein Foto ein, auf dem grüne, exotisch anmutende Hauskomplexe unterschiedlicher Größe in den Himmel wachsen. Was für mich neu ist, stellt für meine Asiaten nichts Unbekanntes dar. John sagt, dass es solche Gebäude der Nähe von Peking gibt, andere nennen unterschiedliche Orte und sogar der Name der Architektin ist bekannt. Zaha Hadid, im Irak geboren, hat Architektur in Beirut und London studiert und auf neue Art Häuser entworfen. Ihr Motto, das ich am Nachmittag googeln werde: „Das Wichtigste ist die Bewegung,

der Fluss der Dinge, eine nicht-euklidische Geometrie, in der sich nichts wiederholt; eine Neuordnung des Raumes."
Kamila zeigt uns Fotos vom Kulturzentrum in Baku, das von Zaha Hadid entworfen wurde. Talin aus Syrien, die eigentlich auch gern Architektur studieren würde, weiß eine ganze Menge aus dem Leben von Zaha Hadid. Sie erklärt, dass die Architektin symbolhaft auf die Frauen im arabischen Raum wirke. Ihre Werke sind modern, sie ist unabhängig, eine Frau, die sich in einer männerdominierten Welt durchgesetzt hat. Wie interessant, dass ich wieder etwas dazulernen kann. Das ist das Schöne an meinem Beruf, dass ich manchmal viele neue Informationen erhalte, die auch meinen Horizont erweitern. Übrigens habe ich gerade gelesen, dass Zaha Hadid auch den neuen Flughafen unweit von Peking entworfen hat, den größten Flughafen der Welt. Ich habe in einer Zeitschrift ein beeindruckendes Foto gesehen mit einer riesigen futuristischen Kuppelhalle. In nur vier Jahren wurde der Flughafen zum 70. Jahrestag der Volksrepublik China in diesem Jahr fertiggestellt, was wirklich eine Meisterleistung ist. Wenn man da an unseren BER denkt, an dem bereits seit fünfzehn Jahren rumgedoktert wird!
Viel ergänzende Grammatik gibt in dieser Lektion nicht. Die präzisierenden Verbindungsadverbien benutze ich zwar selbst häufig, aber der Begriff ist auch mir unbekannt. Es geht um *beziehungsweise/ respektive, vielmehr, und zwar.* Ich bin aber froh, endlich mal eine Erklärung für *„und zwar"* zu bekommen. Ich verwende dieses präzisierende Verbindungsadverb nämlich sehr häufig, eigentlich von den Anfangskursen an. Ich habe manchmal überlegt, wie ich es erklären kann. Nun weiß ich den lateinischen Begriff und habe also noch etwas dazugelernt.
Lektion 10 hat das schöne Thema „Literatur", aber eigentlich weiß ich nach vierzehn Tagen, dass es nicht das Lieblingsgebiet meiner Kursteilnehmer sein wird. Im Einstieg finden sich Zitate berühmter

Dichter und Philosophen zum Thema „Lesen“, von Schopenhauer, Kafka, Heine und auch von Lao Tse, einem chinesischen Philosophen. Meine Studenten sollen eine Kurzpräsentation zum Thema „Ein Roman, den man gelesen haben sollte“ vorbereiten. Nicht so einfach, findet der 18jährige Essa, der keine Bücher liest. Ich gestehe ihm zu, eine Geschichte auszuwählen, keinen ganzen Roman. „Kann ich nicht einen Film vorstellen?“, fragt er. Von mir aus soll er es machen, denn von heute auf morgen wird er es nicht schaffen, ein Buch zu lesen.

Die anderen spiegeln das Bild wieder, dem wahrscheinlich auch deutsche junge Menschen entsprechen würden. Da ich niemanden im Kurs habe, der im Kunstbereich tätig ist, lesen sie, wenn überhaupt, meist nur Krimis oder Science-Fiction-Geschichten.

John stellt den Roman „Verblendung“ aus der Trilogie von Stig Larsen vor, die auch verfilmt wurde. Er sagt, dass er bereits in seiner Schulzeit diese Bücher, natürlich auf Chinesisch verschlungen habe. Nun hat er den vorgestellten Roman auf Deutsch gelesen. Nicht so einfach, finde ich. Da ich das Buch kenne, verstehe ich gut, was er sagt, für die anderen ist es etwas schwierig. Es ist auch nicht einfach, die verstrickte Handlung kurz darzustellen. John hat übrigens Deutsch vom Niveau A1 bis B1 allein in China gelernt, ohne App und ohne Lehrer, nur mit einem Lehrbuch und passender CD. Aber er ist richtig gut, versteht alles und kann sich, auch wenn er eher ein introvertierter Typ ist, gut ausdrücken.

Fan präsentiert den Krimi eines englischen Autors, der auch bei Netflix zu sehen ist. Sie kannte zuerst die Serie und kaufte sich dann das Buch auf Deutsch.

Dong erzählt uns über einen vietnamesischen Roman, der in der deutschen Übersetzung „Die Schlampe“ heißt, in dem es um eine Frau aus besseren Kreisen geht, die in ein tieferes Milieu rutscht. Das Buch ist sehr beliebt in Vietnam, weil es um Sexualität und Aufklärung geht, ein Thema, was dort wie auch in China, Syrien und

Aserbaidschan verschwiegen wird. Alle sind besonders aufmerksam, als Dong dieses Buch vorstellt.
Weitere Bücher werden präsentiert. Essa hat sich „Der Hundertjährige, der aus dem Fenster stieg und verschwand“ ausgesucht, aber er sah nur den Film, kennt das Buch nicht und entsprechend dürftig ist seine Präsentation. Talin spricht über „Der große Gatsby“, auch nur oberflächlich, denn das Buch hat sie vor langer Zeit gelesen.
Jing stellt als erste ein Buch über China vor. „Nackte Hochzeit“ ist der Titel und es ist geschrieben vom Berliner Sven Hanke, der eine Zeit in China gelebt hat und in seinem Buch humorvoll auf die kulturellen Unterschiede hinweist. Nackte Hochzeit heißt es, weil es, entgegen der Tradition, um eine Hochzeit ohne Eigentum geht. Für Jing war dieses Buch besonders interessant, weil auch sie einen deutschen Freund hat und ihr deshalb vieles nicht unbekannt ist, wovon im Buch erzählt wird.
Nach jeder Präsentation sollen alle Kursteilnehmer ihre Meinungen äußern. Die Einschätzungen sind recht kritisch. Obwohl ich sie gebeten habe, zuerst das Positive zu nennen, macht es ihnen besonderen Spaß, sehr genau herauszufinden, was nicht so perfekt war. So fragt John nach Jings Vortrag, ob es sich bei ihrem Buch um einen Roman handelt, das war schließlich das Thema. Nein, es ist mehr eine Tagebuchaufzeichnung, entgegnet sie, was ihm nicht gefällt, denn die Aufgabe war schließlich, einen Roman vorzustellen.
Es wird bei manchen Vorträgen das Sichfesthalten am Stichwortzettel kritisiert, das geringe Selbstbewusstsein, der fehlende Blickkontakt, das zu leise Sprechen. Ich staune, dass sie sich trauen, so offen ihre Kritik zu äußern.
Zhaoying stellt ein Buch über die Zeit der Kulturrevolution in China vor. Es ist eine Liebesgeschichte über zwei Tänzer, die bei der Armee in einem Tanzensemble sind. So richtig verstehe ich die Handlung nicht. Ich frage, ob diese Revolution Thema in der Schule sei. Sie

meinen, darüber wird kaum gesprochen, auch Eltern und Großeltern erzählen nicht viel davon. Es ist die Generation der Enkel aus dem wirtschaftlich sich stark entwickelnden Land, das sich nicht so sehr für seine Geschichte interessiert.
Sehr erschöpfend sind die Präsentationen nicht. Man merkt, dass Lesen für alle nicht so sehr im Mittelpunkt ihrer Aktivitäten steht. Die Texte im Buch zum Thema finde ich auch weniger attraktiv als die zu den anderen Lektionen. So werde ich morgen einige bekannte deutsche Gedichte von Goethe bis Brecht mitbringen. Diese werden sie zu zweit bearbeiten, den Inhalt erklären und interpretieren. Ich denke, das wird ihnen Spaß machen.
Durch Zufall hörte ich heute am Morgen im Radio den kurzen Bericht eines deutschen Journalisten, der in China lebt. Er berichtete darüber, dass die Technik dort sehr viel entwickelter sei als in Deutschland. Es gebe überall ein wesentlich schnelleres Internet und das eigene System „WeChat", das er dem bei uns meist benutzten „WhatsApp" als technisch überlegen bezeichnet, weil es eine gute Möglichkeit bietet, sich schneller zu verständigen. Zum Beispiel kann man damit bei einem Restaurantbesuch mit Kollegen in Kürze eine Gruppe bilden, den Anteil jedes Teilnehmers berechnen, der dann gleich mit dem eigenen Handy bezahlt. Und wie ist es, wenn man mit Freunden essen geht, frage ich. Macht man das auf die gleiche Art? So etwas gäbe es in China nicht, meint Jing. Wenn man mit Freunden essen geht, bezahlt einer für alle und beim nächsten Mal übernimmt es jemand anders. Viele Chinesen denken, die Deutschen seien geizig, weil sie immer getrennt zahlen.
Bezahlt man gar nicht bar? Dazu muss ich meine Kursteilnehmer befragen. Tatsächlich bestätigen sie die Aussage des Journalisten. Sogar die Bettler auf den Straßen haben Geräte, auf die man eine kleine Spende überweisen kann. Darüber habe ich schon manchmal nachgedacht, im Zusammenhang mit der Frage, ob auch bei uns eines Tages das Bargeld durch das bargeldlose Bezahlen abgelöst würde,

was ich gut fände. Es geht schneller und ist wesentlich hygienischer als das Berühren der Münzen und Scheine, die bereits durch viele Hände gehen, bevor sie in meiner Geldbörse landen. Aber die Deutschen sind in dieser Frage sehr konservativ. Alles wird sehr lange ausdiskutiert, immer wieder vertagt und das Ergebnis ist dann häufig nur halbherzig umgesetzt. Und wie ist es mit dem Schwarzgeld, das man dann eigentlich nicht mehr verdienen kann? Die private Autoreparatur, der Friseur aus dem Freundeskreis, die Putzfrauen und andere Dienste müssten über das Konto der Personen abgerechnet werden und sind damit natürlich nachprüfbar. Und wie ist es mit dem Trinkgeld in Dienstleistungsberufen? Muss wirklich offen dargelegt sein, wieviel ein Kellner oder eine Friseurin erhält? Ich sehe schon, das ist eine schwierige Angelegenheit. Ich habe keinen Überblick über das, womit Menschen Geld verdienen und wie das in den Ländern ist, in denen das Bargeld schon weitgehend abgeschafft wurde.

Mich interessiert die Technik in den Haushalten der Eltern. Seit ein kleiner runder Roboter, übrigens ein chinesisches Fabrikat, in meiner Wohnung den Staub beseitigt, bin ich begeistert von den Möglichkeiten, die sich bieten, die unbeliebten Hausarbeiten von dafür hergestellten Geräten erledigen zu lassen. Wie sieht das bei den Chinesen aus? Keiner der Anwesenden hat einen Roboter, aber Jing erklärt, dass zum Beispiel ihre Kühlschränke moderner sind und dass technische Geräte viel weniger kosten als bei uns, weshalb vieles nicht mehr nach Deutschland exportiert werden darf, weil es zu preiswert wäre für die Konkurrenz.

John meint, die Wohnungen der Chinesen seien viel heller, was wohl daran liege, dass der Strom hier so teuer sei.

Was ich dann erfahre, wundert mich etwas, denn wir hatten ja beim Thema „Werte in der Partnerschaft“ schon darüber gesprochen, aber so deutlich wie heute hat es bisher keiner formuliert. Wenn man in China heiratet, muss der Mann ein eigenes Haus oder eine

Eigentumswohnung mit in die Ehe bringen und die Frau ein wertvolles Auto, einen Mercedes zum Beispiel. Die Eltern beginnen schon in der Jugendzeit ihrer Kinder dafür zu sparen. Wenn die Tochter ihr Studium beendet hat, fangen sie an, nach einem passenden Mann zu suchen. Das geht soweit, dass ein junger neuer Mitarbeiter in einer Firma sofort von den dort arbeitenden Frauen begutachtet wird, ob er wohl für die Tochter geeignet sei. Das war also der Hintergrund von Tings Buch „Nackte Hochzeit". Erst jetzt verstehe ich es richtig, weil ich gedacht hatte, es handele sich dabei um einen Einzelfall.

Das ist ja wie bei den Indern, denke ich. Wie passt denn das zusammen? Das technisch hochentwickelte Land und diese mittelalterlich erscheinende Lebensweise.

Mein Exkurs in die deutsche Lyrik erweist sich als erfolgreich. Ich erkläre zunächst die Literaturgenres, ähnlich wie früher im Deutschunterricht der neunten Klasse. Dann verteile ich die Gedichte. Immer zwei Personen sollen zusammen ein Gedicht lesen, zusammenfassen und ein paar Informationen zum Dichter suchen.

Jing und Essa bekommen Goethes Ballade „Der Erlkönig". Es ist nicht so einfach, den Inhalt zu verstehen. Lyrik erschließt sich deshalb schwer, weil der Ausländer nicht nur den Text übersetzen, sondern zum Beispiel auch die Metaphern verstehen muss. Ich gebe einige Hilfestellungen, trage das Gedicht vor, das ich natürlich auswendig kenne, weil ich es oft im Schulunterricht behandelt habe und bekomme großen Applaus. Auch die Vertonung von Franz Schubert stelle ich vor. Ich frage, ob sie Goethe kennen. Alle nicken. Ob sie auch vom größten Werk „Faust" gehört haben? Nein. So gebe ich in Kürze den Inhalt wieder und alle hören sehr aufmerksam zu. Die Geschichte gefällt ihnen und sie verstehen mich gut.

Ich finde immer wieder die Fragestellung nach der Entwicklung der Menschheit, für die Faust das Symbol ist, was sich in der Wette zwischen dem Herrn und Mephistopheles im Prolog wiederspiegelt,

nachdenkenswert und interessant und ich hoffe, dass ich es verständlich wiedergeben konnte. Das musste ich im Schulunterricht der 10. Klassen auf ähnliche Weise tun, weil Sechzehnjährige auch noch nicht in der Lage sind, die Dimension von Goethes Werk zu erfassen. So greife ich doch ab und zu auf Erfahrungen meiner früheren Jahre zurück.
Ein bisschen frage ich mich, was man den in der chinesischen Schule lernt, wenn man zwölf Stunden Unterricht am Tag absolviert. Obwohl sie schon viel aus ihrem Schulalltag erzählt haben, kann ich mir immer noch nicht richtig vorstellen, was sie den ganzen Tag machen. Aber warum eigentlich sollen sie die deutschen Klassiker kennenlernen? Wie viele chinesische Literaten werden denn bei uns in der Schule behandelt? Ich sollte nicht zu viel erwarten.
Fan und Talin gebe ich Heinrich Heines Gedicht „Sie saßen und tranken am Teetisch“. Auch keine leichte Aufgabe. Was ist ein Hofrat und was ein Domherr. Ich muss also einen kleinen Exkurs in die deutsche Geschichte machen und ihnen erklären, wie Deutschland zur Zeit Heines aussah. Die Wörter verstehen sie, aber dennoch ist es nicht einfach, den Text zu erfassen. Ich hatte gedacht, dass sei eine ganz einfache kleine Geschichte. Aber es ist nicht einfach, Lyrik zu verstehen. Gibt es eigentlich bei uns noch Menschen, die Gedichte lesen, frage ich mich und finde keine Antwort.
Fenzhi soll die „Sachliche Romanze“ von Erich Kästner interpretieren. Sie macht das, mit nur wenigen Hilfestellungen, recht gut.
Dong und John bekommen Bertolt Brechts „Erinnerung an die Marie A.“ Mir gefällt ihre Präsentation am besten. Sie verstehen die sprachlichen Bilder richtig. Dong trägt das Gedicht allein vor und man hört dabei, dass sie es verstanden hat. John spricht über das Gedicht und über Bertolt Brecht. Ich weise auf das „Berliner Ensemble“ hin, die Wirkungsstätte von Brecht. Wieder finde ich es schade, dass ich nur so kurze Zeit diesen Kurs unterrichte und meinen kleinen Exkurs in die deutsche Literaturgeschichte, den ich oft schon in den

Anfangskursen beginne, nicht kontinuierlich über die verschiedenen Sprachniveaus verteilen kann.

Ich frage meine Kursteilnehmer, wie viele Gedichte sie im Unterricht in den oberen Klassen pro Jahr lernten. In der deutschen Schule sind es vielleicht zwei bis drei, und selbst diese sind nicht unbedingt notwendig. Etwa sechzig lernt man in China in einem Schuljahr. John erklärt, dass das keine zeitgenössischen Gedichte sind, sondern altchinesische, dass es so ähnlich sei, als wenn wir Latein lernten. Sie sollen damit ihre alte Kultur besser verstehen können. Es sei ein bisschen wie Sprachunterricht. Ich frage mich, wie sie das bewerkstelligen. Sitzen sie alle im Unterricht und murmeln die Worte vor sich her? Am Abend bleibt ja keine Zeit mehr, wenn man um 22 Uhr nach Hause kommt.

Die neue Lektion heißt „Internationale Geschäftsbeziehungen“ und es geht um kulturelle Missverständnisse, die beispielsweise bei Meetings oder bei einem Geschäftsessen auftreten können.

Der Stoff ist gut aufbereitet. Schade, dass die Zeit zu kurz ist, hier würde sich wieder eine kleine improvisierte Szene anbieten.

Essa hat Geburtstag. Er wird neunzehn. Ich bringe meine Gitarre an diesem Tag mit, denn er hat mich gestern nach deutschen Liedern gefragt; nicht nach Pop-Songs, sondern nach bekannten älteren Songs. Ich habe wieder die Texte von „Mein kleiner grüner Kaktus“, „Freude, schöner Götterfunken“ und „Heute hier, morgen dort“ ausgedruckt. Sie klatschen Beifall, als ich ihnen die Lieder vorsinge und filmen mich heimlich mit ihren Handys und ich bin wieder froh, dass ich ihnen ein bisschen mehr als den üblichen Sprachunterricht bieten kann. Ich setze meine Gitarre nicht mehr so oft ein wie in meinen ersten Kursen vor drei Jahren, wo ich sie einmal wöchentlich mit zum Unterricht brachte, sondern nur einmal in vier Wochen. Ich möchte, dass es etwas Besonderes bleibt, das sie so mehr schätzen.

Meine asiatische Community singt sehr gut und leidenschaftlich mit, was ich eigentlich kaum erwartet hatte.

So langsam geht der für mich wieder sehr spannende Monat zu Ende. Welche Erkenntnisse brachten mir diese letzten vier Wochen? Eine ganze Menge. Ich weiß jetzt, dass die in der Kindheit zu Fleiß und Pünktlichkeit erzogenen Chinesen genauso spät zum Unterricht kommen wie Italiener oder Brasilianer. Nur Fan war immer pünktlich, Fenzhi dagegen hat ganze Tage verschlafen, wie ich durch den Mitbewohner John erfuhr.

Aber ich meine, dass die Art der Schulbildung in China auch positive Aspekte hat. Man ist gewohnt, sich etwas einzuprägen, allein schon durch das Auswendiglernen von sechzig Gedichten im Schuljahr. Ich glaube, auch logisches Denken wurde in der chinesischen Schule gefördert. Ich bemerke, dass in diesem Kurs alle die Grammatik sehr gut verstehen und anwenden können, was im Monat vorher bei einer anderen Kurszusammensetzung noch Schwierigkeiten bereitete. Selbst, wenn ich etwas Neues erkläre oder sie bei einem Fehler korrigiere, sehe ich am Aufblitzen der Augen und dem verständnisvollen Nicken, dass sie begreifen, was ich meine. Sie haben einen großen Wortschatz, fragen immer nach unbekannten Wörtern in den Lesetexten und können sie dann auch gleich anwenden. Dachte ich in meiner Anfangszeit als Sprachlehrerin, dass es besonders für Asiaten schwer sei, unsere Sprache zu lernen, so muss ich seit diesem Monat meine Meinung revidieren.

Sicher ist der Beginn nicht leicht; das Sichhineinfinden in die ungewohnte Sprachmelodie, die anderen Satzstrukturen, die Schrift. Mancher gibt da schnell auf. Aber bei guter Motivation nutzt die mir hart erscheinende Schulbildung der Chinesen beim Erlernen einer Fremdsprache, dadurch dass sie gewohnt sind, lange über den Büchern zu sitzen und zu büffeln. Es gab in diesem Monat niemanden, der seine Hausaufgaben nicht machte, weil er am Abend vorher eine Party feierte oder bei der großen Hitze vielleicht keine Lust hatte. Das war für mich erstaunlich.

So werden diese jungen Leute davon profitieren, dass sie gewohnt sind, zu lernen und sich etwas einzuprägen und dabei gleichzeitig neue kreative Herangehensweisen zum Lösen von Problemen kennenlernen, schon in diesem Deutschunterricht, und sicher auch später an der Universität. Mir fiel aber auch auf, dass Chinesen wesentlich weniger emotional sind als Menschen aus anderen Ländern. Das ist wohl die negative Seite ihrer Erziehung. Niemand im Kurs war als Jugendlicher, wenigstens heimlich, in einen Mitschüler verliebt. So etwas durfte es in der Schulzeit nicht geben. Die Lehrer haben auch in den Pausen streng darüber gewacht, dass sich keine zu freundschaftlichen Verhältnisse anbahnten. Fan sagt, dass sie auch mit Anfang Zwanzig das Gefühl von Verliebtheit nicht kennt. Und der homosexuelle John wird wohl mit seinen Eltern nicht über das Thema sprechen, bevor sie ihm eine Frau vorstellen, die er heiraten soll.
Darüber hinaus habe ich viel über das große Land erfahren, dessen Produkte wir in unseren Kaufhäusern in großer Menge kaufen können, das in kurzer Zeit wirtschaftlich so stark wurde, dass andere Länder, wie die USA, die Konkurrenz fürchten müssen. Zum Beispiel wundern sich die Chinesinnen, dass man bei uns in Deutschland nicht so direkt über das Gewicht der Menschen spricht. Sie berichten, dass sie zugenommen haben, seit sie hier leben, weil man in China viel weniger Süßigkeiten isst und auch keine kalorienreiche Cola trinkt. Wenn sie mit ihren Familien oder Freunden skypen, werden sie direkt daraufhin angesprochen. „Du bist ja so dick geworden!“, sagt die Mutter und der Angesprochenen ist das nicht peinlich oder unangenehm. Sie hätten aber bemerkt, dass sich das hier im Gastland nicht schickt. Sie erzählen auch, dass man in China die Sonne, die bei sommerlichen Temperaturen alle Menschen unweigerlich braun färbt, nicht mag. Der ideale Typ hat weiße Haut. Deshalb benutzen sie im Sommer, so wie ich es in Hongkong erlebte habe, Sonnenschirme, wenn sie spazieren gehen.
Im Herbst wollen fast alle mit einem technischen Studium beginnen.

Jing hat schon ihren Master in Heidelberg gemacht, wo sie den deutschen Mitstudenten kennenlernte, mit dem sie jetzt zusammenlebt. Sie neigt dazu, viel zu sprechen, und es ist für alle schwer, ihr über längere Zeit zu folgen, auch für mich, weil sie doch einige Fehler macht und ihre Sprachmelodie eher chinesisch ist. Lea, das französische Au Pair Mädchen, wird im August zurück nach Frankreich gehen und im Herbst in Freiburg eine Ausbildung zur Physiotherapeutin absolvieren. Ich wünsche allen das Beste. Es war für mich ein spannender und interessanter Monat, aber weniger emotional als beispielsweise die Zeit mit meinem letzten Lieblingskurs. Keiner hat geweint bei der Verabschiedung und das war auch gut so.

Ich habe sie auswählen lassen, wie sie den letzten Kurstag verbringen möchten, ob sie eine Exkursion machen wollen, in einem Restaurant zusammen essen oder ob wir wieder eine Frühstücksparty mit Spielen in unserem Kursraum gestalten. Die Mehrheit entschied sich für die letzte Variante und ich finde, diese hat auch Vorteile. Es ist weniger teuer, weil jeder nur eine Kleinigkeit kaufen muss und man kann zwangloser sprechen als in einem Restaurant, wo man auf die anderen Gäste Rücksicht nehmen muss. Sie wünschen sich, dass ich wieder das Buch „Let's Talk" mitbringe, das ich schon einmal beim Thema „Psychologie" dabeihatte. Es ist ein Buch, mit dem man bei Partys interessante Gespräche führen kann. Meine Kursteilnehmer dürfen sich eine Seite auswählen, auf der es ein paar Symbole gibt; Hand, Auge, Herz, Ausrufezeichen und Punkt. Zu jedem Symbol gibt es eine passende Frage, die derjenige, der die Auswahl hatte, beantworten muss. Es handelt sich um Fragen, die für alle interessant und nachdenkenswert sind. Zum Beispiel: Wie wichtig sind Freunde für dich? Bist du ein Einzelkämpfer oder ein Teamplayer? Was hättest du in den letzten 24 Stunden besser machen können? Arbeitest du, um zu leben oder lebst du, um zu arbeiten? Was macht dich eifersüchtig? Das Wort Eifersucht musste ich schon manchem Kurs

erklären, weil das aus dem Englischen bekannte „jealous“ sowohl neidisch als auch eifersüchtig bedeuten kann und wir im Deutschen zwei unterschiedliche Wörter dafür haben. Diese Fragen zu beantworten, macht allen großen Spaß, weil nun mal das liebste Thema eines Menschen er selbst ist.
Nach der ersten Runde werden meine Studenten mutiger und entscheiden sich für die Punkt- und Herz-Fragen über Liebe und Partnerschaft. „Wessen Brief hebst du noch heute auf?“ oder „Was ist das schönste Liebesgeschenk für dich?“ oder auch „Was hältst du von der Partnerschaft deiner Eltern?“ Gerade am letzten Thema entzündet sich eine Diskussion. Wie ist das mit der Beziehung der Eltern, denen wiederum in ihrer Jugend von ihren Eltern der Partner ausgewählt wurde, mit dem sie dann nur ein Kind bekommen durften, das nun erwachsen ist und im Ausland lebt? Die Frage lässt sich schwer beantworten. Ich habe das Gefühl, sie denken darüber nicht nach. Wahrscheinlich ist das überall auf der Welt so.
Wenn das Kind erwachsen wird, spielen seine eigenen Pläne und Vorstellungen die größte Rolle und man möchte, dass im Elternhaus alles bleibt, wie es immer war. Das habe ich auch in der Schule bei Jugendlichen oft erlebt, deren Eltern sich trennten, wenn sie meinten, ihre Kinder seien aus dem Gröbsten raus. Viele Teenager litten sehr darunter, dass nichts mehr beim Alten blieb, was dann häufig zu Lernversagen oder in die Welt der Drogen führte, wenn sich keiner sensibel darum kümmerte, ihnen die Entscheidung der Eltern zu erklären. Chinesische Ehepaare haben gemeinsamen Besitz, das Auto, die Eigentumswohnung. Sie arrangieren sich mit den Umständen. Ich weise sie daraufhin, dass man sich schon mal Gedanken machen sollte, was Glück für den Menschen, also auch für die eigenen Eltern, sei. John sagt, dass die Scheidungsrate in China in den letzten Jahren stark angestiegen sei, dass gerade jüngere Menschen nicht mehr für immer zusammenblieben, aber dass es dennoch schwierig sei, wenn man nicht der Norm entspreche.

Fliege, mein Lied nach Hiroshima (September 2019 Kurs B 2.1)

Der Herbst hat in diesem Jahr sehr früh angefangen. Ich mag ihn nicht. Auch bunte Farben an den Bäumen können nicht darüber hinwegtäuschen, dass das Jahr sich dem Ende zuneigt und uns eine Reihe grauer und dunkler Monate bevorsteht. Immer wieder frage ich mich, wie Menschen aus warmen Ländern diese Zeit bei uns ertragen, wenn sie es in der Heimat angenehmer haben könnten. Aber die Vorteile müssen wohl überwiegen, sonst würde man ja nicht herkommen. Einige meiner neuen Kursteilnehmer sind aus wärmeren Regionen; Larissa und Juan aus Paraguay, zwei junge Ärzte, und die Brasilianerin Gabriella gehören dazu. Ich nehme an, dass auch in Indien, woher die beiden Frauen Neelu und Priya kommen, das Klima besser ist. Der Kurs ist nur klein in diesem Monat. Ein ganz spezieller Mensch ist der Koreaner Sungjin, der schon in mehreren Ländern ein Work-And-Travel -Jahr gemacht hat und dies bis zu seinen dreißigsten Lebensjahr durchziehen will. Beim Frühstück komme ich mit Kenny aus Tokio ins Gespräch, der Architektur studiert hat. Nach Tokio werde ich im nächsten Jahr reisen und deshalb hole ich mir von ihm ab und zu ein paar Informationen über sein Land und versuche, ein paar japanische Wörter zu lernen, mit denen ich dann Kellner oder Verkäufer überraschen kann, Ich frage ihn, ob die Atomkatastrophe von Fukushima ein Thema in Japan sei, ob man zum Beispiel aufpasse, kein verstrahltes Gemüse zu essen. Er sagt, dass alles in Ordnung sei und es keine Diskussionen darüber gebe. Es war ein Tsunami, der das Erdbeben auslöste. So etwas gibt es nur alle paar hundert Jahre einmal. Deswegen werden nicht die Atomkraftwerke im Land abgeschafft und die Menschen leben weiter wie bisher, ohne sich viele Gedanken zu machen. „Was weiß die Jugend vom Atombombenabwurf über Hiroshima und Nagasaki?“, frage ich ihn. Er berichtet davon, dass alle Schüler im Alter von etwa elf Jahren mit der Schulklasse eine Exkursion nach Hiroshima unternehmen. Sie sehen sich ein Museum an und singen ein speziell zu diesem Thema geschriebenes Lied. „Ist das Thema nicht für elfjährige Kinder zu bedrückend?“, gebe ich zu bedenken. Kenny meint, es sei die beste Zeit, in der Kinder noch emotional alles aufnähmen, was ein paar Jahre später nicht mehr funktionieren würde. Er fragt mich, was man in Deutschland über den Abwurf der Bombe weiß. Ich bin mir nicht sicher, wie das heute bei den Jugendlichen ist. Früher habe ich in der Schule am 1. September, dem Weltfriedenstag, oft mit meinen Schülern darüber gesprochen, ihnen Dokumentationen gezeigt und das eindrucksvolle Lied „Hiroshima“ der Gruppe Wishful Thinking vorgespielt, das es in der DDR auf Deutsch in einer Version von den Puhdys gab. Darin heißt es: „Fliege, mein Lied nach Hiroshima, flieg zum Schattenstein. Und versprich dem Mann in Hiroshima: das wird nie mehr sein. Denn die Welt erinnert sich gut, sonst holt sie die Glut wie Hiroshima.“ Kenny hat dieses Lied noch nie gehört und ist überrascht, als ich es ihm vorspiele. Niemals sollte man diese schreckliche Tat vergessen, finde ich. Kenny meint, in Japan wäre eine neue Zeit angebrochen und man würde sich nicht so gern an das Vergangene erinnern. Die USA sind für Japaner das bedeutendste Land, was in vielen Dingen kopiert wird und in das jeder Japaner gern reisen würde. Es wundert mich, dass man nach dem Abwurf der schrecklichsten Bombe, die es jemals ab, scheinbar kein Problem mit dem Land hat, das den Auftrag dazu erteilte. Aber sicher ist es so, wie ich das schon von vielen jungen Leuten aus unterschiedlichen Ländern gehört habe. Schreckliche Dinge aus der Geschichte sind Vergangenheit und man möchte nicht mehr so oft daran erinnert werden. Es sind ja nicht mehr die Menschen von damals, die das Sagen haben. Ich kann das ein bisschen verstehen, und doch bin ich selbst skeptisch, wenn ich mir die Situation in der Welt ansehe und fürchte, dass man niemals sicher sein kann, dass die bösen Zeiten vorbei sind.

In der Weihnachtsbäckerei (Dezember 2019 Kurs A 2.2)

Nach meinem Urlaub im November geht es weiter mit einem neuen Kurs. A 2.2 unterrichte ich diesmal im Haus des Lehrers am Alexanderplatz, Von meinem Raum aus kann ich über den Alexanderplatz bis zum Fernsehturm sehen. Mein Blick fällt auf die vielen Menschen, die ins Einkaufszentrum „Alexa“ eilen, um dort ihre Weihnachtsgeschenke zu kaufen. Das Rote Rathaus ist in der Ferne zu erkennen. Wenn am Morgen die Sonne dahinter aufgeht, ist der ganze Platz in ein schönes warmes Orange getaucht. Sobald es aber regnet oder dunkle Wolken den Himmel bedecken, kann man in dem Grau die Spitze des Fernsehturms nicht mehr erkennen.

Mein Raum ist klein, es ist ein Durchgangsraum. Aber er ist hell und freundlich. Der Kurs umfasst nicht sehr viele Teilnehmer. Ksenija aus der Ukraine, Mutter eines kleinen Sohnes, lebt mit ihrem Mann in Berlin und möchte jetzt, wo das Kind die Kita besucht, auch wieder arbeiten. Dazu braucht sie die Sprache. Sie ist sehr sympathisch, aber sie hat Hemmungen beim Sprechen. Den Inder Venkata verstehe ich fast nicht. Er hat große Probleme in der Aussprache und ich werde mit ihm viel üben müssen. Omer aus Pakistan ist IT-Spezialist. Er hat viel Arbeit und wenig Zeit für das Deutschlernen. Aber er will es versuchen. Aus England kommt Vita, eine junge selbstbewusste Frau aus dem Kunstbereich. Cynthia aus Hongkong wird im nächsten Monat wieder in ihre Heimat zurückkehren und Hulda aus Ghana nur selten zum Unterricht erscheinen. Der Vietnamese Anh sieht aus wie ein Teenager. Er kleidet sich extravagant. Mit großen Ohrringen und einer rotkarierten Hose erscheint er zum ersten Kurstag und wir sind alle sehr erstaunt, dass er mit Anfang Zwanzig schon verheiratet ist und eine kleine Tochter von zwei Monaten hat. Er arbeitet als Koch in einem Restaurant und wird in diesem Monat immer wieder betonen, wie sehr er seine Arbeit hasst. Lieber wäre er Barkeeper in einem Club. Aber da er noch keine passende Stelle gefunden hat,

muss er in dem ungeliebten Beruf arbeiten, um die Miete und den Lebensunterhalt der kleinen Familie bezahlen zu können. Er tut uns allen etwas leid, denn er muss den Kurs immer eine halbe Stunde eher verlassen, um pünktlich im Restaurant zu sein, wo er dann bis in den Abend hinein kocht. Nachts macht er irgendwann seine Hausaufgaben. Er bemüht sich sehr, die Sprache zu lernen, weil er für immer in Deutschland leben möchte und später genauso gut wie seine Tochter sprechen will. Er erstellt Karteikärtchen und versucht, sich viele Wörter einzuprägen. Wir behandeln die Adjektive, die einen Menschen charakterisieren. Jeder soll etwas über sich selbst sagen. Während die anderen sich als aufmerksam, hilfsbereit oder freundlich beschreiben, wählt er für sich das Wort „hübsch“. Er wird das in den nächsten Wochen immer wieder sagen und von den Mitstudenten wird er deshalb ein bisschen geneckt. Er ist ein lustiger Mensch, aber oft müde; von der Arbeit, dem sicher nachts weinenden Baby und dem Deutschlernen. Er braucht immer einen Nachbarn, der ihn darauf aufmerksam macht, auf welcher Seite gerade eine Aufgabe zu lösen ist. Manchmal schläft er auch kurz ein. Ich staune, dass er trotzdem nicht aufgibt.
Einen A- Kurs habe ich lange nicht unterrichtet. Deshalb spreche ich anfangs zu schnell. Es ist leichter, das richtige Tempo zu wählen, wenn man ganz von Anfang an unterrichtet. Die Kursteilnehmer lernen jetzt aber im vierten Monat und da muss ich erst herausfinden, wie sie mich am besten verstehen. Ich bin etwas ungeduldig, weil sie nur geringe Kenntnisse haben. Alle waren in unterschiedlichen Kursen an verschiedenen Sprachschulen und haben mit unterschiedlichen Büchern gearbeitet. Es fällt ihnen schwer, Verben zu konjugieren und sie benutzen bei den Nomen immer die falschen Artikel. Ich muss mir viele Übungen ausdenken, um ihnen zu Erfolgserlebnissen zu verhelfen. Mit Venkata mache ich täglich eine Leseübung, damit er die Aussprache von ä, ö und ü lernt. Er ist freundlicher Mensch mit lieben Augen, die von einem guten Herzen

künden. Er hat Luftfahrttechnik studiert und möchte gern in seinem Beruf arbeiten. Aber dafür braucht er die Sprache, mit der er sich wohl noch eine Weile beschäftigen muss.
Weil es der Monat vor Weihnachten ist, der in drei Wochen, auch freitags, unterrichtet wird, suche ich für den letzten Tag der Woche ein weihnachtliches Lied heraus. Wir singen „Lasst uns froh und munter sein" und „In der Weihnachtsbäckerei". Weil es in unserem Durchgangsraum vielleicht zu laut wird, lade ich meine Nachbarin Nadine und ihren Kurs ein, mit uns zusammen zu singen. Sie hat einen Anfängerkurs, in dem viele extrovertierte Leute lernen und ergänzt damit auf schöne Weise meinen, eher introvertierten Kurs. Nadine selbst singt ganz begeistert mit. Ich werde später erfahren, dass sie lange Zeit Mitglied einer Band war.
Überhaupt lerne ich in diesem Monat im anderen Haus einige Kollegen besser kennen. Der Platz vor dem Getränkeautomaten ist viel größer als der im Haus am Fernsehturm und so kommt man im Flur immer mal in der Pause in ein kurzes Gespräch und erfährt auch etwas über den Unterricht der anderen. Da sich das zentrale Büro in diesem Haus befindet, lerne ich auch die Mitarbeiter dort besser kennen, die immer bereit sind, zu helfen, wenn man zum Beispiel neue Marker benötigt oder eine Information haben möchte. Das geht besser als im anderen Haus, weil das Büro dort nicht durchgehend besetzt ist. Dachte ich früher, dass es im Haus des Lehrers wegen der größeren Anzahl der Räume vielleicht weniger gemütlich ist, so sehe ich das seit diesem Monat anders.
Weil alle so begeistert vom gemeinsamen Gesang sind, bringe ich am letzten Kurstag meine Gitarre mit und wir treffen uns in einem der größeren Räume und singen zusammen „In der Weihnachtsbäckerei" und andere bekannte Weihnachtslieder. Es ist ein bisschen festlich in dem Raum mit den großen Fenstern, der für etwa fünfzig Kursteilnehmer und ihre Lehrer zwar kaum reicht, aber ein großes Zusammengehörigkeitsgefühl entstehen lässt.

Was fällt mir noch ein, wenn ich an diesen Monat denke?
Hulda, die junge Frau aus Ghana, die in einer Behinderteneinrichtung kocht und gern Rehabilitationspädagogik studieren möchte, wohnt weit entfernt vom Alexanderplatz und kommt nur sporadisch zum Unterricht. Sie braucht dringend eine günstige BVG-Jahreskarte, denn vor kurzem wurde sie beim Schwarzfahren erwischt. Ich helfe ihr beim Ausfüllen der Unterlagen. Sie bittet mich, dass ich sie in das Service-Büro im Bahnhof begleite. Dort wartet schon eine lange Schlange. Als wir endlich dran sind, hat Hulda nicht das nötige Bargeld zur Hand. Aber die wichtigsten Dinge sind geklärt, sodass sie den Rest allein erledigen kann. Nachdem sie das wichtige Dokument in den Händen hält, kehrt sie allerdings dem Deutschunterricht den Rücken. Meine Mission ist wohl erfüllt.
Die Engländerin Vita zeigt uns ein Video von ihrer Familie, die sich jedes Jahr im Dezember zum gemeinsamen Weihnachtsliedersingen trifft. Onkel und Tanten, Nichten und Neffen singen die bekannten alten englischen Songs, eine gute Idee, wie ich finde.
Die Mitarbeiter der DeutschAkademie haben, wie in jedem Jahr, eine Weihnachtsfeier für die Dozenten organisiert. Sie findet in den Kursräumen am Fernsehturm statt. Es gibt ein kleines Buffet und Getränke. Jeder bringt ein Wichtel-Geschenk mit, das im Laufe des Abends verlost wird. Schrottwichteln bedeutet, dass man etwas Originelles findet, was man selbst besitzt und gern loswerden möchte. Es ist ein Spaßgeschenk.
Ich habe die Gelegenheit, an diesem Abend meine Kollegen und auch die Mitarbeiterinnen des Büros näher kennenzulernen. Ich finde, dass die jungen Frauen, die das Management leiten, sich inzwischen gut eingewöhnt haben. Sie haben die komplizierte Aufgabe, alles zu koordinieren: die sich anmeldenden Kursteilnehmer den Kursen zuzuweisen, Sprachtests zu machen, um das jeweilige Niveau zu ermitteln, Lehrer zur passenden Zeit für das entsprechende Level zu

organisieren, Unterrichtsmaterial zu bestellen, sich um den Zustand der Kursräume zu kümmern und vieles mehr.
Ich sehe Heidy wieder, die mehrere Monate auf einer Weltreise war und viel zu erzählen hat und unterhalte mich mit anderen Kollegen, die ich bisher noch nie getroffen habe, weil sie in der Hauptfiliale am Wittenbergplatz arbeiten. Alle sind sehr nett und offen. Leider kommt man während der Unterrichtszeit selten ins Gespräch, weil die Pausen nur kurz sind und viele der Unterrichtenden noch anderen Jobs nachgehen, oft in ganz anderen Bereichen.
Abends laufe ich vorbei am von Scheinwerfern angestrahlten Fernsehturm, den ich sonst nur am Morgen sehe, wenn das jeweilige Wetter ihn unterschiedlich aussehen lässt.
Ein Jahr geht zu Ende. Einige meiner Kursteilnehmer werde ich im Januar wiedertreffen. Ich bin gespannt auf ihre Sprachentwicklung in den nächsten Monaten und genieße jetzt vierzehn Tage zu Hause.

Neue Freunde

Bis heute halte ich zu einigen Kursteilnehmern, die ich im Laufe von fast vier Jahren kennenlernte, Kontakt.

Mit Matthew, dem australischen Tenor, habe ich mich eine Zeitlang jede Woche zum Tandemtraining getroffen. Erst sprachen wir eine Stunde Deutsch, dann Englisch. Obwohl er in Berlins Mitte wohnt, hat er sonst niemanden, mit dem er sein Deutsch festigen kann. Im letzten Sommer habe ich seine sympathische Mutter Jacqueline kennengelernt, die ihn in Berlin besucht hat. Wir haben zusammen in einem Café am Kollwitzplatz gefrühstückt und uns über Matthews Leben hier unterhalten. Wir hatten während unserer gemeinsamen Kurszeit oft scherzhaft gesagt, Matthew hätte eine Mutter in Australien und eine in Berlin. Zu Matthew habe ich ein sehr herzliches vertrautes Verhältnis. Er denkt in vielem ähnlich wie ich. In letzter Zeit musste ich unsere Konversation etwas vernachlässigen. Durch die Doppelkurse und die Krankheit meiner Mutter reduzierte sich mein Zeitvolumen, und auch Matthew hat inzwischen viel zu tun mit seinen Aufträgen als Sänger, mit dem Kellner-Job in einem israelischen Restaurant und mit seinem Partner, der in Schweden lebt und studiert. Ab und zu treffen wir uns mit anderen Kursteilnehmern von damals; mit Cristina aus Italien und mit der Tänzerin Hanna aus Korea. Wir haben uns immer viel zu erzählen und viel Spaß, weil es eben sehr familiär bei uns zugeht und man auch ein bisschen über die anderen lästern kann, die nicht mit am Tisch sitzen. Selbstverständlich auf Deutsch. Englisch spricht hier niemand mehr. Selbst Hanna, die leider zu früh mit dem Deutschunterricht aufgehört hat, benutzt die deutsche Sprache.

Zu den ehemaligen Studenten, die ich ab und zu treffe, zählen die Italiener Adriana und Matteo, über die ich bereits im ersten Buch geschrieben habe. Matteo, der Philosoph, hätte gern an einer Universität in Deutschland gearbeitet, aber es hat bisher nicht

geklappt, sodass er nun an der Uni in Bologna forschen und lehren wird. Adriana verkauft noch immer bei Humana am Alexanderplatz Vintage-Mode. Wahrscheinlich wird sie irgendwann auch nach Bologna ziehen, denn sonst wird es wohl nichts mit der Familiengründung werden. Der Iraner Mehrdad, ein Mathematiker, von dem ich im ersten Buch schrieb, er würde es einmal weit bringen, weil er sehr ehrgeizig Deutsch lernt, macht jetzt sein Masterstudium an der TU in Berlin. Er ist so gut, dass er schon Seminare leitet, selbstverständlich auf Deutsch und man ihm ein Doktorat angeboten hat. Er ist ein sehr feiner, tiefgründiger Mensch mit Lebensansichten, die mir sehr gefallen. Seine Frau hat ihr Studium vor zwei Jahren abgeschlossen und eine Arbeit auf der Insel Rügen gefunden, wo Mehrdad sie manchmal besucht.
Monica aus Taiwan musste nach zwei Jahren in Berlin wieder zurück in den heimatlichen Familienbetrieb, eine Lebensmittelimportfirma, die ihrem Vater gehört. Er hat sie in eine Filiale nach Shanghai geschickt. Da sie einen deutschen Freund hat, hofft sie, eines Tages wieder hier leben zu können. Im letzten Sommer machte sie eine kürzere Reise nach Europa, mit einem Stopp in Berlin. Wir haben uns in einem Café verabredet. Es hat mich gefreut, dass sie mich nicht vergessen hat. Auch Vilma habe ich mehrmals getroffen. Jetzt wohnt sie mit ihrem Mann in Litauen, er wurde von der Konrad-Adenauer-Stiftung, seinem Arbeitgeber, dorthin geschickt, wo er schon früher tätig war und in einem Geschäft zum ersten Mal Vilma begegnete, die er heiratete und die gerade in diesen Tagen ihr erstes Kind zur Welt gebracht hat und glücklich ist, dabei in der Nähe ihrer Familie zu sein.
Im letzten Sommer traf ich mich auch mit Denise aus Brasilien auf dem Alexanderplatz, die ihren Sohn besuchte, der in Berlin studiert. Ihre Pläne, ihr Leben umzukrempeln, nachdem die Kinder sie nicht mehr so brauchen, hat sie, wie ich es damals schon ahnte, nicht realisiert. Sie ist ihrem Mann, der einen wichtigen Posten in der Botschaft hat, nach Botswana gefolgt, statt noch einmal zu studieren

und selbstständig zu leben, was ihr Plan gewesen war. Sie ist nach wie vor eine Dame von Kopf bis Fuß, ein bisschen wie aus einer anderen Welt, aber ich mag sie und es ist lustig, wenn wir uns fast nur auf Englisch unterhalten, weil sie Deutsch zum großen Teil vergessen hat. Sie braucht es eigentlich auch nicht mehr, nun da ihr Mann die Botschaft in Deutschland verlassen hat.
Mit meinem letzten Lieblingskurs will ich mich unbedingt im nächsten Monat verabreden: mit Dembele und Estefania, mit Vu und Jose, mit Natasha und am liebsten auch mit Tungwon, die leider im letzten Monat mit ihrem Freund nach Frankfurt am Main gezogen ist. Sie alle sind auch auf dem Titelbild zu diesem Buch abgebildet, gemeinsam mit dem Kurs B 2.3.
Teilnehmern aus der Zeit der Doppelkurse begegnete ich am letzten Wochenende im koreanischen Restaurant „Seoul Garden", wo Q an drei Tagen in der Woche kellnert und ihr Mann Chai als Koch arbeitet. Sie sind zufrieden, dass sie ihre Aufenthaltserlaubnis um drei Jahre verlängern konnten, weil die beiden sowohl Arbeit und damit ein regelmäßiges Einkommen haben als auch eine eigene Wohnung vorweisen können. Aber ganz glücklich ist Q nicht. Gern würde sie besser deutsch sprechen und deutsche Literatur studieren. Sie ist Anfang dreißig, möchte ein Kind haben und muss noch lange unsere Sprache lernen, die sie bisher nur in Ansätzen beherrscht. Ich nehme an, das Literaturstudium wird ein Traum bleiben. Aber warum soll man nicht träumen? Firdaous, die junge Ärztin aus Marokko, absolviert nun den Medizinlehrgang, der auch für sie, der sonst eigentlich alles zufiel, eine Herausforderung darstellt. Sie muss sich viele spezielle Wörter einprägen, was nicht einfach ist.
Am eindrucksvollsten war meine Begegnung mit Nino, meiner georgischen „Tochter". Sie war so glücklich über das Treffen und erzählte von ihren C- Kursen, die sie zu einer anderen Zeit absolvieren musste, weil die Gastmutter sie nicht am Morgen, zu meiner Unterrichtszeit, entbehren konnte. „Es war so langweilig. Wir haben

nur gelesen, geschrieben, übersetzt. Ich habe der Lehrerin über unseren Unterricht erzählt, darüber, dass wir gesungen haben, Theater spielten, Präsentationen machten, zusammen frühstückten und dass wir uns dadurch alle gut kennenlernten. Im Kurs danach kannte ich nur den Namen meines Nachbarn. Wir sollten nicht über Privates sprechen. Aber worüber dann? Ich bin, wenn ich krank war, eine Woche weggeblieben, was mir früher nie passiert wäre." Nino erzählt, dass sie im Hause der Gastmutter schon viele deutsche Bücher gelesen habe, unter anderem die Geschichten von Ferdinand von Schirach. Beim Lesen habe sie dann viele grammatische Wendungen entdeckt, die wir im Unterricht behandelt hatten. „Ich war so glücklich, dass ich plötzlich deutsche Texte verstehen konnte."
Nach wie vor habe ich auch Kontakt zu Sara und ihrer Familie, denn die Oma ihres Ehemanns Philipp war früher die beste Freundin meiner Mutter. Beide Frauen haben ihre Mädchen Katrin genannt und wir sind die ersten Jahre gemeinsam zur Schule gegangen. Die Mütter wollten, dass wir Freundinnen werden. Und so wurde ich, obwohl ein Jahr älter als die andere Katrin, erst ein Jahr später eingeschult. Offiziell sagte man mir, dass ich eine schwere Lungenentzündung zur Zeit der Einschulung gehabt hätte. Aber manchmal denke ich, das war der Plan der Mütter. Katrin und ich haben uns dann viele Jahre aus den Augen verloren und uns nur selten mal gesehen. Aber wenn wir uns heute treffen, haben wir sofort einen guten Draht zueinander und zu vielen Dingen ähnliche Ansichten. Das ist wahrscheinlich oft so bei Freundschaften aus der Jugend. Die alte Verbundenheit ist irgendwie automatisch wieder da, auch wenn die Lebenswege verschieden verliefen.
Deshalb zum Beispiel treffen sich die Seeleute, mit denen mein Kapitän Peter das Abitur auf der Seefahrtsschule gemacht hat, fast jedes Jahr. Für Außenstehende, die diese Menschen erst im reifen Alter kennenlernen, ist das Band unsichtbar. Aber die Beteiligten sehen sich wie in früheren Jahren, weshalb sie zum Beispiel immer

noch die alten Spitznamen verwenden, die die Menschen aus dem heutigen Leben nicht benutzen.
Zurück zu meinen Kursabsolventen; es interessiert mich sehr, was aus denen geworden ist, die ich teilweise über mehrere Monate täglich traf und gut kennenlernte. Was wird die Ungarin Ildiko machen, die Mutter von drei Kindern. Ob sie Arbeit gefunden hat? Und die Ärztin Dina aus Ägypten. Hat sie ihre Prüfungen bestanden? Werden Rajesh und Shiva demnächst wieder nach Indien zurückgehen oder in Deutschland Arbeit finden? Manchen Lebensweg kann ich in den sozialen Netzwerken verfolgen, einige habe ich aus den Augen verloren. Ich blättere durch das Fotobuch, das ich im letzten August nach drei Jahren DeutschAkademie gemacht habe. Darin sind Fotos von jedem Kurs und die Namen der Studenten, die ihn besuchten, viele Bilder von unseren Frühstücks-Donnerstagen und Exkursionen. Ich denke, dass ich mal nachfragen sollte, was denn jeder so macht heute, ob er das, was er in meinem Unterricht gelernt hat, nutzen konnte und immer noch nutzt. Ich habe viele Ideen, wie ich ein Zusammentreffen organisieren könnte, aber dann mangelt es doch an der Zeit und es ist schwierig, weil ich nicht im Zentrum von Berlin wohne. Und so werde ich wohl den Plan, eine Party in meinem Hausgarten zu veranstalten, fallenlassen. Ich kann mich nicht entscheiden. Ich habe sie alle ins Herz geschlossen, woher sie auch kommen, was immer sie in Berlin machen, ob ihr Deutsch perfekt ist oder ob es gerade mal zum Einkaufen und für Arztbesuche reicht. Ob sie Interesse haben, einander wieder zu begegnen? Bei einigen bin ich mir sicher, andere werden mit neuen Aufgaben beschäftigt sein, heiraten oder Windeln wechseln, einen Ehemann bekochen, als Ärzte, Anwälte oder in der Chefetage eines Unternehmens arbeiten, studieren, die Master- oder Doktorarbeit schreiben oder vielleicht wieder in Heimat zurückgekehrt sein. Das Wichtigste ist, dass sie ein gutes Leben führen können, wofür ich ihnen viel Glück wünsche.

Warum jeder Tag ein besonderer sein muss

Meine Studentin Nino schrieb nach dem Ende unseres gemeinsamen Unterrichts: „Katrin ist eine spezielle Lehrerin. Sie lehrt Schweres einfach und hat uns etwas gelehrt, wie sie selbst etwas gelernt hat oder lernt oder lernen würde, Deshalb habe ich gefühlt, dass es keine Grenze zwischen der Lehrerin und den Kursteilnehmern gab. Aus diesem Grund waren wir ganz offen und haben über alles und über uns selbst geredet. Und es gibt noch eine besonders wichtige Sache: kein Unterrichtstag war wie der andere. Mit Singen, Spielen und Lachen haben wir ganz viel gelernt." Sie formuliert so treffend, was mir für das Unterrichten wichtig ist, als ob sie schon dieses Buch gelesen hätte.

Wenn ich mit Bekannten über meine Arbeit spreche, die ich nun seit fünf Jahren leiste, sagen sie manchmal: das hast du ja jetzt schon alles mehrmals gemacht. Die Vorbereitung wird dich keine Zeit mehr kosten. In gewisser Weise stimmt das. Ich habe große Ordner mit vielen Materialien für jeden Kurs. Meine Vorbereitungen habe ich auf dem Laptop gespeichert. Aber trotzdem sehe ich mir immer wieder den Stoff der Lektionen an und überlege, was ich anders und vielleicht besser machen kann. Warum aber plane ich die kleinen Festlichkeiten; das Kursfrühstück, die Geburtstagsfeiern, die Abschlusspartys? Auch dafür gibt es in meiner Familie eine lange Tradition. Meine Mutter, Chefredakteurin von „Bummi", der einzigen Kinderzeitschrift für Vorschulkinder in der DDR, zeigte mir schon früh, wie wichtig es ist, besondere Höhepunkte zu schaffen. In den ersten Schuljahren leitete sie ehrenamtlich meine Pioniergruppe, die so ganz anders war als andere Gruppen dieser Art. „Das geheime gute Auge" spürte auf, wo Hilfe nötig war, wenn die „Kummer-Eule" an der Wand die Augen schloss, sahen die anderen, dass ein Kind Probleme hatte, wir untersuchten als Forscher mit einem speziellen Ausweis die Schule und den Alltag, unterstützten uns gegenseitig beim Lernen und vieles mehr, alles auf spielerische Weise. Auch für ihre Arbeit bei der Zeitung hatte meine Mutter immer wieder neue, ungewöhnliche Ideen. Viele Solidaritätsaktionen gehörten dazu, wie „Mein zweites Sonntagskleid für Vietnam“, Hilfsaktionen für andere Länder wie Angola und Nicaragua, der Orden „Goldene Kindersonne“ für Menschen, die die Zeitschrift gestalteten, der „Oma-Opa-Tag“ im November und vieles mehr. Lange Zeit war ich Mitglied im Beirat ihrer Zeitung, verantwortlich für die frühmusikalische Erziehung. Unsere Tagungen, einmal im Jahr mit vielen Leuten, die dafür arbeiteten, dass jede Ausgabe das Beste für die Kinder bot, fanden oft am Wochenende an Orten statt, wo man ins Gespräch kam mit Autoren, Grafikern, Komponisten, Kindergärtnerinnen und Eltern. Und immer fand sich eine Kleinigkeit auf dem Tisch, die man mit nach Hause nehmen konnte. Die Ideen meiner Mutter waren unerschöpflich, und wenn ich heute im Kurs meine Abschlusspartys gestalte, suche ich auch nach dem, was man sich auch später noch ansehen und sich dabei an eine gute Zeit erinnern kann. Deshalb bastele ich Schultüten für die Anfänger, drucke die Flaggen aus und gestalte die Zertifikate. Auch Erwachsene finden es schön, wenn sie etwas Persönliches in den Händen halten können. Ich weiß, dass kleine Höhepunkte, wie zum Beispiel das Frühstück am Donnerstag, einen Tag angenehmer machen. Aber ich übertreibe es nicht. Ich überschütte meine Kursteilnehmer nicht mit Zuwendung. Ich denke, dass ich ein gutes Gefühl dafür habe, wo die Grenze ist.

Meine Mutter hat mir viel von ihrer Kreativität mitgegeben. Sie hat mir vor allem gezeigt, dass man sich nicht in Routine begeben sollte, sondern dass man selbst mehr Freude hat, wenn man anderen Menschen Freude bereitet. Das versuche ich, in meinem Leben umzusetzen, früher bei der Arbeit mit den Jugendlichen in der Schule und heute in meinen Kursen. Ich bin meiner Mutter immer wieder dankbar für die Inspiration, die sie mir gegeben hat und hoffe, diese auch an andere weitergeben zu können.

Kleines Resümee

Die mich ausfüllende Tätigkeit als Lehrerin, die Arbeit mit der Musicalgruppe und meine nicht ausgehenden Ideen – warum sollte es damit vorbei sein, nur weil ich eine bestimmte Altersgrenze erreicht hatte? Warum sollte es nach so einem ausgefüllten, aktiven Leben mit vielen Höhepunkten nun plötzlich mein größter Wunsch sein, das alles zu beenden und die Abende vor dem Fernseher zu verbringen? Mein Leben war immer bunt gewesen, warum sollte es nun grau werden? Damit das nicht so kommt, habe ich schon vor Beendigung meiner Zeit an der Schule nach Wegen gesucht, die ganze Farbpalette weiter zu nutzen und dann diese Möglichkeit eines neuen Berufsweges, meinem früheren sehr ähnlich und doch ganz anders, gefunden. Dabei kann ich alles verbinden, was mir wichtig ist; das Interesse für Menschen aus anderen Ländern, meine Lehrtätigkeit, in die ich auch viele Elemente aus meiner Unterrichtserfahrung einbaue, meine Musikliebe und meine Freude an der Entwicklung neuer Ideen. Ich habe immer Spaß und oft Gründe zum Lachen. Wie viele Menschen meiner Generation mögen das wohl sagen, wo doch das Lachen im Laufe des Lebens immer mehr abnehmen soll, wie Forscher herausgefunden haben.

Ich bin froh, dass ich einen Weg entdeckt habe, die Farben meiner Tage nicht erblassen zu lassen. Es ist mein neues buntes Leben, das ich jeden Tag genieße, an einem anderen Ort als früher, mit ständig wechselnden Menschen, die ich eine Zeitlang begleite, in ihren Bemühungen, die fremde Sprache zu lernen, unterstütze und denen ich manchmal auch ein bisschen Lebenshilfe gebe.

Meine Generation ist heute dabei, sich die „beigefarbenen Westen“ überzustreifen, woran man deutsche Rentner auf Reisen oft erkennt; das heißt, sich ins Private zurückzuziehen. Manche machen das schon seit längerem und sie scheinen zufrieden mit ihrem Leben zu sein.

Die kleine Runde ehemaliger Kollegen meiner alten Gesamtschule ist nun vollzählig im Pensionsalter angekommen. Sie gehen andere Wege. Angelika, Lehrerin für Deutsch und Englisch und Russisch, reist viel ins Ausland und erkundet auch interessante Plätze in der Umgebung. Sie arbeitet ehrenamtlich im Netzwerk „Gesunde Kinder“. Hannelore, Fachgebiet Deutsch und Geschichte, die aus gesundheitlichen Gründen die Arbeit schon eher aufgeben musste, engagiert sich im Seniorenclub ihres Ortes und hilft alten Menschen. Sie liebt Handarbeiten und Basteleien und überrascht uns bei jedem Treffen mit einem kleinen selbstgefertigten Geschenk. Elke, Biologie- und Chemielehrerin, lebt für ihre schon großen Enkelkinder. Bärbel, mit den Fächern Mathematik, Sport und Französisch, wird voll von ihren großmütterlichen Pflichten und der Sorge um ihren nicht mehr so recht gesunden Ehemann in Anspruch genommen. Ich glaube, sie hätte auch gern lieber anderes gemacht, und gab sogar zu, dass sie etwas neidisch auf meine Arbeit sei. Susi, meine frühere Russisch- und Englischlehrerin, das Idol meiner Jugend, im gleichen Alter wie Bärbel, ist mir eine gute Freundin geworden, die sich sehr für mein neues Leben interessiert. Noch immer ist sie eine schicke, aufgeschlossene, optimistische Person, die viel liest und die an jedem Sonntagmorgen einen langen, anstrengenden Spaziergang zum Nachbarort macht, um ihren Bewegungsapparat fit zu halten, auch wenn sie mit gesundheitlichen Beschwerden zu kämpfen hat.
Wenn ich meine alten Kollegen treffe, sind sie neugierig auf meine Anekdoten und Erzählungen aus dem neuen Berufsalltag. Sie akzeptieren meine Entscheidung und bewundern sie vielleicht auch etwas, obwohl sie ihr Leben anders gestalten. Zu anderen Kollegen habe ich keinen Kontakt mehr und suche ihn auch nicht. Wir waren früher schon sehr unterschiedlich in unserer Lebensweise.
Ich war nie so ganz privat. Wenn andere Kollegen den Pfingstkaffee im Garten tranken, absolvierte ich mit meiner Musicalgruppe, einer Arbeitsgemeinschaft der Schule, in der mit der Zeit nicht nur Schüler

teilnahmen, sondern auch viele Ehemalige, einen Wochenend-Workshop, um das Musical, das immer kurz vor den Sommerferien Premiere hatte, vorzubereiten. Ein bisschen familiär war das für mich auch, denn zwei meiner drei Kinder, Katja und Till, waren von Anfang an Mitglieder der Gruppe. Sie übernahmen im Laufe der Jahre spezielle Aufgabenbereiche: Katja choreografierte die Tänze, Till erstellte die Website der Gruppe und übernahm die Werbung. Dieses gemeinsame Projekt schweißte uns dann wohl auch mehr zusammen als der Pfingstkuchen in der Familie, bei dem mehr meine Service-Leistungen gefordert waren, was mir nie so sehr lag. Früher, bei Veranstaltungen in der Schule, wo sich jeder einbringen sollte, meldete ich mich immer für den Unterhaltungsteil, bereitete Programme und gemeinsame Gesänge vor, aber niemals das Essen. Das konnten andere, wie meine Kollegin Elke, Lehrerin für Sport, Geografie und Politische Bildung, die sich, übrigens bis heute, auch immer für linke Politik engagierte, viel besser.
Das Musical nahm einen großen Teil meiner Freizeit, eigentlich das ganze Jahr über, in Anspruch. Im Herbst begann ich mit der Suche nach der Musik, nachdem wir im November noch einmal die Aufführungen vom Sommer auf die Bühne gestellt hatten, die mit der Zeit immer größer und aufwändiger geworden waren und den Akteuren viel Zeit und auch Kraft abverlangten. Im Januar schrieb ich das Drehbuch, wir nannten es immer so, obwohl wir keinen Film drehten, eine jedes Mal von Neuem schwierige Angelegenheit. Meine Tochter Katja dachte sich dazu die passenden Tänze aus und nach den Februarferien begannen die Proben, die weit über das Pensum der normalen Schul-AG hinausreichten und vor den Sommerferien ihren Höhepunkt hatten, mit sechs Aufführungen in vierzehn Tagen. Aber es machte Spaß und ich bereute nicht, wenn die Kollegen von ihren Wochenendaktivitäten berichteten, dass meine so ganz anders aussahen. Mancher dieser Kollegen schaffte es in mehr als zwanzig Jahren nicht ein einziges Mal, unsere Vorstellungen, die ansonsten

immer voll waren, mit schätzungsweise fast 1000 Menschen pro Saison, zu besuchen. Meist war alles andere wichtiger. Anfangs ärgerte ich mich darüber, später nahm ich es gelassener.
Ich glaube, man sucht immer im Leben nach den Gleichgesinnten. Das Andersartige wird schnell abgelehnt. Wie ich nicht verstand, dass man nur für Haus und Garten leben kann, war es sicher für viele nicht nachvollziehbar, warum ich meine Freizeit für die Musicalaktivität „opferte". Ähnlich ist es auch heute. Manche werden meine Entscheidung, noch einmal auf einem neuen Gebiet zu arbeiten, nicht verstehen können. Vielleicht denken sie, ich sei geldgierig oder mein Privatleben unbefriedigend. Darauf, dass es mir großen Spaß macht und jeder Tag, den ich unterrichte, für mich ein besonderer ist, kann der nicht kommen, der früher den Pfingstkaffee auf der Terrasse trank, während ich mit meinen Musicaldarstellern im Schullandheim in Stolzenhagen probte. Meine Welt ist fremd für sie. Dass die Arbeit ein besonderes Hobby sein kann, ist für manchen unverständlich.
Auf Facebook las ich unlängst die Zeilen der Mutter einer ehemaligen Schülerin: „Meine Tage bis zur Rente sind gezählt. Noch 238 Tage!" Dazu gab es viele Kommentare ihrer Freunde, die ihr gratulierten und sie als „Glückliche" bezeichneten. Das ist wohl der Normalfall bei Menschen in dieser Lebensperiode, die sich ein Leben ohne Verpflichtungen wünschen. Nach einer Fernsehreportage über eine 91jährige Verkäuferin, die noch heute Spaß daran hat, in ihrem Laden Kunden zu bedienen, gab es viele negative Bemerkungen. „Die arme Frau. Die Rente wird wohl nicht reichen!", und ähnliches konnte man im Internet lesen. Nur wenige äußerten Verständnis, viele konnten nicht nachvollziehen, warum jemand so lebt wie diese Frau, die so alt ist wie meine Mutter und noch immer Freude bei der Arbeit findet.
In meiner Generation kenne ich nur wenige, die wie ich denken und handeln. Es gibt sie im öffentlichen Leben; Menschen, die für ihren Beruf brennen; Schauspieler, Sänger und natürlich besonders Politiker, die nie zu alt sind für ihren Posten. In einer Zeitung las ich

unlängst ein Interview mit einem bekannten deutschen Schauspieler. Es ging um seinen neuen Film, den er gerade dreht. Als der Journalist ihn auf sein Alter anspricht, in dem andere bereits in Rente sind, antwortet er, er arbeite einfach unheimlich gern. Er mache weiter, bis es nicht mehr gehe. Ruhestand wäre für ihn der Tod.
Er spricht mir aus dem Herzen. Wer fällt mir ein, wenn ich überlege, ob ich Menschen mit einer ähnlichen Einstellung kenne?
Die Leiterin des Supermarkts in unserem Ort gehört dazu. Im gleichen Alter wie ich, sehe ich sie, den großen Betrieb weiterhin am Laufen halten. Sie sieht gut aus, wirkt immer fröhlich und hat sich jetzt sogar ins Gemeindeparlament wählen lassen.
Meine Schwester Sabine, wie ich erzogen von unserer Mutter, die uns schon in der Kindheit mit ihrer Tätigkeit bei der Zeitung vorlebte, dass es nicht reicht, nur an sich selbst zu denken, sondern solidarisch zu sein mit Menschen, die unsere Hilfe brauchen, engagiert sich ehrenamtlich und hilft Geflüchteten bei der Bewältigung des Alltag, beim Festigen ihrer Deutschkenntnisse und bei Problemen mit den Behörden.
Mit Katrin, der Freundin meiner Kindheit, die mit ihrem Mann und dem Sohn Philipp eine Dokumentarfilm-Produktionsfirma betreibt, bin ich ebenfalls auf einer Wellenlänge. Auch für sie ist das Alter mit seinen Problemen kein Thema, obwohl es ihr gesundheitlich nicht so gut geht und ihr Leben mit der pflegebedürftigen Mutter im Haus eine große, anstrengende Herausforderung darstellt. Die Arbeit hat einen hohen Stellenwert in ihrem Leben. Auch Marianne, über die ich im ersten Buch schrieb, dass sie, zusammen mit ihrem Mann Martin im Rahmen eines Vereins eine Schule mit Integrationskursen betreibt, und die damals für mich der Auslöser für das Interesse an meiner heutigen Tätigkeit war, ist obwohl zehn Jahre älter als ich, noch immer aktiv. Man sieht ihr das Alter nicht an. Sie erscheint attraktiv und interessant und macht mir Hoffnung, dass man auch in späteren Jahren noch nicht hinfällig wirken muss.

Die über 90jährige Elli betreibt noch immer in München ihre kleine Musikschule, die sie jung hält.
Vor ein paar Monaten lief im Fernsehen die Show „The Voice of Senior“. Ich war neugierig. Würde es mit Menschen meiner Generation auf die gleiche Weise funktionieren wie in den Sendungen mit jungen Leuten, die vor einer Jury und dem Fernsehpublikum in einen Gesangswettstreit treten? Es stellten sich Leute vor, die schon immer gern gesungen haben, sei es beruflich oder auch nur privat. Für sie war dieser Auftritt auf der Bühne vor einem großen Publikum die Erfüllung eines Traums; für manche vielleicht ein Come-Back-Versuch, weil sie inzwischen zum „Alten Eisen“ abgestempelt werden, wie der amerikanische Professor, der in Berlin im Fach Musical Studenten unterrichtet. Ich fand ihn grandios, aber er wurde leider nicht für das Finale ausgewählt, von den Juroren der Sendung, die ihm nicht das Wasser reichen können. Aber das ist das Konzept solcher Programme, die sich nicht unbedingt an der Leistung eines Menschen messen lassen, sondern an ihrem Show-Wert für das Publikum. Was mir an der Sendung gefiel, war, dass sie Menschen meiner Generation die Gelegenheit gab, eine Bestätigung zu finden, und sei es nur für einen Moment, was man an den glücklichen Gesichtern der Teilnehmer ersehen konnte, auch wenn sie am Ende nicht zu den Siegern gehörten.
Diese Bestätigung finde ich in meinem Unterricht fast an jedem Tag; wenn sich meine Kursteilnehmer bedanken, wenn sie sagen, dass ich sie mit meinem Konzept „Lernen mit Spaß“ gut motiviere, wobei das Konzept eigentlich kein richtiges ist, sondern nur meine Art der Unterrichtsführung, bei der ich mich mit viel Humor bemühe, alles Schwere leicht erscheinen zu lassen. Ich bin eine Art Entertainer auf kleiner Bühne, immer gut gelaunt, unterhaltsam, lustig und gut vorbereitet, mit dankbaren Zuschauern und Akteuren, wie ich das früher in der Schule auch sein musste; ein Showmaster, der Menschen für ein Thema interessiert, sie motiviert und ihnen die

bestmöglichen Erfolgserlebnisse beschert. Mein Alter spielt dabei überhaupt keine Rolle. Wichtig ist, was ich leiste und solange ich dazu in der Lage bin, guten Unterricht abzuliefern, sehe ich auch keinen Grund, meine Arbeit zu beenden. Ich bin durchaus selbstkritisch und weiß, dass ich vieles immer noch besser machen könnte. Und es ist auch nicht so, dass ich mich für die beste Lehrerin an meiner Schule halte. Es gibt viele, die das sehr gut machen und die natürlich auch die Lieblingslehrer ihrer Studenten sind.
Aber ich bin ganz sicher eine Ausnahme, weil die Arbeit für mich ein Hobby ist und ich sie nicht machen muss, um existieren zu können.
Wenn früher, in meiner alten Lehrertätigkeit, jemand kam, um im Unterricht zu hospitieren, war das für mich, wie für die meisten Lehrer, immer ein Grauen. Man fühlte sich beobachtet, mit Blicken kritisiert und die eigene Stimme veränderte sich. Man wurde unsicher und vor der Klasse stand ein ganz anderer Mensch als sonst, was die Schüler sofort erkannten und manchmal schamlos ausnutzten und so das gerade sinkende Selbstbewusstsein noch tiefer fallen ließen. Heute ist das völlig anders. Abgesehen davon, dass keiner meine Arbeit kontrolliert, habe ich kein Problem, wenn mal ein Gast an meinem Unterricht teilnimmt, weil ich sicher bin in meinem Auftreten, weil es menschlich ist, dass ich auch mal etwas übersehe oder nicht gleich erkenne. Ich kann es korrigieren und auch zu einem Fehler stehen. Der Erfolg meiner Arbeit ist an den Kenntnissen der Kursteilnehmer messbar. Auch das macht sie so interessant. Dazu kommt, dass ich viel Wissenswertes aus den unterschiedlichsten Ländern erfahre und mir so besser ein Bild davon machen kann, wie die Menschen in anderen Regionen und Kontinenten leben, was ihnen wichtig ist, wie ihre Kultur sie geprägt hat und welche Veränderungen es dort gibt.
Ich bin in den letzten Jahren viel in der Welt herumgekommen, aber bei den oft nur kurzen Aufenthalten habe ich nicht so viele Details erfahren wie in diesem kleinen Raum am Alexanderplatz, wo ich

täglich mehrere Stunden mit Menschen aus anderen Ländern verbringe. Ein wenig sind diese Kurse für mich so etwas Ähnliches wie kleine Reisen an interessante Plätze auf unserem Planeten.
Vor einigen Tagen hatten wir im Kulturverein unseres Ortes einen Vortrag zum Thema: Die USA des Präsidenten Donald Trump – Vom „Weltpolizisten" zum Sicherheitsrisiko? Es ging dabei um die Konflikte mit China, mit dem Iran, mit Korea, sowie um das Verhältnis der USA zu Saudi-Arabien, Ägypten und den anderen islamischen Staaten. Ich erinnere mich, dass mir früher bei solchen Themen diese Krisengebiete weit weg schienen. Und plötzlich ist alles ganz nah; nicht nur, weil heute durch das Internet alle Nachrichten sofort präsent sind, auch nicht, weil ich durch meine Reisen mit dem Schiff durch riskante arabische Gebiete gefahren bin, sondern weil ich aus vielen der genannten Länder Menschen kenne und also mehr als früher über das Leben und die Kultur dort Bescheid weiß, natürlich nicht in vollem Umfang und auch subjektiv geprägt. Das ist klar. Aber dadurch berührt es mich emotional mehr als zuvor, ich kann mir vieles besser vorstellen. Die Welt ist kleiner und übersichtlicher geworden, aber dafür beunruhigender. Man kann immer nur hoffen, dass die Vernunft am Ende siegt.
Ein ehemaliger Klassenkamerad erzählte mir, dass es für ihn zunächst schwierig gewesen sei, nicht mehr zu arbeiten. Er hätte am ersten Tag nach dem Rentenbeginn auf seinem Bett gesessen, der Wecker hätte wie immer geklingelt, er sei hochgeschreckt. Und dann kam ihm der Gedanke: Du brauchst ja nicht aufzustehen. Du kannst jetzt jeden Tag im Bett bleiben, solange du möchtest. Das hat ihn mit seinem neuen Leben versöhnt.
Viele Leute meiner Generation sagen, es sei erfüllend, lange zu schlafen, mit den Enkeln zu spielen, Sport zu treiben, Handarbeiten zu machen, zu malen, Musik zu hören, fernzusehen und mit Bekannten über die alte Zeit zu diskutieren. Wer sich entschieden hat, auf diese Weise seine Tage auszufüllen, der soll das tun. Ich

verurteile die Menschen nicht, die sich auf die Zeit nach dem aktiven Berufsleben freuen. Wer eine schwere körperliche Arbeit ausübt oder den Beruf als Last empfindet, wer seine Arbeit verloren hat und nicht mehr den Einstieg in eine neue Tätigkeit finden konnte, wer krank ist oder einen kranken Partner hat, für den scheiden viele Möglichkeiten aus. Wer genug Geld besitzt und sich den Traum von der Weltreise nun endlich erfüllen will, soll das tun und wer den ganzen Tag im Bett bleiben möchte, der kann das natürlich auch machen. Jeder hat seine persönliche Vorstellung davon, was das Glück in dieser Phase des Lebens ist, die er so gestalten sollte, wie er möchte. Sicher empfinden viele ihr Leben auch als farbenfroh, haben sich eingerichtet und sind zufrieden mit ihrem Alltag. Aber es gibt auch Menschen, die nach einem aktiven Berufsleben in ein tiefes Loch fallen, aus dem sie nur schwer wieder herausfinden, so wie es mir gegangen wäre, wenn ich nicht meine Pläne umgesetzt hätte. Für mich ist die Basis für mein Leben eine mich ausfüllende Arbeit. Deshalb war ich mir auch von Anfang an sicher, dass ich kein weiteres Ehrenamt übernehme. Ich wollte etwas tun, was gebraucht und auch entsprechend honoriert wird, nicht aus Geldgier, sondern weil es sich für mich bedeutender anfühlt. Mit den Glückshormonen, die sich bei der Arbeit entwickeln, höre ich dann auch gern Musik, lese, schreibe das inzwischen zweite Buch über meine Arbeit und habe noch weitere Ideen und Projekte im Kopf. So kann ich mich auch mit anderen Menschen treffen und habe nicht mehr diese Probleme, die ich hatte, bevor meine Arbeit an der Schule endete, alle mir immer wieder zu der nun beginnenden glücklichen Zeit gratulierten, hören wollten, wie sehr ich mich darüber freue, während ich innerlich verzweifelte und mein ganzes Selbstbewusstsein am Boden lag, obwohl ich immer noch in allen Bereichen aktiv war. Ich habe neben meiner Arbeit vieles, was die anderen auch haben. Manches ist nicht mein Ding; nicht Handarbeiten, nicht Malerei, nicht Gartenarbeit, nicht Kochen, nicht Sport. Ich freue mich über meine Enkelkinder und verbringe gern mal Zeit mit ihnen, aber ich bin nicht die immer verfügbare Oma, was sicher für meine Kinder auch bedauerlich ist, aber ich kann mir diese Art, nur für die Familie zu leben, für mich einfach nicht vorstellen.

Mein Lebensgefährte Peter, der früher auch nicht daran glaubte, dass ich meine Zukunftspläne tatsächlich realisieren würde und der sich vor ein paar Jahren gut vorstellen konnte, das Leben zu Hause zu verbringen, hat sich von mir anstecken lassen und sich auch eine Tätigkeit auf seinem Gebiet gesucht. Inzwischen sagt er oft, dass er zufrieden ist, diesen Weg gewählt zu haben. Mit der Arbeit habe er Abwechslung, sie halte ihn fit und gesund. Wir können uns über unsere Erlebnisse austauschen. Er berichtet mir von seinem Tag und ich liefere meine kleinen Anekdoten aus aller Welt, sodass er auch vieles von dem, was ich in diesem Buch aufschreibe, schon weiß.

Ein positiver Effekt für uns ist natürlich auch, dass wir uns so die schönen Urlaubsreisen in weit entfernte Länder leisten können, was wir beide sehr mögen.

Vor einigen Tagen fragte Estefania, das „bunte Huhn" aus Venezuela, bei einem Treffen mit dem letzten „Lieblingskurs" in einem Restaurant am Alexanderplatz, ob wir nicht Lust hätten, mit ihr zum Säälchen, einer Location an der Spree zu kommen, wo eine Teledisco steht, die kleinste Disco der Welt. Estefania macht experimentelle Musik und braucht für ihr neues Video viele Darsteller, die in eben dieser Disco tanzen sollen. „Nichts für mich", sagte ich, aber Estefania bat: „Bitte komm mit Katrin, es ist so lustig und dauert auch nicht lange." Und so konnte ich nicht nein sagen. Diese kleine Disco ist ein altes ausrangiertes und umgebautes Telefonhäuschen. Man wählt auf einem Display die Musik aus, Estefania nahm ihre eigene, bezahlt etwas, und dann betritt man den kleinen dunklen Raum, in dem nur wenige Personen eng nebeneinanderstehen können. Auf einer Apparatur kann man verschiedene Knöpfe drücken. Bunte Lichter leuchten auf, eine Discokugel dreht sich, ein Stroboskop flackert,

Nebel steigt auf und man bewegt sich auf engstem Raum zur Musik. Es macht großen Spaß, wenn man mit Freunden zusammen ist. Hinterher bekommt man zur Erinnerung Fotos und ein Video. Das Ganze ist die Idee eines Startup-Unternehmens in Berlin. Jedenfalls tanzte ich in diesem kleinen Raum mit der Vietnamesin Vu und der Koreanerin Jungwon und es war für uns drei eine Premiere, von deren Erfolg die Fotos künden, die wir mit nach Hause nahmen. Ich muss heute noch schmunzeln, wenn ich mich daran erinnere, auf was für lustige Ideen man kommen kann und was Berlin an Neuigkeiten zu bieten hat, die für mich wahrscheinlich unentdeckt geblieben wären, wenn ich nicht noch einmal diese neue berufliche Chance ergriffen hätte. Ich befürchte, dass viele Menschen meiner Generation nichts von diesem Leben mitbekommen. Es wird ihnen auch nicht fehlen, weil sie es ja nicht kennen und es wahrscheinlich verrückt fänden, wenn sie etwas darüber erfahren würden. Für mich war es wieder ein großes Glücksgefühl, dass ich Dinge erlebe, mit denen viele Menschen meiner Generation bereits abgeschlossen haben, dass ich mich immer noch ein wenig zeitlos fühlen kann, obwohl ich natürlich weiß, dass das Leben begrenzt ist. Aber darüber nachdenken werde ich, wenn es soweit ist. Ich genieße vieles bewusster, als wenn ich Dreißig wäre, aber ich kann mich ein bisschen so fühlen, als wäre ich es. Ich habe meine Gitarre wiederentdeckt und singe oft Lieder, die ich lange nicht gesungen habe oder die ich immer schon mal singen wollte. Eine Zeitlang konnte ich mein Instrument nicht mehr sehen, weil ich zu jeder Feier in der Familie oder mit den Kollegen den Unterhalter geben sollte, aber jetzt, mit einem größeren Abstand, mag ich sie wieder. Ich nehme sie manchmal zum Unterricht mit und zaubere damit eine besondere Atmosphäre in das Haus unter dem Fernsehturm. Mein Leben ist noch immer sehr bunt und abwechslungsreich, und ich glaube nach wie vor, dass ich dadurch auch anderen Menschen mehr geben kann als das Alltägliche.

Am Nachmittag auf dem Bahnhof Richtung Hermsdorf (Juni 2019)

„Absolut coole Schuhe!“, sagt eine junge tätowierte Frau im Vorbeigehen, als sie meine extravaganten Sandalen sieht, die ich heute trage. Es gibt sie also doch: aufmerksame, unkomplizierte und nette Menschen, Das macht Hoffnung darauf, dass das Klima in der Hauptstadt mit den künftigen Generationen, mit dem Gemisch von Menschen aus aller Welt, freundlicher und wärmer wird.

Anders als am Morgen kenne ich niemanden, wenn ich am Alexanderplatz in die S-Bahn Richtung Friedrichstraße einsteige. Diese Bahn ist immer voller Touristen, die entweder mit großen Koffern zum Hauptbahnhof unterwegs sind oder auf dem Weg zu den Sehenswürdigkeiten der Hauptstadt. Nach zwei Stationen wechsle ich am Bahnhof Friedrichstraße in die S 1 nach Hermsdorf. Merkwürdige und mich nachdenklich stimmende Situationen habe ich auf diesem Bahnhof erlebt. So gibt es immer jemanden, der in den Müllbehältern nach Pfandflaschen sucht, die er zu Geld machen kann. Oft sind es ältere Menschen, die auf diese Weise ihr Leben finanzieren. Neulich schenkte ich einem Mann meine Flasche, in der noch ein kleiner Rest Apfelschorle war. Er bedankte sich, und als ich mich umdrehte, konnte ich sehen, wie er die Flasche öffnete und den letzten kleinen Schluck austrank, den ich übriggelassen hatte. Das hat mir einen Stich versetzt. Der Tag war heiß und dieser Mann freute sich über den winzigen Schluck. Wie arm muss jemand sein, der so etwas macht!

Andere Bettler sind wohl in Gruppen organisiert. Frauen in bunten Kleidern verkaufen eine Obdachlosenzeitung, das heißt, sie wollen sie nicht verkaufen, denn sie haben nur diese eine. Sie möchten Geld und murmeln ein paar unverständliche Worte, bei denen sie auf die Zeitung deuten. Ich habe noch nie gesehen, dass jemand das meist schon schmuddelige Blatt kaufen wollte, aber ich entdeckte den

„Antreiber“, einen Mann, der die Frauen bei ihrer Arbeit auf dem Bahnhof kontrolliert.
Neulich erlebte ich einen Blackout auf diesem Bahnhof. Es war gespenstisch. Ich kam vom oberen Gleis und wollte mit der Rolltreppe, die auch ein Kapitel für sich ist, weil es ständig an ihr was zu reparieren gibt, nach unten zur S 1 fahren. Aber die Rolltreppe stand wieder mal still. Nicht ungewöhnlich, aber als ich zu Fuß nach unten lief, wurde es immer dunkler und ein dicker Vorhang hing herunter, sodass man sich bücken musste, um auf den Bahnsteig zu kommen. Dort war auch alles finster, die Kioske geschlossen, die Bahnanzeigen nicht angeschaltet und weitere schwarze Vorhänge hingen an allen möglichen Stellen. Es war mittags und der Bahnhof nicht so voll mit Menschen. Mich überlief ein leichter Schauer. Was war hier passiert? Ich wusste nicht, ob ich unten bleiben sollte oder schnell wieder hochgehen, aber plötzlich erschien aus dem dunklen Tunnel eine, zum Glück, beleuchtete Bahn, in die ich schnell einstieg, um der Finsternis zu entrinnen. Leider fand ich auch bei späteren Recherchen im Internet keinen Hinweis zu dieser wirklich merkwürdigen Situation.
Auf dem Bahnhof Friedrichstraße gibt es fast nur unbekannte Gesichter. Manchmal treffe ich jemanden, den ich lange nicht gesehen habe, zum Beispiel Cheyenne, eine Schülerin aus meiner letzten zehnten Klasse an der Gesamtschule. Sie berichtet mir Neuigkeiten aus dem Leben ihrer Mitschüler. Ich höre viel Schockierendes: über junge Frauen, die von ihren Männern geschlagen werden, über Kinder, die in schwierigen Verhältnissen aufwachsen, und ich ahne, wenn das auch nicht der Regelfall sein wird, dass es für die künftigen Lehrer wieder kompliziert werden wird, diese Kinder zu unterrichten. Kurz muss ich an mein früheres Leben denken, wo ich mich um solche Schüler immer besonders kümmerte. Ich hoffe, dass der eine oder andere verständnisvolle Lehrer auch heute ein Ohr für sie hat.

Ach, und da sitzt die Frau mit dem Klappfahrrad, wohl auch auf dem Heimweg von der Arbeit. Nanu, sie trägt heute eine blaue Jacke und roten Lippenstift. Warum hat sie ihre Prinzipien über Bord geworfen? Was ist passiert? Vielleicht sollte ich sie mal danach fragen, wenn wir morgens auf die Bahn warten, so wie ich es auch nach drei Jahren endlich fertiggebracht habe, dem Mann mit dem Tagesspiegel, dem ich täglich morgens begegne, einen guten Tag zu wünschen. Er hat mich erstaunt angesehen und ich hoffe, dass er es nicht für eine plumpe Anmache hält. Aber wenn ich hier mehrfach von den ernsten Gesichtern auf dem Bahnhof Hermsdorf geschrieben habe, muss ich auch an mir etwas ändern und nicht nur die anderen kritisieren.
Mit meiner Mutter chatte ich nun nur noch selten. Seit dem Schlaganfall hat sich ihr Leben sehr gewandelt. Es tut mir weh, sie so hinfällig zu sehen; meine Mutter – mein großes Vorbild, meine Freundin, die mich mein ganzes Leben hindurch begleitet hat, für die ich nun das zweite Buch über meine neue interessante Arbeit geschrieben habe, weil sie mich immer wieder dringlich bat, alles festzuhalten, was ich erlebe und die ich in den letzten Jahren, wo es ihr gesundheitlich nicht gut ging, immer wieder motivieren konnte zu neuen Aktivitäten, der ich Mut machte, wenn sie schwach wurde, oft auch in den Chat-Unterhaltungen, die wir in der S-Bahn führten. Es ist komplizierter geworden, und es fällt mir schwer, das zu akzeptieren. Ob sie dieses Buch überhaupt lesen wird? Sie hat sich sehr über das erste gefreut, dass ich vor drei Jahren auf ihren Rat hin verfasste.
Die Menschen am Nachmittag sind ähnlich müde wie am Morgen. Nur wenige unterhalten sich, die meisten hören Musik, haben das Handy in der Hand oder lesen Bücher. Einen Sitzplatz kann ich mir fast immer ergattern. Mit Musik auf den Ohren lasse ich in Gedanken meinen Unterrichtstag Revue passieren, überlege, was gut war, was ich vielleicht hätte besser machen können und entwickle Ideen für den neuen Tag.

Vier Jahre Unterricht in Zahlen

Ich habe eine Aufstellung aller Teilnehmer meiner Kurse gemacht und aufgeschrieben, aus welchen Ländern sie kamen. Dabei stellte ich fest, dass ich bisher rund 260 Teilnehmer, manche nur für einen Monat, etliche über mehrere Monate und Sprachniveaus unterrichtet habe. In meiner persönlichen Rankingliste belegt Italien mit 26 Teilnehmern Platz 1. Danach folgen auf Platz 2: Brasilien (19), Platz 3: Spanien (17), die USA (17) und Korea (17), auf Platz 4 Australien (12) und China (12).

Aus vielen Ländern hatte ich nur einen Teilnehmer, was für mich besonders interessant war, weil ich hier wieder viel Neues über das Leben in dieser Region erfahren konnte. Ich weiß nicht, ob meine Liste repräsentativ ist für die sich in Deutschland aufhaltenden Ausländer, aber sie zeigt zumindest einen Trend. Menschen aus EU-Ländern, die im eigenen Land schwer Arbeit finden oder unterbezahlt sind, versuchen ihr Glück hier und haben bessere Bedingungen als die anderen, wie zum Beispiel Koreaner und auch US-Bürger, die immer um die Verlängerung ihres Visums kämpfen müssen, wofür sie einen festen Wohnsitz, ein Konto und Arbeit brauchen, sofern sie nicht ein Studentenvisum haben. Das verlangt viel und wer nicht sein Ziel mit viel Anstrengung verfolgt und die Mühe des Lernens der Sprache auf sich nimmt, hat schlechte Karten.

Land	Anzahl
Afghanistan	2
Ägypten	4
Albanien	2
Argentinien	2
Australien	12
Aserbaidschan	2
Bosnien	1

Brasilien	20
Bulgarien	3
China /Hongkong	13
Chile	3
Columbien	2
Cuba	1
El Salvador	2
Frankreich	6
Finnland	2
Georgien	2
Großbritannien	4
Griechenland	1
Italien	26
Irak (Kurdistan)	1
Iran	5
Indien	7
Irland	1
Israel	5
Japan	7
Kanada	3
Kasachstan	1
Kirgistan	1
Korea	17
Kosovo	1
Kroatien	3
Litauen	1
Lettland	1
Libanon	1
Libyen	1
Mexico	4
Malaysia	2

Moldawien	1
Marokko	1
Norwegen	1
Neuseeland	1
Paraguay	2
Polen	6
Portugal	4
Palästina	1
Peru	1
Russland	8
Rumänien	3
Slowakei	1
Spanien	18
Süd-Afrika	2
Syrien	6
Schweiz	4
Schweden	2
Serbien	2
Türkei	8
Taiwan	3
Tschechien	2
Tunesien	2
USA	17
Ungarn	6
Ukraine	5
Uganda	1
Vietnam	7
Venezuela	3
Weißrussland	1
Zimbabwe	1

The Art of Banksy

Vietnamesisches Restaurant Ngon im Nikolaiviertel

Am Potsdamer Platz - über den Dächern von Berlin

Pokal "Beste Lehrerin der Welt"

"Heute hier, morgen dort"

Wettbewerb "Was ist typisch deutsch?"

Ausflug zur kleinsten Disco der Welt

Unterricht im Juni 2019

Freunde aus aller Welt

Inhaltsverzeichnis

In der S-Bahn 1
Auf dem Bahnhof Hermsdorf (Januar 2019) 2
Wen soll ich einladen (April 2019) 11
Die unbekannte Lieblingslehrerin (April 2017) 15
New Orleans - eine kurze Unterbrechung (Mai 2017) 18
Erinnerungen an meine Stippvisite in Indien (Juni 2017) 21
One night on Mississippi (Juni 2017) 25
Karibisches Flair und Salsa-Pausen (Juli 2017) 27
Was ist typisch deutsch? (August 2017) 32
Mein Leben in der Zukunft 36
Eine Person, die mir wichtig ist 38
Wir alle sind Menschen (September 2017) 40
Die psychologische Montagsrunde (Oktober 2017) 42
Eine etwas traurige Überraschung (Dezember 2017) 45
Soll ich mir ein Tattoo stechen lassen? (Januar 2018) 47
Warum bist du so spontan und so undeutsch? (Februar 2018) 55
Sexualkundeunterricht (März 2018) 59
Ein Monat ohne Frühstückstradition (April 2018) 64
Ramadan-Zeit - Zuckerfest (Mai, Juni 2018) 67
The Art of Banksy (Juli 2018) 70
Anfängerspaß mit Klassenfahrt-Feeling (September 2018) 74
Unser Lehrer hat immer Englisch gesprochen (Dezember 2018) 79
Wie hebt man Geld vom Automaten ab? 86
In Vietnam isst man alles, was läuft, fliegt und schwimmt 90
Aus dem Unterricht/ Aus den Präsentationen des Monats 93
Wer war noch mal Karl Marx? (Februar 2019) 100
Aus dem Unterricht 104
Firdaous Geburtstagsfeier in der Panoramastraße 105
Das Jahr des Schweins 106
Viele tragische Geschichten (März 2019) 113
Die Kinder der Ägypter sollen auf Kamelen zur Schule reiten 117
In der S-Bahn 119
Mein neuer Mittagskurs- Liebe auf den ersten Blick (April 2019) 120

Gab es in der DDR Bananen? 123
Abschiede mit Tränen 133
Ich hätte fast Angela Merkel umgefahren (Mai 2019) 140
Der Mensch ist heute anders intelligent als früher (Juni 2019) 147
Meine asiatische Community (Juli 2019) 154
Fliege, mein Lied nach Hiroshima 177
In der Weihnachtsbäckerei (Dezember 2019) 179
Neue Freunde 182
Warum jeder Tag ein besonderer sein muss 189
Kleines Resümee 191
Am Nachmittag auf dem Bahnhof Richtung Hermsdorf 202
Vier Jahre Unterricht in Zahlen 205
Fotos 208